Seja DiFERENTE

O MARKETING
QUE NÃO PODE SER IGNORADO

Seja DiFERENTE

O MARKETING QUE NÃO PODE SER IGNORADO

MIKE MICHALOWICZ

Autor dos best-sellers *Lucro primeiro* e *Clockwork*

ALTA BOOKS
GRUPO EDITORIAL
Rio de Janeiro, 2023

Seja Diferente

Copyright © 2023 da Starlin Alta Editora e Consultoria Eireli.
ISBN: 978-65-5520-973-0

Translated from original Get Different. Copyright © 2021 by Mike Michalowicz. ISBN 9780593330630. This translation is published and sold by permission of Portfolio / Penguin An imprint of Penguin Random House LLC, the owner of all rights to publish and sell the same. PORTUGUESE language edition published by Starlin Alta Editora e Consultoria Eireli, Copyright © 2023 by Starlin Alta Editora e Consultoria Eireli.

Impresso no Brasil — 1ª Edição, 2023 — Edição revisada conforme o Acordo Ortográfico da Língua Portuguesa de 2009.

Dados Internacionais de Catalogação na Publicação (CIP) de acordo com ISBD

M622s   Michalowicz, Mike
　　　　Seja Diferente: marketing que não pode ser ignorado / Chris Mike Michalowicz ; traduzido por Thais Cotts. - Rio de Janeiro : Alta Books, 2023.
　　　　288 p. ; 15,8cm x 23cm.

　　　　Tradução de: Get Different
　　　　Inclui índice.
　　　　ISBN: 978-65-5520-973-0

　　　　1. Marketing. I. Cotts, Thais. II. Título.

　　　　　　　　　　　　　　CDD 658.8
2022-1813　　　　　　　　　　　CDU 658.8

Elaborado por Vagner Rodolfo da Silva - CRB-8/9410

Índice para catálogo sistemático:
1. Marketing 658.8
2. Marketing 658.8

Todos os direitos estão reservados e protegidos por Lei. Nenhuma parte deste livro, sem autorização prévia por escrito da editora, poderá ser reproduzida ou transmitida. A violação dos Direitos Autorais é crime estabelecido na Lei nº 9.610/98 e com punição de acordo com o artigo 184 do Código Penal.

A editora não se responsabiliza pelo conteúdo da obra, formulada exclusivamente pelo(s) autor(es).

Marcas Registradas: Todos os termos mencionados e reconhecidos como Marca Registrada e/ou Comercial são de responsabilidade de seus proprietários. A editora informa não estar associada a nenhum produto e/ou fornecedor apresentado no livro.

Erratas e arquivos de apoio: No site da editora relatamos, com a devida correção, qualquer erro encontrado em nossos livros, bem como disponibilizamos arquivos de apoio se aplicáveis à obra em questão.

Acesse o site **www.altabooks.com.br** e procure pelo título do livro desejado para ter acesso às erratas, aos arquivos de apoio e/ou a outros conteúdos aplicáveis à obra.

Suporte Técnico: A obra é comercializada na forma em que está, sem direito a suporte técnico ou orientação pessoal/exclusiva ao leitor.

A editora não se responsabiliza pela manutenção, atualização e idioma dos sites referidos pelos autores nesta obra.

Produção Editorial
Editora Alta Books

Diretor Editorial
Anderson Vieira
anderson.vieira@altabooks.com.br

Editor
José Ruggeri
j.ruggeri@altabooks.com.br

Gerência Comercial
Claudio Lima
claudio@altabooks.com.br

Gerência Marketing
Andréa Guatiello
andrea@altabooks.com.br

Coordenação Comercial
Thiago Biaggi

Coordenação de Eventos
Viviane Paiva
comercial@altabooks.com.br

Coordenação ADM/Finc.
Solange Souza

Coordenação Logística
Waldir Rodrigues
logistica@altabooks.com.br

Direitos Autorais
Raquel Porto
rights@altabooks.com.br

Produtora Editorial
Illysabelle Trajano

Produtores Editoriais
Maria de Lourdes Borges
Paulo Gomes
Thales Silva
Thiê Alves

Equipe Comercial
Adenir Gomes
Ana Carolina Marinho
Ana Claudia Lima
Daiana Costa
Everson Sete
Kaique Luiz
Luana Santos
Maira Conceição
Natasha Sales

Equipe Editorial
Andreza Moraes
Beatriz de Assis
Betânia Santos
Brenda Rodrigues
Caroline David
Gabriela Paiva
Henrique Waldez
Kelry Oliveira
Marcelli Ferreira
Mariana Portugal
Matheus Mello
Milena Soares

Marketing Editorial
Amanda Mucci
Guilherme Nunes
Livia Carvalho
Pedro Guimarães
Thiago Brito

Atuaram na edição desta obra:

Tradução
Thais Cotts

Copidesque
Carlos Bacci

Revisão Gramatical
Alessandro Thome
Simone Souza

Diagramação
Daniel Vargas

Capa
Marcelli Ferreira

Editora **afiliada à:**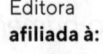

Rua Viúva Cláudio, 291 – Bairro Industrial do Jacaré
CEP: 20.970-031 – Rio de Janeiro (RJ)
Tels.: (21) 3278-8069 / 3278-8419
www.altabooks.com.br – altabooks@altabooks.com.br
Ouvidoria: ouvidoria@altabooks.com.br

TAMBÉM POR MIKE MICHALOWICZ

The Toilet Paper Entrepreneur

The Pumpkin Plan

Lucro primeiro: Transforme seu negócio de uma máquina de gastar dinheiro em uma máquina de fazer dinheiro

Surge

Clockwork: Planeje sua empresa para se autogerenciar

Fix This Next

Aviso: O Grupo Editorial Alta Books não se responsabiliza nem gerencia conteúdo adicional oferecido exclusivamente pelo autor da obra.

Este livro é dedicado a você, meu leitor.

Acesse **immersewithmike.com**
e experimente este livro comigo enquanto o lê.

Vamos fazer isso juntos!

Sumário

Introdução xi

Capítulo um
SUA RESPONSABILIDADE COM O MERCADO 1

Capítulo dois
A ESTRUTURA DO DAD MARKETING 25

Capítulo três
O ALVO NÚMERO CEM 51

Capítulo quatro
DIFERENCIE-SE PARA CHAMAR A ATENÇÃO 75

Capítulo cinco
ATRAIA PARA O ENGAJAMENTO 119

Capítulo seis
DIRECIONE-SE PARA RESULTADOS 145

Capítulo sete
EXPERIMENTE, MEÇA, AMPLIFIQUE, REPITA   167

Capítulo oito
COMO SABER QUE ESTÁ FUNCIONANDO 195

Capítulo nove
A VANTAGEM DA DESVANTAGEM   215

Capítulo dez
REIMAGINE SEU NEGÓCIO   231

Encerramento
CRESÇA, MAS NÃO AMADUREÇA   245

Apêndices   252

NOTAS DO AUTOR   261

AGRADECIMENTOS   263

NOTAS   267

ÍNDICE   271

Introdução

Então... não.

Introdução?! Que nada, vamos direto ao ponto.

Você e eu temos um trabalho crucial a fazer — crucial como a vida ou morte do seu negócio.

Você oferece algo de que as pessoas precisam, algo que várias pessoas amarão. Ou pelo menos algo que muitas pessoas *amariam*, se elas apenas conhecessem esse algo.

De que serve sua oferta se ninguém souber que ela existe?

A falta de marketing — bom, eficaz, *diferente* — é a principal razão da mediocridade das pequenas empresas e do crescimento atrofiado. Um número excessivo de produtos e serviços definha no esquecimento. Não toleraremos isso. No final deste livro, nos asseguraremos de que você seja notado e obtenha resultados em um mercado concorrido — aconteça o que acontecer.

Você está pronto?

Vamos colocar seu bloco na rua e botar para quebrar!

Capítulo um

~~~~~~~~~~~~~~~

SUA RESPONSABILIDADE COM O MERCADO

Inalei *mesmo*.

Yanik Silver soprou uma nuvem de fumaça de maconha direto na minha cara. Eu tinha somente uma opção: inspirar.

Nunca imaginei que minha maior lição de marketing viria durante um jogo de bilhar, coroada por um ponto de exclamação no formato de ganja. Foi um contato chapado que durou uma vida.

Yanik é considerado por muitos o padrinho do marketing da internet. Ajudou a inovar o uso do marketing por e-mail no início, quando as pessoas ainda aguardavam com expectativa a icônica notificação da AOL "você recebeu um e-mail". Quando as pessoas pensavam que um site inovador era um site com um GIF animado em que se lia "em construção", ele foi o pioneiro em longas páginas de textos de vendas com imagens de produtos profissionais e botões claros de chamada para a ação. Os conhecimentos de marketing de Yanik renderam a empresa de seus sonhos, a Maverick1000. Ele criou uma rede global como manifestação de seu propósito de vida: ajudar a apoiar empreendedores visionários no crescimento de seus negócios e a ter um maior impacto no mundo.

Eu tinha acabado de lançar meu primeiro livro, *The Toilet Paper Entrepreneur* [O empreendedor do papel higiênico, em tradução livre], e havia caído que nem um patinho na crença de que um "grande livro se venderia sozinho". Acreditava tanto nisso que tive receio de ficar sem exemplares durante o primeiro mês. Afinal de contas, se você acreditar, você consegue, certo? Então juntei dinheiro por meio de amigos, esvaziei minha poupança de emergência que utilizaria "apenas em caso de extrema emergência" e encomendei 20 mil exemplares em capa dura — todos eles, agora, em um centro de distribuição, acumulando poeira. O lançamento de meu livro fracassou. No dia do lançamento, vendi zero exemplares. Coisa nenhuma. Nada. Neca. Sabem lá o que é isso? Nem minha própria mãe comprou o livro naquele dia. Ai!

Derrotado, eu tinha duas escolhas: aprender a comercializar eficazmente, *rápido*, ou abandonar meu sonho.

Mas por onde começar? As estratégias promovidas por alguns marqueteiros de sucesso na época me davam enjoo. O marketing online em 2005 havia se tornado tão banal, que as pessoas que o faziam tinham um título: infomarqueteiros. Pelo menos pela frente eram chamados de infomarqueteiros. Pelas costas, os puxa-sacos eram chamados por nomes que não repetirei aqui. Você sabe de quem eu falo. Algum cara para em frente a um jatinho particular (que não é dele) em uma pista (na qual entrou escondido), recostado em um Bentley novo (que alugou por poucas horas), e lhe promete o mundo.

Seus métodos eram grosseiros e não autênticos, na melhor das hipóteses, e manipuladores e predatórios, na pior.

Yanik sempre praticou um jogo maior, que ia além da tática do momento, e não precisava "provar" com imagens e mensagens desonestas que sabia do que falava. Ele fazia seu trabalho de marketing de forma autêntica, genuína, real, e é por *isso* que procurei seu conselho.

Eu queria, desesperadamente, que as pessoas notassem meu livro, mas não queria usar as táticas grosseiras dos melosos infobajuladores. Então, em vez disso, tentei seguir as "checklists dos livros de marketing" da maneira que todos os autores tradicionais são aconselhados a fazer — enviar um comunicado de imprensa, organizar uma festa de lançamento, começar um blog, obter um endosso famoso — e, no entanto, todos meus esforços falharam em gerar qualquer coisa além de vendas pequenas e pontuais.

Girando meu taco de bilhar, compartilhei minhas frustrações com meu novo confidente.

"Bola cinco. Caçapa do canto."

Movendo-se através da mesa com facilidade, Yanik tacava, e as bolas rolavam para as caçapas a cada comando seu enquanto ele ouvia atentamente minha história. Ele encerrou o jogo afundando as oito com tanta perícia, que a bola branca rolou lentamente de volta ao local exato para o início do jogo seguinte. Enquanto isso, fiquei de lado como uma planta em um vaso. Uma planta em um vaso que partilha sua história de luta, mas, ainda assim, uma planta em um vaso.

O jogo terminou, e Yanik se moveu para que eu pegasse minha cerveja e fosse com ele até o terraço para olhar as colinas onduladas de Maryland. Depois do que pareceu ser um daqueles momentos crescentes de filme muito longos e dramáticos, ele perguntou: "Seu livro é melhor do que as coisas que todos os outros oferecem?"

"Sim."

"Seu livro satisfaz ao leitor melhor do que esses infomarqueteiros?"

"Claro que sim! Ele é tudo o que sei. E servirá aos empreendedores."

"Se os consumidores comprarem as coisas dos infomarqueteiros e não comprarem as suas, o que acontecerá?"

"Eles serão ludibriados, Yanik. Meu livro é melhor do que toda aquela porcaria. Realmente acredito nisso do fundo do coração."

Yanik sorriu, como se eu finalmente houvesse lhe dado a resposta que ele queria. "Então você tem a *maldita* responsabilidade de os ultrapassar no mercado."

Opa!

Na pequena mesa a seu lado, Yanik começou a enrolar um baseado. "Se as pessoas estão comprando merda", continuou ele, "o problema pode ser *delas*, mas a culpa é *sua*".

Apesar do tempo quente, arrepios correram pela minha espinha. Ele estava certo. *Era* minha responsabilidade, e se eu sentia que tinha uma alternativa viável aos conselhos ruins lá fora, era minha maldita culpa que as pessoas não soubessem dela.

Yanik me deixou sentado com a bomba da verdade que ele acabou de largar enquanto terminava de enrolar seu baseado. Então disse: "As pessoas vão comprar, não é essa a questão. Mas só podem comprar aquilo que sabem que existe. Se você tem uma solução melhor, *precisa* fazê-las notar."

Então ele deu um pega no baseado e inadvertidamente soprou a fumaça na minha cara. Foi um momento profundo. Inspirei-o todo, incluindo a nuvem de ganja.

Yanik recostou em sua cadeira e contemplou o horizonte. "Mike, qual é sua maior motivação?"

"Minha *maior* motivação? O que você quer dizer?"

"Por que você está aqui neste planeta? Que impacto pretende ter em nosso mundo?"

Putz, cara! Eu apenas queria vender uns livros, e sensei Yanik queria falar sobre o sentido da vida. Então, novamente, quem sou eu para questionar um sábio do marketing?

Talvez uma força superior tenha intervindo. Talvez em meu coração eu sempre soubesse a resposta. Ou talvez fosse somente a maconha. Mas depois pronunciei as palavras que usei desde essa ocasião para definir o propósito de minha vida. As palavras que me fazem sair da cama todas as manhãs e conduzir os dias longos e difíceis. As palavras que me guiaram enquanto escrevia freneticamente este livro para você.

"Estou aqui para erradicar a pobreza empresarial", falei para Yanik. "Essa é minha maior motivação."

"Pobreza empresarial", disse Yanik, como se testasse as palavras em sua língua.

Desloquei-me para a borda da cadeira. "Sim. Acredito que os empreendedores mudam o mundo. Eles são inovadores e solucionadores de problemas. Podem resolver alguns dos nossos maiores problemas. E, no entanto, a maioria deles está apenas sobrevivendo. Se eu pudesse ajudar os donos de negócios a sair da pobreza empresarial, eles seriam livres para fazer essas grandes coisas, as grandes coisas das quais o mundo tem fome."

Yanik deu outro trago no baseado e disse: "Então isso é tudo o que importa. Caso seus livros o ajudem a conquistar seu propósito maior *e* atender melhor aos empreendedores, você *tem* que encontrar uma maneira de comercializá-los melhor do que ninguém."

Minha chamada para a batalha começou com um encontro chapado. Para você, ela começa bem agora.

Sua missão no mercado não se restringe apenas a você. Trata-se de algo muito, muito maior. Diz respeito à sua família, sua comunidade e ao *nosso* mundo. Se oferecer algo que sirva, deve deixar todos cientes. Precisamos de você, mas não sabemos que você existe. E é sua responsabilidade consertar essa parte de "não saber que você existe". Comece imediatamente.

Rápido, cite algo que você faz melhor do que a concorrência. Seus serviços são mais completos? Fornece uma melhor experiência ao consumidor? Está mais disponível aos clientes? Seu produto dura mais? Suas coisas fazem seu cliente se sentir melhor do que as do concorrente? Entende melhor as necessidades do cliente? Talvez existam múltiplas áreas onde você é o vencedor. Suspeito que você foi capaz de identificar pelo menos um "melhor" bem rápido. Provavelmente, vários. Então é uma verdade plausível. Você é melhor.

Seja como for, se o que você oferece é melhor que as alternativas, não deveria *tentar* comercializar esse produto para seus prospectos [clientes em potencial com real interesse no produto/serviço], você *deve* comercializar para eles. Tem a responsabilidade de vencer os concorrentes, tanto grandes como pequenas empresas — as empresas inescrupulosas, as empresas que dão menos e aquelas que se preocupam menos que você com as pessoas que atende. Caso contrário, você deixará seus clientes serem roubados. Você tem a responsabilidade de tratar bem seus clientes e prospectos, "marqueteando" sua empresa do jeito que o diabo gosta. Se você tem uma opção melhor para seus clientes e prospectos, mas eles não sabem que ela existe, são forçados a se acomodar. Esse pode ser o problema *deles*, mas é *sua* responsabilidade resolvê-lo.

Grandes Ofertas Precisam de Marketing Diferente

Naquele dia em sua casa, Yanik me lembrou sobre o propósito de minha vida: erradicar a pobreza empresarial. Um número elevado de proprietários de empresas estava (e ainda está) construindo empresas para ganhar liberdade financeira e controle sobre a própria vida, porém eles estavam (e ainda estão) em uma constante crise de dinheiro e se sentem exaustos. Corrigir essa discrepância entre o sonho de liberdade e a realidade da luta foi (e ainda é) meu propósito de vida. Esse é o motivo de eu ter escrito meu primeiro livro, este livro e todos os livros entre os dois. *The Toilet Paper Entrepreneur* [*O Empreendedor do Papel Higiênico*, em tradução livre] não era um "melhor cartão de visitas". Não era para "gerar leads" [clientes em potencial ainda em estágio inicial de interesse]. Não era para me tornar rico. Queria ajudar meus leitores a fazerem mudanças reais e duradouras. E, no entanto, de alguma forma, tinha perdido o rumo.

Ao olhar para trás, ainda estou chateado comigo mesmo. Eu sabia mais. Construir minhas duas primeiras empresas me ensinou que a *única* maneira de encarar as pessoas que realmente precisam de você é dominar o marketing e que isso não tem nada a ver com dominar um plano de marketing. Qualquer plano é apenas ficção se não conseguir obter, antes de mais nada, a atenção dos prospectos.

A verdade simples é que o marketing acontece em milissegundos, não em meses. De acordo com a revista *Time*, o site comum prende a atenção dos visitantes por meros quinze segundos. O Instagram relata que as pessoas passam menos de dez segundos em um *post*. E que tal um marketing mais tangível? Aposto que você folheia o lixo eletrônico na velocidade da luz.

Segundo o Interactive Advertising Bureau, um anúncio deve ter a atenção do telespectador durante pelo menos um segundo para que tenha alguma chance de sucesso. Se um prospecto passar por seu marketing em menos de um segundo, em milissegundos, você o perdeu. Embora um plano de marketing seja uma ferramenta maravilhosa para programar o que sabe que funciona, sua prioridade número um é saber o que *realmente* funciona naqueles milissegundos.

Tente isto. Bem agora, pisque o mais rápido que puder. Essa piscada que acabou de dar durou um pouco mais do que um décimo de segundo. Uma piscada normal é dada em — pega essa — 215 milissegundos.[1] De acordo com *The Christian Science Monitor*, pensamentos podem ser gerados e fazer efeito em menos de 150 milissegundos. Em outras palavras, leva mais tempo para piscar do que para cognitivamente notar algo *e* ponderar o que fazer com isso. A lição? O marketing de sucesso acontece em um mero piscar de olhos. Seu cliente em potencial pisca e segue adiante ou, se você fizer certo, fica. Você precisa ganhar a piscada.

A chave para o marketing bem-sucedido em milissegundos é simples: ser diferente para que as pessoas *tenham* que prestar atenção. Seja suficientemente diferente para que a parte do cérebro conectada force o prospecto a contemplar e refletir sobre o que ele vê.

A ironia foi que, enquanto eu tinha utilizado ideias de marketing de maneira criativa para vencer a concorrência e aumentar meus negócios para milhões em faturamento, quando se tratou do marketing do meu livro, caí na regra do *status quo*. Fiz a coisa *exata* que garantia invisibilidade: fiz marketing como todos os outros do meu ramo.

Levei algumas semanas para perceber por que segui o padrão do setor: eu não me considerava "um verdadeiro autor". Escrevi um livro, sim, mas eu era apenas um novato, e embora tivesse confiança no meu trabalho, não tinha confiança no que os outros poderiam pensar dele.

Parecia com o primeiro dia do ensino médio, e eu era o garoto novo de fora da cidade. Transbordava insegurança. Será que encontraria minha turma? Será que ela me encontraria? Eu seria bem recebido? Ou os valentões me fariam vestir um cuecão atômico? Assim como o primeiro dia em uma escola nova, lançar um livro, de fato adotar qualquer posição significativa, é um momento dos mais delicados.

A verdade é que eu queria ser notado sem ser notado. Queria colher os frutos da atenção sem o risco de chamar a atenção. E se as pessoas pensassem que eu estava muito por fora, era muito estúpido, muito idiota? Havia me contentado com o conforto monótono de ser imperceptível a correr o terrível risco de ser incapaz de ser ignorado.

Finalmente, fez sentido. Sentado lá no terraço de Yanik, percebi que nosso próprio medo de se destacar é a razão número um de lutarmos para sermos notados. As pessoas perdem o jogo do marketing porque jogam pelas regras — regras que sequer existem.

Uma vez que finalmente Yanik me fez entender direito, voltei para a estratégia um, a única estratégia que funciona consistentemente: fazer marketing de maneira diferente.

Pensei sobre alguns dos infomarqueteiros que eram sérios e que não se enquadravam na categoria de bajuladores. O denominador comum? No fundo, os caras bons do espaço digital se destacaram por serem diferentes.

Jeff Walker, por exemplo, caracterizou-se por um único produto de marketing, o Product Launch Formula (PLF) [A fórmula de lançamento de produto, em tradução livre], em ação por mais de uma década e contando. Tornou-se *a* autoridade do ramo ao fazer o que outros não faziam. Sem mansões de mentira, Jeff criava vídeos em sua casa na montanha, no Colorado, a mesma que ele tinha havia mais de vinte anos. Sem Bentley alugado. Em vez disso, continuava a dirigir sua picape muito usada, uma Ford F-350 de 1997, porque ele a ama. Quando a competição mudou de direção abruptamente por causa da adulação, Jeff foi na direção oposta, a da autenticidade. Diferente não é fazer mais do que eles fazem. Diferente é fazer mais de você.

No meu coração, sabia que meu livro servia aos outros melhor do que as alternativas, mas, e daí? O melhor não importa até que seja notado. E você não é notado até que seja diferente. Malditos sejam os cuecões atômicos.

Veja bem: você tem algo excepcional, feito de sua imaginação, suas noites em claro, seu suor e sua determinação. Isso é algo sério. É *a* coisa. Você sabe que as pessoas — as pessoas certas — amarão isso. Elas precisam disso. O problema é que você a constrói, e, apesar do prometido nos filmes, ninguém veio. Talvez nem mesmo sua mãe. E alguns jamais virão até que você seja diferente.

Talvez você tenha até investido nas estratégias de marketing que os supostos especialistas lhe disseram que "todos" devem fazer para competir. Talvez tenha participado de cursos de texto publicitário. Talvez tenha contratado escritores publicitários. Talvez tenha enviado a esses escritores os mesmos cursos que fez. Fez tudo isso e mais, e agora tudo o que tem para mostrar é uma conta bancária vazia.

Você não pode se dar ao luxo de fazer propaganda como os garotos grandes. E não deve (só dizendo). Mas tem que vender suas coisas de alguma maneira, certo? Então compra anúncios de mídia baratos, da Amazon ads, Google ads, Facebook ads e de uma empresa de anúncios para gerir todos os anúncios de todas as plataformas. E o ciclo continua. Você faz outro curso para aprender como usar a propaganda de forma mais eficaz. Experimenta mala direta. Tutoriais do YouTube. Promoções de feriado. E quando isso ainda não funciona, se entrega a uma ilusão desesperada: "Se ao menos pudesse fazer um anúncio no Super Bowl, tudo mudaria."

Apesar de todos os seus esforços e esperanças, você simplesmente não parece ter prospectos suficientes para atingir seus objetivos. Aí está você, mantendo em segredo algo excelente, imaginando se alguma vez alcançará pessoas em número suficiente para amá-la, precisar dela e comemorá-la — as pessoas que a *comprarão*. Elas perdem a oportunidade, e você perde tudo.

Infelizmente, essa luta é justificada de muitas maneiras autodepreciativas. "Eu simplesmente não sei como comercializar." "Talvez essa coisa não seja tão excepcional quanto pensei que fosse." "Talvez aquelas outras coisas sejam melhores." "Talvez essa coisa que criei nem valha a pena ser comercializada." "Talvez seja um fiasco."
Eu chamo de papo-furado.

O problema não é o que você fez. Eu sei que não é. Você está aqui, afinal de contas. Está lendo este livro procurando comercializar o que tem. O que você tem é excelente. É necessário. O problema não está no *que* você oferece. Nem é a falta de tentativa. Droga, você está fazendo tudo o que pode por seu negócio, fazendo tudo o que pode para que os outros saibam. Está fazendo tudo o que pensa que funciona. E *esse* é o problema.

Sei que pode parecer confuso. O que quero dizer é que você faz o marketing que já funciona para todos os outros, que é o caminho certeiro para que esse marketing *não* funcione para você. Se você espelha sua concorrência, faz a única coisa que garante invisibilidade. Você deve superar seu medo de ser julgado, sair da caixa e ser diferente.

Veja, a razão principal pela qual o marketing falha é porque ele se alinha com o que "funciona" no seu ramo. Os empresários continuam fazendo o que outros empresários fazem, e isso significa que todos tentam superar uns aos outros ao usar os mesmos métodos, apenas de um modo melhor. Mas quando todos usam os mesmos métodos, ninguém se destaca. Uma versão melhor da mesma abordagem ainda é invisível. Quando seu marketing é como o marketing do concorrente, você perde em milissegundos. O prospecto vê alguma versão de algo que era considerado indigno de sua atenção no passado, agora repetido por você. Um piscar de olhos, e eles seguem em frente.

Por que gravitamos em direção aos chamados métodos de marketing testados e aprovados? Em sua essência está o medo de se destacar. Queremos parecer tão bons quanto os outros, então agimos como todos os outros. Não queremos transparecer que não sabemos o que fazemos. Achamos que todos esses negócios estabelecidos fazem dessa maneira, então somente faz sentido fazer da mesma forma. Igualamos sobrevivência a conformismo.

O problema é que, se focamos em nos encaixar, como nossos potenciais clientes nos encontrarão?

Imagine estar em uma sala com quinhentas pessoas usando ternos cinza idênticos. Uma dessas quinhentas pessoas é sua alma gêmea. Quão fácil é identificar seu par perfeito em um mar cinza? Difícil. Quase impossível.

Agora imagine que alguém veste um terno vermelho. Essa pessoa chamou sua atenção — em um milissegundo. Assim, em vez de ficar entrevistando um a um as quinhentas pessoas pelas próximas oito horas, é apenas mais fácil começar com a pessoa de terno vermelho — e, puxa, você pode até mesmo se convencer de que é a certa para você simplesmente porque se destacou de imediato. Esse exemplo é para uma alma gêmea. Uma maldita alma gêmea. E a ideia de atravessar um mar de ternos cinza por horas a fio ainda é cansativa. Então apenas imagine quão pouca energia os potenciais clientes estarão dispostos a gastar para buscá-lo em seu terno cinza de invisibilidade. Qual chance você tem de sequer ser notado, mesmo que seja sua alma gêmea?

A maioria das empresas não usa vermelho quando o código de vestuário é cinza. Em seu lugar, tentam ser uma *melhor* opção cinza: um cinza mais escuro ou um cinza mais claro ou um cinza mais cinza. Mesmo que eles verdadeiramente *sejam* melhores, como alguém poderia saber? Eles estão todos vestindo a mesma cor.

Tentar fazer o mesmo marketing que qualquer outra pessoa, repetidamente, apenas melhor, o deixará superfrustrado. Não é de se admirar que tantas empresas pensem que marketing é uma perda de tempo e dinheiro. Quem seria bom em andar nesse carrossel? Não importa em qual lugar você suba, todos eles são apenas cavalos pintados em postes, andando em círculos — indo a lugar nenhum.

Faça o que for necessário para se lembrar disso para o resto de sua vida. Tome nota, cole no espelho do seu banheiro, tatue na sua nádega. Pelo amor de Deus, apenas não esqueça:

O melhor não é melhor. O diferente é melhor.

Diferente é onde você se destaca em um instante, dentro do milissegundo do marketing. Chegar de vermelho quando as pessoas esperam cinza. Dirigir uma picape Ford F-350 antiga quando todos os outros se exibem em seus Bentley conversíveis (alugados). Diferente é onde você é inegavelmente chamativo, quando aparece fora do contexto do que as pessoas esperam.

Desde minha epifania sobre marketing, tenho dado a diretriz a centenas de milhares de empreendedores. Uso esses eventos para compartilhar o que sei, obviamente, mas o tesouro escondido é que também os uso como uma oportunidade de apontar o perigo do *status quo*. Faço isso por meio de pesquisas ao vivo, e esta, em particular, é a minha favorita:

"Formem pares e mostrem sua forma mais efetiva de gerar leads", digo a eles.

Depois de alguns minutos, saco meu *flip chart* e marcadores. "Todos levantem as mãos. Mantenham-nas para cima até que ouçam sua ideia de gerar leads."

Tal como na rodada final da "Wheel of Fortune" [Roda da Fortuna, em tradução livre], quando Pat Sajak concede ao competidor cinco das letras mais comuns antes que possam adicionar algumas por conta própria em uma tentativa de solucionar a frase, escrevi as "três grandes barbadas" no quadro: "boca a boca", "recomendação de cliente" e "site". Cerca de 95% das mãos desceram. Pedi às pessoas com as mãos ainda levantadas para gritarem suas abordagens singulares. "Marketing de conteúdo" é uma das grandes; quando a adicionei, a maioria das mãos restantes desceu. As pessoas gritaram mais algumas ideias, tais como "anúncio pago" ou "feiras de negócios". Pela sexta ou sétima ideia, havíamos esgotado todas.

Uma sala cheia de centenas, algumas vezes milhares de executivos, todos competindo uns com os outros em algum nível, e eles têm as mesmas seis ideias. As mesmas seis maneiras de tentar superar o outro, os mesmos "ternos cinza".

Nessa pequena demonstração, deixam claro que todos fazem marketing da mesma forma. Todos respondem às mesmas questões usando as mesmas linguagens, todos seguem a mesma "boa prática" de modelos e estratégias de marketing e, contudo, de alguma forma ainda acreditam que são diferentes de todos os outros. Mesmo *ver* um mar de mãos se abaixar em "boca a boca" ou "conteúdo" não os alerta de que todos eles estão no mesmo mundo de prospectos. Porque, apesar de todos fazerem um marketing idêntico, *sentem* como se fossem melhores nele, que se destacam.

Ou, pior, orgulham-se do fato de conseguir a maioria dos seus leads por meio da referência de clientes. Eles dirão: "Nós não precisamos nos preocupar com marketing; o boca a boca é a nossa fonte de leads." A estratégia inconsistente do boca a boca não é nenhuma estratégia. É colocar seus esforços de marketing nas mãos de seus clientes para que eles o façam para você, a seu bel prazer.

Esperar que os clientes o indiquem não é marketing. O boca a boca é uma fonte de oportunidade maravilhosa, embora aleatória, quando acontece, as palavras-chave sendo "quando acontece". Se uma grande porcentagem de seu novo negócio chega por meio de referências e boca a boca, você não está fazendo marketing. Está cruzando os dedos para que os clientes o façam para você. Não tem controle sobre o crescimento de sua empresa; seus clientes, sim. O boca a boca deveria ser a cereja, não o bolo.

O marketing igual ao dos outros é apenas um ruído de fundo. A única maneira de controlar seu fluxo de leads — onde pode acelerar seus leads ou, se quiser, desacelerar — é fazer um marketing de uma forma diferente da sua concorrência. Seja diferente. Esse é o bolo.

Max Durovic estava chateado. Tipo, muito chateado. Como parte de seu trabalho em uma delicatessen da Califórnia, ele tinha que ficar do lado de fora segurando uma bandeja de sanduíches por horas a fio. Mas, e se ele não fizesse apenas isso? E se ele a girasse? Decerto uma placa de delicatessen que gira é muito mais divertida para ele do que uma que fica parada. Então girou-a com seu dedo. E, com isso, Max deu de cara com um marketing diferente.

Naquele verão, Max inventou "a placa giratória", que é basicamente fazer truques de acrobacia com placas em forma de seta para fazer propaganda dos negócios. Ele diz que é "tanto uma arte performática quanto um cartaz de propaganda". Você já viu uma placa giratória? Chamou sua atenção, não chamou? Você vê placas todo o maldito tempo. A enorme quantidade de placas as torna invisíveis. O cérebro humano é eficiente em ignorar o irrelevante, mas, com um pouco do *pó da diferença* mágico, e um salto, um giro e um rodopio de uma placa, agora você olha para algo que sua mente teria de outro modo ignorado.

Em 2002, Max fundou a AArrow Inc., que cresceu para mais de trinta escritórios ao redor do mundo, contabilizando centenas de giradores de placas. Eles até têm uma competição anual em Las Vegas. O diferente, bem-feito, vai longe.

A primeira experiência de um prospecto com você, a primeira impressão dele *sobre você*, é seu marketing. Se é a mesma como a de todos os outros negócios do seu ramo, seu prospecto somente pode assumir que você é o mesmo, que é apenas outra placa ignorável. O diferente é o marketing de uma forma que *ninguém mais no lugar faz*. É incomum, inesperado e não pode ser ignorado.

Fazer marketing de maneira diferente. Tão diferentemente, que seus consumidores ideais não podem deixar de reparar em você no ruído de fundo do mar de técnicas "top seis do marketing" que os seus concorrentes usam.

Esse é o seu chamado às armas, droga!

Você *tem* que comercializar de maneira diferente, porque o mundo *precisa* descobri-lo. Veja bem: você navegou nessa jornada muito louca chamada vida para chegar a esse momento. Você pode fazê-lo como um empreendedor solo carregando todo o fardo sozinho. Ou talvez você seja o "garoto novo" que senta "em algum lugar lá fundo" do ramo. Não importa sua situação, o *status quo*, o marketing bom o suficiente e imperceptível é o risco. Assumir o "risco" de ser notado é a nova aposta segura.

Você está pronto? Esse é seu momento, filho.

A Razão pela qual Poderia Falhar Nisso

O dia em que esvaziei um caminhão com meus livros foi um dos piores e mais exaustivos da minha vida. Yanik Silver tinha me convencido de que fazer o marketing do meu livro era minha responsabilidade, mas eu ainda tinha a maioria das minhas 20 mil cópias do *The Toilet Paper Entrepreneur* para lidar. O centro de distribuição me cobrava uma taxa de armazenamento de US$1 mil mensais. Porque os livros não vendiam, não podia justificar ou arcar com a despesa. Eu tinha duas opções: reciclar os livros, um termo suave para transformar meu livro em celulose, ou enviar todos para minha casa para economizar os custos de transporte. Escolhi a opção dois.

Uma por vez, carreguei as caixas do caminhão para o porão, sótão, debaixo da minha cama (substituindo nosso colchão de molas), para os quartos dos meus filhos, a garagem e o porta-malas, banco traseiro e da frente do meu carro. O suor pingava pelo meu corpo. A camiseta estava colada, os joelhos, paralisados, e eu sentia dores em lugares que não sabia que existiam. E ainda assim, era como se cada caixa me deixasse mais forte. "Mais irritado" talvez seja um termo melhor. Eu não estava irritado comigo mesmo; fiquei irritado com a minha concorrência. Eu tinha 20 mil cópias de um livro que poderia ajudar 20 mil vidas. Via isso enquanto guardava meus próprios livros longe das vistas de pessoas que precisavam deles. Aquilo me deixou fulo da vida.

No final do dia, cada caixa descarregada e o caminhão tendo partido havia um tempo, sentei na varanda da frente de casa e me comprometi a vender todo e cada maldito exemplar daqueles livros que estavam na minha casa. Não porque precisava vendê-los, mas porque meus futuros leitores precisavam lê-los.

Continuei fazendo diferente, experimentando novas estratégias de marketing que chamariam a atenção do meu leitor ideal. Mesmo após começar a ser notado como um autor, mesmo depois de ter garantido meu primeiro contrato de publicação tradicional, continuava focado em vender aquele livro. E o fiz. Vendi cada cópia. E então vendi 100 mil a mais.

Poderia ter jogado a toalha naquele dia e deixado os livros acumularem poeira. Poderia ter enviado aquele caminhão para o depósito de lixo. Poderia ter não me arriscado e voltado meu foco de volta aos negócios que administrava no passado. Mas sabia que tinha algo que meus leitores precisavam e tinha uma responsabilidade de comercializar a droga do livro.*

---

* Se quiser saber mais sobre como anunciei meus livros, pode ler sobre isso no artigo da *Forbes* de junho de 2013 escrito por Dorie Clark, "How Mike Michalowicz Went from Unknown Self-Published Author to Mainstream Publishing Success" ["Como Mike Michalowicz passou de autor autopublicado desconhecido para um sucesso editorial popular", em tradução livre]. Você pode acessá-lo, junto com outros recursos gratuitos, no meu site em gogetdifferent.com [em inglês].

Sua Responsabilidade com o Mercado

Dez anos atrás, fiz uma promessa. Sempre encontrarei meios de tornar qualquer empresário deste planeta ciente do que eu tenho, mesmo que meu concorrente seja maior, ou mais estabelecido, ou tenha muito dinheiro. Porque acredito que minha proposta é a melhor solução para meus leitores, tenho uma responsabilidade em deixá-los cientes. Nunca mais esperarei para que alguém me ache; farei com que me vejam.

Você também deve fazer uma promessa. Uma promessa de ajudar os membros da sua comunidade ao fazê-los prestar atenção. Mas uma promessa não é o suficiente; você tem que superar a barreira principal do marketing eficaz: o medo.

Se você ceder ao medo — do desconhecido, de se destacar, de estar vulnerável —, não terá êxito. Ceder ao medo é o principal assassino de sonhos. Você sabe disso, tenho certeza. Ainda assim, é importante que compreenda que este livro o ajudará somente se tomar uma atitude. Você tem que fazer a escolha, agora mesmo, de insistir nesse sistema de marketing, apesar do seu medo.

Você quer estar seguro ou ter sucesso? Essa é uma questão profundamente séria. Pense sobre isso, por favor, antes de responder. Acho que dirá "ter sucesso", mas pretende mesmo? Você realmente, realmente pretende? Infelizmente, a maioria das pessoas não.

A maioria escolhe a segurança ao sucesso e o demonstra por meio de suas ações. Elas *dizem* querer ser ousadas e corajosas, mas não querem descartar a segurança da sua zona de conforto. Estão com medo de se colocar lá fora, correr o risco de humilhação ou ridículo. Não querem girar a placa — nem tanto por medo de deixá-la cair quanto pelo medo de serem *vistas* deixando-a cair. Se você não está disposto a quebrar as regras — as quais, perceptivelmente, não são *as* regras, mas são *suas* regras —, também ficará preso na terra confortável do despercebido.

O marketing não é um jogo de esconde-esconde. É uma missão para ser tão óbvio e notável como um farol. Não espere ser encontrado. Exija que o vejam. Você é o sinal luminoso na neblina da mediocridade. Direi novamente, porque pode não ter ouvido o suficiente: você tem a responsabilidade de eliminar a concorrência do mercado. Sua jornada pode tê-lo deixado no banco de reserva às vezes, ou por muito tempo, mas a não ser que tente e continue tentando, simplesmente será aquela "pessoa com tanto potencial" que nunca é descoberta. Ouse se destacar. Ouse ser diferente. O mundo depende disso.

A Missão Conhece o Nêmesis

Em uma caminhada com minha filha ao longo da borda do Grand Canyon, olhei para o vasto abismo e me perguntei o que motivaria uma pessoa a ir de um lado ao outro? Um sonho, sim. Teria que ser um grande sonho, mas seria suficiente para insistir nele, não importa o suplício? Talvez não. Muitas pessoas desistem de seus sonhos antes de completá-los.

Mas, e se isso fosse uma missão? Se minha filha estivesse do outro lado do cânion? E se a vida dela dependesse da minha travessia? Descer um lado e subir o outro em uma caminhada extenuante de mais de 30km? E se um vilão estivesse cruzando esse mesmo cânion com a intenção de destruí-la? Agora não é mais um sonho; é uma missão. A vida de um ser amado está em perigo iminente. E o resultado está totalmente em minhas mãos. Se eu fizer a jornada extraordinária, ela vive. Se eu falhar, ela morre, assim como minha alma.

Os clientes que você atende estão em perigo. O cara mau está atrás deles. Você tem algo maior que um sonho aqui. Você tem uma missão: salvar seus clientes. E tem que chegar até eles antes que o vilão o faça, independentemente dos desafios que enfrentará e do abismo que deve cruzar.

Sem pensar muito, responda a esta pergunta: quem é seu nêmesis? O meu é um cara que é o exemplo de imagem perfeita dos infomanipuladores que odiava quando lancei meu primeiro livro, exceto que ele provavelmente agora *de fato* tem o jatinho particular do fundo de suas fotos. Ele promove casas maiores, mais carros e pilhas de ouro como definição do sucesso. Define vencer não como resultado de ajudar seus clientes, mas como a falha de seus concorrentes. Todas as vezes que vejo uma foto dele, estremeço. Ele representa tudo que desprezo sobre "líderes de pensamento" focados no negócio. A comunidade à qual sua mensagem fala e atende usa notas de US$100 para acender charutos e cospe nos "perdedores", que não conseguem ganhar dinheiro o suficiente para fazer o mesmo. O problema é que, porque ele anuncia bem, as pessoas irão ouvi-lo. E se elas o escutarem, a ganância ganha e os empresários honestos perdem.

Para me manter motivado, tenho um retrato dele no meu escritório. Não apenas qualquer retrato — a mais detestável de todas as mais detestáveis fotos promocionais dele. Olhar para ela me lembra de que estou em uma missão para erradicar a pobreza empresarial por meio da assistência. Para que os caras bons ganhem, tenho que excluir meu nêmesis do mercado.

Não é uma coisa de ego. É uma coisa nós *versus* eles, tão velha quanto o tempo. Coca-cola *versus* Pepsi. Joe Frazier *versus* Muhammad Ali. Nerds *versus* atletas. E me deixe dizer a você: isso pode ser tão motivador quanto — se não *mais* motivador ainda — estar a serviço. Eu posso tanto jogar a toalha ou, com um inimigo pronto para destruir exatamente as pessoas que estou aqui para servir, dizer: "É hora de avançar." Então, nada me impedirá de atravessar o precipício.

Tudo de que precisamos é de um nêmesis. Não precisa ser uma pessoa; pode ser outro negócio, uma ideologia ou algo prejudicial à sua comunidade. Todos precisamos de alguém ou algo para lutar a favor (nossa missão) e alguém ou algo para lutar contra (nosso nêmesis). Quando temos ambos, nos tornamo o lutador de rua dos nossos sonhos. Quer saber o nome do meu nêmesis? Bem, eu não contarei. Não darei a ele esse poder. Você pode tentar me induzir a contar, me trancar em um quarto, me forçar a assistir horas de momentos ruins da história do futebol americano do Virgínia Tech, até mesmo me fazer um cuecão atômico, mas eu ainda não direi. Essa é minha batalha, não sua. E mesmo que eu não possa suportar o que ele representa, não quero enviar qualquer negatividade para o caminho dele. Simplesmente me comprometi a eliminá-lo do mercado. Incansavelmente.

Sua Vez

Compilei uma lista de ações e considerações para você no final de cada capítulo deste livro. Cada item constrói aquele que vem em seguida. Não pule nenhum. Tornar-se um Fazedor Diferente (uma pessoa que faz o marketing do Seja Diferente) começa com uma mudança de mentalidade. É por isso que o primeiro capítulo é nosso motivador. Você precisa perceber que sua missão é maior que seu medo. Eu não tento fazer com que evite o medo aqui; tento dar coragem enquanto constrói a força do marketing. E para fazer isso, você precisa começar entrar em ação imediatamente.

Sua Responsabilidade com o Mercado

Não se encha de besteiras como uma mentira confortável tipo "eu voltarei para isso daqui a pouco". Faça as ações do final do capítulo. Na maioria dos casos, elas tomarão de você menos de quinze minutos. Somente quinze minutos. Para mudança permanente. O marketing permanentemente melhor. Não procrastine. Faça.

1. Responda cada uma das seguintes questões:

    a. Por que você precisa eliminar a competição?

    b. Por que é mais importante para você correr o risco de ser notado?

    c. Está disposto a fazer o que quer que seja para avançar e se destacar?

    d. O que acontecerá a você, seu negócio e seus clientes se não o fizer?

2. Em seguida, identifique seu nêmesis. Quem ou o que prejudica a comunidade que você está destinado a atender? Há uma pessoa ou empresa inescrupulosa que está conquistando a atenção dos prospectos? Há um grupo inteiro de marqueteiros vendendo porcarias para seus clientes? Há uma ideologia que precisa ser eliminada de uma vez por todas? Pelo que luta e pelo que luta contra? Identifique seu nêmesis.

3. Comprometa-se com sua missão de marketing. Fazer diferente é assustador, eu sei, mas permitir que sua missão falhe enquanto seu nêmesis se torna vitorioso é muito pior. Está pronto para comprometer sua responsabilidade de fazer propaganda, apesar do medo que isso possa suscitar em você? Quero saber! Me envie um e-mail com o assunto "I'm Doing Different!"[Estou fazendo diferente!] (para que eu possa encontrar facilmente sua mensagem na minha caixa de entrada) para mike@mikemichalowicz.com. Compartilhe sua

missão em suas anotações e mencione por que o diferente servirá a você e à sua comunidade. E, caso se sinta obrigado a compartilhar seu nêmesis, prometo não contar.

4. Baixe os recursos em gogetdifferent.com [conteúdo em inglês]. As ferramentas lá poderão ajudá-lo a empregar todas as técnicas que está prestes a aprender.

Capítulo dois

∿∿∿∿∿∿∿∿∿

A Estrutura do DAD Marketing

Gabriel Piña ama charutos. Quando voltou de um retiro de quatro dias que intermediei em Smoky Mountains, ele carregava consigo uma mochila e uma mala de rodinhas.

A mochila era para suas roupas; a mala, para seus charutos. Você pensaria que um cara cujo hobby são charutos baratos teria uma certa ginga como os Rat Pack,* sabe, como Dean Martin ou Sammy Davis Jr. Mas Gabe? Ele arrastava aquela mala atrás de si como um homem que havia chegado ao seu limite.

Gabe fundou o Piña Business Services em 2007 para prover serviços de contabilidade e escrituração para negócios locais. Ele anunciava usando os métodos comuns em seu ramo: mesas de canto para

---

* Grupo de artistas que se reunia constantemente para shows em Hollywood ou Las Vegas nos anos 1950 e meados dos anos 1960 (N. E.).

reuniões, e-mails para os prospectos, "relatórios do setor" gratuitos. De tudo o que experimentou, ele dependia muito de referências boca a boca para sua empresa crescer. Apesar desses esforços, lutava para conseguir clientes o suficiente para dar conta do recado. Contas e dívidas acumuladas e crescendo cada vez mais. Após se mudar do Wyoming para San Diego, em 2014, teve que enfrentar a urucubaca tripla de ser virtualmente desconhecido na área, depender do boca a boca para novos leads e uma falência iminente. Ser desconhecido e imperceptível é uma combinação fatal que mata muitos negócios bons.

Os poucos possíveis clientes que pingavam eram de todos os tipos de negócios. E porque a atuação em marketing de Gabe (ou sua falta) não era diferente daquela de outros contadores, quase nenhum desses leads deu resultado. Ser ignorado o destruía. Foi por isso que Gabe apostou tudo ao fazer diferente. Daí a viagem para o Tennessee, o chamado "Estado Voluntário".

Quando chegou em Knoxville para o retiro, ele se viu diante de duas escolhas: ficar na mesma e, por fim, fechar a empresa ou "lançar os dados" ao fazer marketing de uma maneira totalmente nova. Gabe é um lutador e apostou tudo em salvar — e aumentar — seu negócio. Nós rapidamente decidimos que a melhor solução seria criar um nicho para os serviços que ele oferecia e focar em servir uma comunidade que lhe permitisse combinar sua paixão com sua especialidade. Quando você anuncia para uma comunidade regularmente, logo descobre o diferente que funciona e o diferente que não funciona. Isso permite fazer experimentos de marketing ágeis e encontrar métodos eficazes e diferentes rapidamente.

"Eu quero ser a autoridade em contabilidade no segmento de tabacarias", ele me disse no segundo dia. "Mas não estou com sorte em conseguir novos clientes."

Gabe é um contador perspicaz, com uma reputação estelar e conhecimento no mundo dos charutos. Não deveria ser tão difícil atrair novos proprietários de lojas, certo? Em teoria, sim. O problema era que ele ainda confiava nas recomendações de seus clientes. Ele era desconhecido *e* imperceptível. Para salvar seu negócio, teria que anunciar para sua comunidade como nunca anunciou antes. Não através de um ataque de mala direta. Não através de uma campanha desesperada "você precisa me contratar, por favooooooor". Mas através de um marketing diferente, de alto rendimento.

No retiro, apresentei a Gabe a mesma estrutura que estou prestes a compartilhar com você neste capítulo. Ele veio com uma ideia diferente, avaliou-a e então conduziu um teste. Em duas semanas, ele completou o teste, em um mês, tinha um fluxo de leads ativo e consistente e em *seis* meses, havia obtido seis dígitos de receita anual adicional. Aquilo foi um grande negócio para a saúde de sua empresa e valia a pena celebrar com um charuto dos bons. Na verdade, o experimento funcionou tão bem que Gabe o adotou como uma de suas estratégias principais contínuas de marketing. Daqui a pouco, vou passar os detalhes de como ele o fez.

Pouco antes de me sentar para escrever essa história, dei uma olhada nas redes sociais de Gabe para verificar como estava e vi um post sobre comprar seu primeiro carro zero com o lucro vindo de seu negócio. Agora ele tem aquele gingado — não por ser o cara do charuto *"cool cat"* —, mas porque tem a confiança adquirida quando você sabe que tem o controle total sobre seu desenvolvimento. Você sabe como conseguir clientes novos e *você* decide como acelerar os leads. Para alcançar isso, primeiro precisa ter a compreensão essencial da *razão pela qual* esse processo funcionou para ele e porque funcionará para *você*.

A Ciência por Trás do Diferente

"As folhas amassadas são ignoradas, mas o inesperado é observado... de perto", disse o Sr. Fordyce, meu professor de ciências da sexta série, durante a primeira aula. Ele proferiu essas palavras como se estivesse se dirigindo à nação: jaleco, microfone com headset e tudo (para uma sala com dezenove alunos). Aquilo começou nosso estudo sobre a mente do homem das cavernas.

As palavras "homem das cavernas" formam um termo que abrange o Neanderthal pré-histórico, o *Homo erectus* e aquele jogador de futebol gigantão que você conheceu no ensino médio. O povo das cavernas era nômade e formava tribos de caçadores-coletores. Em sua maioria, os homens caçavam e as mulheres coletavam comida. Independentemente do que caçavam ou coletavam, o cérebro dele tinha o mesmo objetivo: ignorar o supérfluo e manter foco total no diferente.

Quando saíam e estavam prestes a caçar e colher, se ouvissem um som frequente, como folhas amassadas ou gravetos estalando sob seus pés, o cérebro deles filtrava aquele som externo, enquanto sons de oportunidade, como cascos de veados batendo no chão, imediatamente capturavam seu foco. Outras vezes, ao ouvir um som que era uma ameaça desconhecida, como o estrondo de uma debandada de mamutes-lanosos, eles corriam em disparada para o abrigo mesmo antes de o pensamento consciente entrar em ação, com os pés girando e chutando poeira *à la* Fred Flintstone.

E algumas vezes, ouviam um som que simplesmente não conseguiam identificar — um som estranho que apenas não processavam. Agora a mente deles prestava atenção plena. Tudo se tornava visão periférica para eles, escrutinando o inesperado. Porque aquele som poderia significar que acharam seu jantar — ou poderia dizer que eles *seriam* o jantar.

Naquela época, priorizar os sons diferentes e avaliar coisas inesperadas era questão de vida e morte.

Avançando rapidamente para os tempos modernos, embora a tecnologia e a sociedade tenham progredido na velocidade da luz, nosso cérebro tem progredido muito mais lentamente. Nossa velha e boa massa cinzenta ainda está projetada para sobreviver no nível mais primal. Nossa mente é extremamente eficiente em evitar perigos conhecidos, agarrando-se a oportunidades e ignorando o irrelevante (que é quase tudo). Entretanto, nosso cérebro sempre tropeça em uma coisa: o diferente. Mas antes de mergulharmos nisso, daremos uma olhada no *por que* ignoramos.

Você já notou a rapidez com que consegue superar algo? Como as coisas se tornam mais do mesmo blá blá blá? Isso se chama habituação. Por exemplo, da primeira vez que recebeu um daqueles e-mails de marketing dizendo "Olá, Amigo!", provavelmente prestou atenção. Quem é esse amigo perdido há tanto tempo que me envia e-mails? Eu não ouço falar do "amigo" desde sabe-se lá quando. E o fato de que o meu bom e velho amigo me chama de Amigo, em vez de meu nome verdadeiro, é tão legal da parte dele... Ah, amigo, você é demais!

O próximo e-mail com "Olá, Amigo!" já não é tão excitante, e no terceiro, percebemos que é simplesmente a mais nova febre do marqueteiro de internet. Você não é um "amigo", você é uma carteira. Agora os e-mails de "Olá, Amigo" se tornam irrelevantes, simplesmente mais ruído de fundo. Entra a habituação, o processo de ignorar gatilhos repetitivos e sem sentido. Pisca — deleta.

O processo de habituação existe dentro da formação reticular de nosso cérebro. A formação reticular é uma rede que emana do tronco cerebral e mantém a consciência geral. É uma rede, tanto literalmente quanto no sentido figurado. É a primeira linha de defesa contra os milhões de estímulos ao nosso redor. Neste exato momento, você poderia olhar para sua mão e passar o resto da eternidade a examinando. Do que é feita a pele? Quem inventou a palavra "pele"? Deus, a pele da mão é simplesmente incrível! Existem inúmeras coisas, bem na sua frente, sempre disputando sua atenção, mas sua formação reticular faz seu trabalho principal perfeitamente: ignora praticamente tudo.

Você já viu um bebê adormecer rapidamente enquanto um carro de bombeiros passa com as sirenes ligadas? Eu já. Na cidade de Nova York. Muitos bebês estão tão acostumados aos sons do trânsito, que dormem o tempo todo. Isso é habituação. E quando um bebê recém-nascido dorme pela primeira vez sem dar um pio, o silêncio geralmente acordará sua mãe, que corre para o berço para verificar seu bebê. Por quê? Ela está sintonizada ao não familiar — o silêncio — e o percebe como uma situação potencialmente grave. Talvez o bebê tenha parado de respirar, por exemplo. O típico é ignorado. O atípico é analisado. É assim que rola a formação reticular.

Pense em seu último voo. No avião, os cintos de segurança fazem ruídos quando colocados; as pessoas abrem e fecham compartimentos de bagagem. É tudo ruído de fundo. Reconhecemos esses sons, e nosso cérebro sabe como ignorá-los. Poxa, pode ser difícil não cochilar enquanto as comissárias de voo fazem a demonstração de segurança.

Entretanto, quando o cara que está três fileiras atrás começa a agitar as mãos loucamente e falar com uma voz estrondosa, todos esticamos o pescoço para saber o que está acontecendo. Queremos saber: ele é uma ameaça ou um entretenimento gratuito? Ele fará o avião cair ou nos fará rir? Assistimos ao inesperado atentamente.

Você já viu a demonstração de segurança da Virgin America? Há alguns anos, ela criou um vídeo musical que era tão engraçado e louco, que a maioria das pessoas o assistia de fato. Elas ignoravam o comissário de bordo de pé no corredor demonstrando como afivelar o cinto de segurança, indo direto para o vídeo na primeira vez que passou. E, provavelmente, a segunda vez também, somente para garantir que não perdessem nada. No terceiro voo e na visualização do vídeo de segurança — não do vídeo de "Safety Dance" [em tradução livre, "Dança de Segurança"; é o nome de uma canção de sucesso dos anos 1980], meu caro colega da geração X —, a habituação se estabeleceu, a Virgin havia ganhado atenção por um período de tempo curto, por ser diferente. O diferente é a forma mais eficaz de conseguir atenção, mas a vida útil é curta. Portanto, o diferente não é um evento para ser feito somente uma vez, deve se tornar uma prática arraigada.

Quando algo é diferente, a formação reticular dispara o efeito cascata no cérebro para analisar a situação, e a primeira prioridade é a análise de ameaça. Se estamos no caminho do perigo, é crítico sair dele. Mas uma vez que algo diferente é identificado como seguro, então nosso cérebro procura por oportunidade. Eu me beneficiarei disso? Se a avaliação for não, então nosso cérebro adiciona esse diferente, o tipo "Olá, Amigo" de coisa, à categoria irrelevante — algo para ser ignorado. A oportunidade existe nessa pequena janela entre o diferente, quando o cérebro presta atenção absoluta a ele, e a qualificação das ameaças ou oportunidades, antes que o cérebro escolha ignorar para sempre esse algo diferente. Nesses poucos milissegundos, você faz seus milhões. Ou bilhões. Ou zilhões. E se falha em respeitar ou satisfazer a esse momento de oportunidade do diferente no cérebro, estará preso na mediocridade — e sua carteira também.

A Estrutura do DAD Marketing

Ainda somos homens das cavernas quando se trata de processamento mental. Nosso cérebro ainda ignora o familiar e apenas presta atenção quando algo está diferente. Essa é a razão pela qual é vital parar de fazer marketing da mesma forma que todos os outros de seu ramo e começar a "fazer diferente". A formação reticular, a rede, captura o fluxo de porcaria irrelevante e joga fora. Quando você anuncia para seus prospectos, deve fazê-lo de maneira que passe através da rede. Falhe em fazer isso e irá para a pilha dos ignorados.

Evitamos as ameaças, agarramos as oportunidades e abstraímos o irrelevante — lembre-se, trata-se de *encontrar* o jantar, e não de *ser* o jantar. Para fazer o marketing eficazmente para nossos clientes ideais, precisamos garantir que somos notados e que nossos clientes ideais vejam o que fazemos para sermos notados como uma oportunidade, e não uma ameaça. Mas nosso trabalho não termina aqui. Ser notado pelas pessoas certas nos leva apenas a determinado ponto. Precisamos que elas ajam. Essa é a base dos três passos da Estrutura do DAD Marketing.

Aqui está como o DAD se divide:

	DIFERENCIAR	**ATRAIR**	**DIRECIONAR**
OBJETIVO	Atenção	Engajamento	Conformidade
MÉTODO	Apresentar algo incomum, inesperado ou desconhecido.	Demonstrar, exibir ou expressar benefício ou oportunidade.	Especificar uma ação razoável para se aproximar ou ganhar oportunidade/benefício.

A Estrutura do DAD Marketing

1. **DIFERENCIE!** *Faça diferente para ser notado...* Você já aprendeu por que o diferente funciona. Esse primeiro passo na estrutura é para identificar uma abordagem de marketing que se destaque em um oceano de mesmice. O que fará a mente de seu prospecto homem da caverna parar e prestar atenção? Como pode envolvê-lo durante os primeiros milissegundos?

2. **ATRAIA!**... *de uma maneira que atraia seus prospectos ideais*... Em seguida, garanta que sua abordagem irá agradar, não repelir, as pessoas que quer atender. Como estabelecerá seu marketing como uma oportunidade que eles considerarão, em vez de uma ameaça que evitarão?

3. **DIRECIONE!**... *e os dirija à ação*. Por fim, sua estratégia deve compelir seus prospectos ideais a tomar uma atitude específica que você deseja. O prospecto vê a recompensa do que você pede como maior do que o risco de fazer aquela ação? E a conformidade dele à sua diretiva o ajudará a alcançar seus objetivos de marketing?

Para resumir o DAD: *Faça diferente para ser notado de uma forma que atraia seus prospectos ideais e os direcione a agir*. É isso. Essa é a estrutura. É simples, mas poderosa. Quando você a seguir, conseguirá novos prospectos. Todas. As. Vezes.

Como na dança do "YMCA", você tem que fazer o DAD na sequência exata para que faça sentido. Se você perdeu a dança do "YMCA", isso significa ou que você perdeu os anos 1980 (bom para você) ou que não esteve em uma festa de casamento, tipo, nunca, jamais. O Google é seu amigo. Dê uma pesquisada. A dança começa com um *Y* no ar, seguida de um *M* sobre sua cabeça, e por aí vai. O DAD funciona da mesma forma. Você precisa fazê-lo na ordem. Do *D* para o *A* para o outro *D*. Esses são os passos da "dança" do marketing que você deve dominar.

Sempre faça Diferenciar primeiro. Você *deve* ganhar atenção ao fazer marketing de maneira diferente. A maioria das pessoas pula esse passo e apenas tenta mostrar sua oferta mais atraente, mas você pode ter a maior, mais bonita e melhor oferta do mundo todo, e, ainda assim, ela fracassará se ninguém a notar. Uma vez tendo feito diferente, você faz o passo coreografado seguinte e o torna atrativo para as pessoas que deseja — você adivinhou, compadre — Atrair.

E encerra dizendo-lhes especificamente o que fazer em seguida por meio de uma diretiva. Três passos, na mesma sequência, todo o tempo. D-A-D. Sempre.

Algumas vezes, você está certo de que sua ideia surpreenderá as pessoas, mas tudo que ecoa é o som do silêncio. Por exemplo, para o meu primeiro livro, *Fix This Next* [*Conserte isso em seguida*, em tradução livre], criei uma paródia chamada *"Drink This Next"* [*Beba isso em seguida*, em tradução livre]. Tinha o mesmo design da capa do meu livro, embora roxo, em vez de amarelo, e esvaziamos o miolo para que coubesse um frasco de bourbon. Eu *amei* essa ideia e estava certo de que criaria muito burburinho, mas quando criamos um site de teste para avaliar o interesse... Silêncio. Ninguém o queria — exceto minha mãe, ironicamente. Suspiro. Ainda amo aquela ideia, mas não conseguiu chamar a atenção de ninguém. Ainda que eu sentisse ser diferente, as ações dos prospectos provaram que não era diferente o suficiente para eles notarem, então estava fora de cogitação.

Também não consegui nada com o segundo passo: Atrair. Eu tinha o que achava ser uma grande ideia para garimpar novos candidatos para uma posição em aberto. No anúncio do classificado, pedi uma entrevista... às 3h da manhã. O anúncio foi notado, mas as pessoas que apareceram naquela hora *não* eram do tipo adequado para nossa empresa. Pensei que atrairia gente dinâmica e batalhadora disposta a conseguir o emprego "certo". Em vez disso, eu me vi diante de pessoas que acabaram de ser expulsas do bar e um entregador da UPS que estava tão cansado que adormeceu na sala de espera. O horário peculiar da entrevista é igualmente diferente, mas não atraente. É importante lembrar que nós não queremos ser diferentes apenas para sermos diferentes, ou arriscamos afastar os prospectos certos.

Imagine que você é um advogado de defesa criminal. (Eu sei, o emprego dos sonhos). Para ganhar as causas, você decide fazer algo diferente para envolver o júri. Veste uma fantasia de palhaço completa, com aqueles sapatos desengonçados, uma margarida que esguicha água na sua lapela e aquela buzina estridente. Sim, isso é diferente. Garante atenção, mas a menos que esse julgamento seja com a comunidade de palhaços, não é atrativo. Pode ser atrativo em uma festa de aniversário de 5 anos, embora mesmo isso seja questionável. Mas, cara, ah, cara, no momento que você der a segunda volta com sua minibicicleta na sala do tribunal, o júri estará se contorcendo para fugir de você. Não importam as provas, você perdeu o caso. O diferente desperta atenção. A atração amplifica o desejo.

Mas o DAD não está completo sem uma diretiva clara e singular. Agora que tem a atenção do seu prospecto e ele está envolvido, precisa lhe dizer o que diabos fazer. Quando conversei com Jeff Walker, ele explicou que o marketing é todo o passo que você dá para levar o consumidor à decisão de comprar, e a venda é a ação final sobre a decisão deles de comprar. Então, sua diretiva clara e singular deve levá-los ao próximo passo.

Esquecer de incluir uma chamada à ação específica é um dos erros mais comuns que já vi no marketing e, admito, já o fiz — repetidamente. Um dos mais memoráveis — e mais caros em termos de tempo e dinheiro — foram os vídeos One-Nut Guy, que criei para promover meu livro *The Pumpkin Plan* [O plano abóbora, em tradução livre]. Escolhemos um ator local veterano e ríspido, contratamos uma equipe de filmagem e criamos uma série de vídeos.* O primeiro gerou mas de 100 mil visualizações, o que foi incrível. O único problema era que eu não incluí uma chamada para a ação clara e específica.

Os vídeos eram diferentes o bastante para serem notados, meus leitores o acharam divertido (um indicador de atratividade) e repercutiram a mensagem, e até hoje eu ainda não tenho ideia de se isso

---

* Você ainda pode encontrar meus vídeos do One-Nut Guy no YouTube. Apenas procure por "one nut" e "Michalowicz". Sim, eu consegui minha própria piada.

realmente gerou alguma venda de livros ou compeliu alguém a assinar minha mala direta. Nunca ouvi alguém que tenha comprado o livro por causa disso e, vergonha dupla minha, não tinha nada para rastrear e saber se havia funcionado.

Além de ser específica, a etapa Direcionar deve ser razoável. Talvez minha vitória no marketing seja lhe vender uma casa, mas, uma vez que tenha sua atenção, não pedirei imediatamente para que gaste US$1 milhão na hora. É muito, muito cedo. Não é *razoável*. Um Direcionar razoável poderia ser programar uma visita ao imóvel.

Um pedido além da conta fará com que os prospectos vão embora (ou saiam correndo). Em contrapartida, pedidos inadequados desacelerarão (ou pararão) qualquer progresso em direção ao resultado desejado. Uma vez que eu tenha prendido sua atenção com singularidade e a mantenha com relevância, a etapa Direcionar deve ser específica, para que você saiba o que fazer e, razoável, para que se sinta seguro ao fazê-la e se mova eficientemente em direção ao seu objetivo.

Estou acostumado a falhas de marketing, mas não me arrependo de nenhuma sequer, porque aprendi com todas elas. Todas as vezes que falhei, após ter ficado chateado comigo mesmo, eu perguntava: o que havia de errado no processo? Onde ele saiu dos trilhos? Em retrospectiva, é sempre óbvio que foi uma falha inevitável em uma (ou uma combinação) dessas três etapas simples do DAD.

Mas, lamentavelmente, demorei anos para "decodificar" as etapas Diferenciar, Atrair e Direcionar. Testei a estrutura em meus próprios negócios e naqueles de colegas, clientes e amigos, e o refinei e simplifiquei até que soubesse com certeza que entregaria resultados consistentes. Nenhuma das etapas nunca funcionou isoladamente.

O diferente sempre é notado, mas também pode assustar as pessoas. Atrair sempre faz as pessoas se interessarem, mas sem o diferente, não é notado. O diferente faz a atração funcionar, e vice-versa, mas para conseguir resultados, você também precisa dar direção. Eu havia feito um marketing que foi notado e que as pessoas consumiam — a exemplo dos vídeos one-nut —, mas não obtive resultados. A etapa Direcionar falhou.

As melhores soluções sempre funcionam com os humanos como eles são, em vez de forçá-los a mudar. O sistema DAD funciona porque se encaixa em nossa conexão natural, a forma que nosso cérebro de homens das cavernas filtra, analisa e age sobre as informações. Diferenciar, Atrair, Direcionar. Essa ordem, simples assim, todo o tempo. O restante deste livro mostra exatamente *como* usar o DAD nos diferentes sistemas de marketing, mas simplesmente *saber* o processo de três etapas melhorará enormemente seu jogo de marketing.

A partir deste ponto, quero que use a Estrutura do DAD Marketing para avaliar qualquer marketing que cruze seu caminho. Pode ser seu próprio marketing ou um comercial de TV, lixo eletrônico, mala direta, um anúncio de internet ou de rádio, disparo de e-mails em massa, um imenso outdoor, embalagens de produtos, um "discurso de elevador", *qualquer coisa*. Simplesmente se pergunte: "O DAD aprova?"

Tente agora. Olhe para qualquer peça de marketing ao redor. Se você lê este livro no espaço rarefeito da natureza, então pode usar a capa. Capas de livros são embalagem, e embalagem é marketing. Para onde quer que olhe agora, pergunte: "O DAD aprova?" Passe pelos três elementos. Ele Diferencia? Ele Atrai? Ele Direciona? Se disser sim para todos os três, ele passa. Se disser não a uma ou mais das três etapas, então se pergunte como a consertaria. É simples assim.

Agora quero que ache outra peça de marketing e faça o teste do DAD de novo. Fez? Ótimo. Agora quero que o faça mais uma vez.

No terceiro teste do DAD, você o terá entranhado para o resto da vida. De nada, não precisa agradecer.

Após Gabe Piña ter compartilhado que seu prospecto ideal era um dono de tabacaria, completamos a Estrutura de DAD Marketing para ele — em minutos. Algumas vezes, o diferente é algo que você já faz e que seu concorrente *não* faz, e você somente precisa amplificar. Esse era o caso para Gabe. Ele praticaria para ajudar as pessoas de graça, sem pedir nada em retorno. Sua concorrência não trabalhava de graça, além da ligação gratuita de consulta, que era, na verdade, apenas uma ligação de vendas corriqueira. Gabe fez isso por generosidade natural, não para ganho pessoal, mas então notou que muitas das pessoas que receberam essa ajuda em algum momento o contrataram. Esse foi nosso ponto de partida.

Então, refletimos como ele poderia prestar assistência gratuita em uma escala maior para se diferenciar. Conteúdo gratuito, talvez? Um download digital? Uma campanha de mala direta, com dicas úteis?

"Eu não quero enviar um panfleto enfeitado", ele me disse.

Em nossa sessão de brainstorm, falamos sobre o livro de negócios favorito de Gabe, um que detalhava uma filosofia e sistema que usava quando trabalhava com seus clientes. Ele teve a ideia de enviar esse livro para seus prospectos ideais.

Revisamos a ideia da Estrutura de DAD Marketing, verificando os componentes. Ele tinha uma diferente abordagem de marketing que poderia ajudá-lo a ser notado. Confere. Essa bordagem atrairia — não repeliria — seus consumidores ideais. Confere. E ela incluía um pedido claro e específico. Confere. Aprovado pelo DAD!

Gabe voltou do retiro em Smoky Mountains pronto para fazer um teste. Enviou dez livros com uma nota adesiva na primeira página onde se lia "Espero que este livro lhe sirva tanto quanto serviu a mim", junto com seu nome e e-mail.

Receber um livro de presente pelo correio é inesperado e diferente, pelo menos para os prospectos de Gabe, então ele conseguiu atenção. Entretanto, muitas pessoas não têm tempo de ler um livro, assim, muitos delas os guardaram e continuaram com seu dia. Gabe modificou o experimento e o testou novamente.

Dessa vez, Gabe adicionou *cinco* notas adesivas. Ele as colocou em páginas principais com mensagens do tipo "Esse parágrafo gera resultados! Espero que lhe sirva" e "Não pule esta página!" Ele sabia que as pessoas poderiam não ler o livro, mas elas olhariam as notas porque (a) era fácil, e (b) humanos são naturalmente curiosos. A nota adesiva final apontava para um sumário do conceito do livro. Gabe escreveu na nota: "Isso fará seu negócio alcançar seus objetivos. Me envie uma mensagem, e eu o ajudarei com isso, de graça." Ele adicionou o número de seu telefone celular no final da nota.

Novamente, Gabe enviou um livro para dez prospectos novos e ideais. Dessa vez, ele havia acertado em cheio os componentes do DAD. Era diferente (um livro pelo correio), os prospectos estavam atraídos por ele (as notas adesivas economizaram tempo dos prospectos e construíram expectativa) e tinha uma chamada à ação direta (envie uma mensagem para Gabe para conseguir ajuda gratuita para fazer do jeito certo). Ele sabia que, se pudesse impressionar os prospectos com ajuda gratuita, eles provavelmente iriam querer contratá-lo para todas as futuras ajudas de que precisassem. Sua abordagem de marketing diferente funcionou muito melhor que o planejado. Gabe não somente pegou um cliente, como sete prospectos o agradeceram publicamente pelo livro e postaram fotos da página assinada — não pelo autor, mas por Gabe. Gênio! Eles acrescentaram suas próprias mensagens: "Obrigado por ajudar a melhorar meu negócio" e "Gabe Piña é o cara!" Um resultado nada mal para uma segunda rodada de teste de dez livros.

A experiência foi um sucesso, Gabe a estendeu. Ele agora envia uma média de cinco livros por semana e consegue dois ou três clientes por mês. Algumas vezes, ele recebe a ligação de um prospecto que não havia respondido de pronto, dizendo algo como: "Ei, recebi o livro que me enviou há alguns meses. Podemos conversar?" Se ele quer acelerar as coisas, enviará mais livros. Gabe está no *controle do crescimento do seu negócio*. Você pode estar também.

O efeito sobre o resultado final de Gabe foi nada menos do que um divisor de águas. E tudo isso é o resultado de seguir o sistema Seja Diferente. A cereja do bolo? Muitos donos de tabacarias retribuíram enviando para ele charutos de graça. Agora sua coleção está crescendo mais do que nunca com os presentes de seus prospectos. Percebe? O marketing de Gabe está atraindo para ele clientes *e* um fluxo contínuo de presentes. Que marketing faz isso? O diferente faz, garotão!

O Diferente É Apenas uma Série de Etapas

Eu não suavizarei isto: você está diante de um força poderosa que poderia derrubá-lo antes de terminar o próximo capítulo. Essa força é a atração para a mesmice. Você é humano, então isso significa que está mais confortável fazendo o que já fazia e o que outras pessoas do ramo já fazem. Nós humanos temos uma necessidade constante de se conformar. Por mais que queiramos ser notados, também temos pavor de fazer algo perceptível. *O medo é o obstáculo número um para criar um marketing notável.*

A única maneira de vencer essa atração gravitacional em direção à mesmice é agir. É preciso dar um soco no nariz do medo. Você deve fazê-lo, independentemente de seus receios. E a melhor maneira de fazer com que aja, não importa o que aconteça, é dividir as etapas em minúsculos passos do tamanho "você não desistirá".

Justin Wise é um gênio do marketing. Eu não duvidaria se seu nome tivesse vindo por meio de Experimentos Seja Diferente; ele é muito um Fazedor Diferente por si só. Wise tem uma longa trajetória de ajudar seus clientes a alcançar resultados. É por isso que confiei nele para liderar nosso Sistema de Coaching Seja Diferente. Algumas pessoas precisam de coaching para não rejeitar suas melhores ideias, e assim serão responsáveis perante eles. Justin e nossa equipe percorrem o sistema Seja Diferente e ajudam a implementar os experimentos. Aqui está como Justin explica o poder de dividir as etapas necessárias para implementar seu marketing diferente:

"Qual a primeira coisa que os médicos fazem após o transplante de um órgão? Eles injetam em você uma tonelada de drogas para que seu corpo não rejeite o órgão. Seu corpo vê o órgão como um objeto estranho e tentará matá-lo. Isso é o que seu sistema imunológico deve fazer. As drogas enganam seu sistema imunológico para acreditar que 'Ei, esse fígado é o meu fígado. Esse coração é o meu coração'. É isso que o processo de divisão faz por você — ele quase que o convence a *não* rejeitar uma ideia digna e diferente. Pequenos passos são o antídoto para a rejeição. E ao fazê-lo, seu negócio prospera com seu novo marketing."

Quando pedi a Justin um exemplo que poderia compartilhar com você, ele me falou sobre Valerie Donohue, proprietária do ChatterBoss, uma empresa de assistência virtual localizada no Brooklyn, em Nova York. "Val me ligou e disse: 'Ei, quero que vocês gerenciem meus anúncios'. Eu disse a ela: 'Podemos vir a gerenciar seus anúncios, mas eles são realmente muito caros. Preferiria que fosse para a colocação de anúncios quando já estivesse acima da capacidade de clientes'. As pessoas usam os anúncios para geração de leads, e quando isso não funciona tão bem quanto esperavam, muitas vezes lhe dizem que, da próxima vez, devem ser mais ambiciosos com os anúncios. Gastar US$5 mil por mês mais uma taxa de agenciamento não é a solução. É melhor usar os anúncios para ampliar a geração de leads, não criá-la."

Ao conversar com Val, Justin aprendeu que ela queria fazer anúncios porque mais de 70% de seus negócios vinham por meio de referências de um parceiro estratégico e queria diversificar suas fontes de leads para que pudesse crescer.

Quando Justin apresentou a Estrutura do DAD Marketing à Val, uma CEO com negócios de sete dígitos, ela ficou chocada por nunca ter pensado sobre "essa coisa" antes. Em uma sessão de coaching, apresentaram uma ideia de marketing diferente que ela poderia facilmente tentar. Como Gabe Piña, Val tinha um longo histórico de ser generosa com seus clientes, e ela regularmente lhes enviava presentes. O que distingue a empresa de Val das outras de seu ramo é que suas contratações não são apenas orientadas por tarefas, mas solucionadoras de problemas. Com base tanto em sua generosidade quanto no posicionamento único de sua empresa, ela decidiu enviar bonés de beisebol personalizados para prospectos com as palavras *"Thinking Cap"* [Tampa do Pensamento, em tradução livre] estampadas na parte da frente e um pedido para contactar Val para uma consulta gratuita. Algo diferente das típicas canetas e garrafas de água que seus concorrentes costumavam enviar. E essa era uma demonstração de como seus assistentes virtuais (AVs) podiam fazer algumas das reflexões para os proprietários de negócios para quem trabalham. Se os prospectos contratassem sua empresa, poderiam tirar a tampa do pensamento e deixá-lo para os AVs.

Em minutos, o medo se instalou. "Ela parecia um cervo sob a luz de faróis", explicou Justin. Para ela, a ideia (danada de boa) da tampa do pensamento era divertida, mas assim que começou a pensar sobre realmente *fazê-la*, ela travou. Estava sobrecarregada com todas as coisas que teria que fazer para conseguir. Ou, melhor dizendo, estava sobrecarregada com todas as coisas que ela *não* sabia de que precisaria para conseguir. Eu chamo isso de "o acidente" — quando seu entusiasmo e confiança esmorecem. Se você não puxar o manche, seu avião de confiança bate em uma desculpa do tipo "isso não funcionará" ou "vamos voltar atrás por enquanto". É aí que as grandes e diferentes ideias seguem para a morte.

"Essas não são coisas difíceis de fazer", Justin disse. "Mas quando as pessoas ouvem a palavra 'diferente', se torna esse conceito nebuloso. Elas ficam sobrecarregadas com não saber o que precisa acontecer em seguida. Na realidade, é apenas uma série de etapas. As mesmas coisas que fazem em seus negócios todos os dias."

Assim, Justin ajudou Val a decompor sua ideia de marketing da capa do pensamento em "órgãos não rejeitáveis", peças de pequeno tamanho. Primeiro, ligar para a empresa de produtos promocionais e conseguir um orçamento. Em seguida, fazer uma lista de cem pessoas com as quais quer trabalhar. Depois, obter seus e-mails e endereços.

"Continuei perguntando 'O que acontece depois disso?' até que ela tivesse todo o plano em etapas viáveis, bem como quem de sua equipe faria cada etapa", explicou Justin.

A primeira remessa de cinquenta bonés da Val trouxe resultados imediatos. Os clientes e prospects enviaram a ela fotos deles mesmos os usando (há aquela coisa da reciprocidade de novo), e ela conseguiu dois clientes novos, um que lhe deu um cheque de US$20 mil logo de cara, e outro que programou um pagamento de US$8 mil. Mova-se através do medo, tome providências imediatas, consiga dois clientes, colete vinte dos grandes. Nada mau.

Para forçar essa "mesmice" gravitacional que o puxa para baixo, divida seu primeiro experimento de marketing em etapas simples e gerenciáveis. E então, compartilhe-o com alguém que considere responsável.

∿∿∿∿∿∿∿∿∿

"Seu livro é ótimo, mas ele não se aplica a mim. Estamos em um ramo estabelecido. Sua estratégia diferente irá requerer mudanças demais e tempo demais. Coisa boa, Mike, mas tudo teoria."

Meu velho amigo de fraternidade da universidade, Greg Eckler (seu apelido, o qual jurei nunca compartilhar, é Greg Elk-Terd [Alce de Merda, em tradução livre]. Oops!) é dono de uma corretora de imóveis. Ele gentilmente se ofereceu para ler um primeiro rascunho do meu livro e compartilhar seu feedback crítico. Enviei o livro, e vinte dias depois, o telefone tocou.

"E aí, My Cow Shits [Minha Merda de Vaca, em tradução livre]?", ele disse. Apelidos de fraternidade são difíceis de morrer.

"Ei, merda", respondi.

Foi quando ele disse: "Seu livro é ótimo, mas não se aplica a mim..."

Talvez você não se surpreenda que esse seja o feedback mais comum que ouço sobre *Seja diferente*. Você também pode se sentir assim. Que a implementação será muito difícil. Que fazer diferente levará muito tempo. Que um esforço enorme é necessário. E com isso, você pode "descartar" o livro na categoria "Ah, sim, eu o li. Ótimo livro. Muito, mas muito bom livro mesmo". E não fazer nada. Isso seria uma vergonha. Oportunidade perdida.

A Estrutura do DAD Marketing

Por mais que eu quisesse invocar a regra vitalícia da fraternidade de 48 reguadas na palma da mão dos irmãos por insultar um ancião — sou 8 meses mais velho que ele, afinal de contas —, eu fiz a coisa fraterna de ajudar um irmão.

"Greg, *Seja diferente* não trata de grandes mudanças ou grandes avanços. Ele recomenda fazer o que ninguém mais faz, no nível mais micro. Olhe para todas as coisas comuns e padrões de agir das pessoas do seu ramo. Pegue a fruta mais fácil e mais baixa para se destacar. Determine onde seu setor de atividade é todo maçãs e insira uma laranja."

"Bom, todos os corretores de imóveis defendem os mesmos pontos. Todos são profissionais. Todos são meticulosos. Todos são ótimos. Mas, honestamente, somos melhores que eles. Só fico frustrado que nossos consumidores não consigam ver isso."

"Caraaaaaaaa! Você realmente leu o livro? Lembre-se, o melhor não é o melhor. O melhor não pode ser visto. Ele está escondido atrás do manto da mesmice do ramo. Uma maçã melhor é indistinguível quando está entre outras maçãs. Você precisa de pessoas que o notem antes que elas possam realmente ver você e ver por que você é o melhor. É preciso inserir uma laranja. Simples assim." Então acrescentei: "Vamos achar o diferente agora mesmo."

Demoramos menos de dois minutos para ter a primeira ideia.

Perguntei: "Fale-me sobre a experiência do cliente. Diga-me o que cada corretor de imóveis faz para vender uma casa."

"Um corretor registrará a casa online, talvez coloque um classificado no jornal e uma placa de venda na propriedade."

"Um momento, espera aí; todos colocam uma placa de VENDE-SE? Cada casa fica com uma?"

"Sim, é o procedimento padrão", disse Greg.

Dica grande e gorda aqui: quando algo é procedimento padrão em um ramo, essa é uma oportunidade imensa para ser diferente.

"Diga-me como as placas são colocadas", eu disse.

"Elas são colocadas na propriedade da casa, perto da rua. As placas são geralmente do tipo cavalete ou letreiros afixados."

"Com qual frequência as placas são colocadas dessa forma?"

"O tempo todo. É a prática de marketing padrão", Greg disse.

"E se as placas fossem diferentes? E se fosse um pequeno cata-vento. Um daqueles tipos que se vê em um jardim? E se a placa fosse exposta nele?", perguntei.

"Eu nunca vi isso. Ninguém..."

Greg parou. Então terminei a frase dele. "Sim, Greg. Ninguém faz isso."

Uma laranja entre as maçãs.

Quando você, meu amigo de leitura, surgir com uma abordagem que o inspire a dizer "Ninguém faz isso", então descobriu a ideia diferente. Greg teve sua primeira ideia: um cata-vento para placas de VENDE-SE.

O diferente não é uma mudança imensa. Raramente é. Pequenas mudanças que são diferentes vencem. O diferente quase nunca é um ultraje, mas é sempre atípico. A chave é atravessar o ruído de fundo da mesmice. Em muitos casos, não é preciso muito.

Greg está livre para testar agora. Talvez a coisa do cata-vento funcione. Talvez não. O importante é que está livre para implementar uma mudança simples que, se testada com sucesso, ele pode usar como a nova "prática padrão" de sua empresa, que é tudo, menos o marketing padrão do ramo.

Se alguém sabe como o diferente funciona é a polícia. Pense sobre isso. Eles *têm* que chamar sua atenção. Caso contrário, como saberá que está sendo parado porque estava tão ocupado ouvindo "I Can't Drive 55", de Sammy Hagar, no último volume, que não percebeu a mudança no limite de velocidade? (Não que eu saiba alguma coisa sobre isso.)

Eis o interessante sobre essas sirenes de polícia norte-americanas — elas mudaram. As luzes dos carros também mudaram. Muitas delegacias eliminaram o velho padrão de luzes vermelhas e azuis piscantes e o icônico toque baixo-alto-baixo-alto das sirenes. Agora temos luzes piscantes aleatórias, chilros, buzinas e chiados. Você já sabe o motivo: nosso cérebro está ligado para ignorar o familiar e perceber o inesperado (também conhecido como diferente).

Note que as mudanças nas sirenes e luzes não são radicais, algumas vezes elas ainda não são notadas por algumas pessoas. Eu sei, eu já fui culpado por isso, distraído com uma música de arrasar no rádio ou, você sabe, por meus próprios pensamentos brilhantes. Mas acrescente mais alguns sons novos, talvez alguns chilros aleatórios, e bingo! Agora eles têm a minha atenção. Agora tenho meu momento "ah, droga". Eu estava correndo? Minha luz de freio queimou? Serei preso por tocar os sucessos de Sammy Hagar? Por que eu deveria? (Em um lembrete profundamente sério, eu sou um cara branco, então os pensamentos e medos que se passam pela minha cabeça nessa situação são provavelmente muito diferentes daqueles de uma pessoa negra. Não consigo nem mesmo começar a compreender o que algumas pessoas experimentaram, da brutalidade policial e do medo aterrorizante que as sirenes e luzes podem evocar.)

Você não tem que mudar tudo. Não tem que esperar por uma ideia de gênio. Você não tem que fazer algo louco ou complicado ou caro. Seu diferente poderia ser apenas diferente o suficiente para ser notado. Uns poucos sons novos. Padrões aleatórios. Piu, piu. Negócio fechado.

Você não tem que ser destemido ou um super-herói para conseguir um Experimento Seja Diferente. Você precisa simplesmente de algumas ideias, um pouco de iniciativa e a coragem para agir apesar de seus medos. No próximo capítulo, nos aprofundaremos na concepção. Mesmo que você não tenha nenhum dom criativo, facilmente surgirá algo para testar.

Prometo: você consegue.

Sua Vez

Antes de seguirmos, vamos primeiro descobrir como outras pessoas descreveriam o diferente em você. Sendo totalmente transparente aqui — quero que você veja o quanto você é incrível e valorizado pelas pessoas que lhe conhecem. Se não vê como você e sua empresa são únicos, isso enfraquecerá a Estrutura de DAD Marketing.

Sabe essas casas de espelhos divertidos de parques de diversões que mostram uma visão distorcida do seu corpo? Muitos de nós não nos vemos como verdadeiramente somos. Exageramos as falhas e menosprezamos nossos pontos fortes, o que pode fazer com que seja um desafio apresentar ideias inspiradoras e, ainda mais desafiador, agir com base nessas ideias. Vamos começar a consertar isso.

> **Passo 1: Identifique doze pessoas que o conhecem (ou à sua empresa) bem.** Quatro dessas pessoas devem ser novas relações de menos de um ano. As próximas qua-

tro devem ser pessoas que o conhecem (ou à sua empresa) há mais de um ano e menos de dez. E o último grupo de quatro pessoas é o daquelas que o conhecem (ou à sua empresa) há dez anos ou mais. Você não precisa estar em comunicação ativa ou em relacionamentos com esses indivíduos. Você precisa ter uma maneira de contactá-los.

Passo 2: Envie a seguinte mensagem para cada um dos doze contatos que listou:

O autor do livro que estou lendo me deu uma tarefa que preciso completar imediatamente. Foi-me solicitado escolher alguém que me conheça bem, então eu adoraria ter sua ajuda! Preciso saber que percebe qual é meu "Fator de Diferença", algo que faço melhor ou de maneira diferente de todas as outras pessoas. Sua resposta não precisa ser longa. Uma frase serve. Usarei seus insights para melhorar o posicionamento do nosso negócio. Muito obrigado!

Se está tentando identificar a singularidade de sua empresa em vez da sua, mude o texto para: "Foi-me solicitado escolher alguém que conheça a minha empresa muito bem" e "Preciso saber o que você acha que faz nossa empresa diferente entre as demais: algo que fazemos melhor ou diferentemente do que qualquer um."

Passo 3: Revise as respostas que recebeu dos contatos e identifique as três observações mais comuns feitas sobre seu Fator de Diferença. Você precisa de pelo menos dez respostas para que esse exercício seja eficaz. Se não alcançar esse limite, envie mais mensagens.

Passo 4: Com os três principais Fatores de Diferença identificados, reflita sobre como esses temas distinguem você e sua empresa.

Capítulo três

∿∿∿∿∿∿∿∿∿∿

O ALVO NÚMERO CEM

Você deveria saber logo de início: nós não fazemos o marketing do Seja Diferente baseado em um palpite. Não, o baseamos em ciência — ciência cerebral, principalmente, mas ainda a ciência do *você*. A parte do "você" é a parte de avaliação e teste, onde *você* determina se vale a pena uma abordagem de marketing ser testada e ter sua eficácia rastreada. Para seguir a ciência, você precisará de uma amostra de tamanho razoável. Se você encurralar um estatístico em um bar — como se faz —, ele lhe dirá que a maioria deles concorda que o tamanho mínimo da amostra para obter um resultado confiável é de cem.

A cientista de dados Dra. Piroska Bisits-Bullen é assertiva ao falar sobre tomar decisões baseadas em dados. Em seu artigo "How to Choose a Sample Size (for the Statistically Challenged)" [Como escolher o tamanho de uma amostra (para os estatisticamente desafiados), em tradução livre], a Dra. Bisits-Bullen compartilha algumas diretrizes básicas para garantir que os dados que analisa lhe dão uma indicação sobre se o experimento funcionará em grande escala.[1] Ela afirma que um bom tamanho de amostra é de 10% de todo o público-alvo, e que o tamanho de uma amostra nunca deve ser menor que cem pessoas ou organizações. Caso seu público-alvo tenha 5 mil prospectos, então você precisará do mínimo de cem prospectos e de um máximo de quinhentas para um teste de marketing eficaz. Para obter a maior garantia da eficácia de seu marketing, teste quinhentas. Para manter os custos baixos, faça pelo menos cem, mas você deve se manter nessa faixa.

Para a maioria dos negócios, cem prospectos são suficientes para começar um experimento de marketing diferente. É o que basta para uma minicampanha e para começar a desenvolver o músculo do marketing diferente. E caso seu experimento seja diferente o bastante, em muitos casos, cem prospectos serão suficientes para uma amostra conseguir aquele primeiro cliente ou dois. Isso é verdade para empresas de serviços, empresas de produtos e quase todos os outros tipos de negócios.

Observe que pode aumentar até chegar a cem prospectos. Lembre-se de que Gabe, o contador amante de charutos que conheceu no capítulo anterior, enviou dez livros na primeira semana, depois mais dez na semana seguinte, e assim por diante, até que atingiu o tamanho de sua amostra. Ele o fez dessa forma porque era mais fácil espaçar em sua conta bancária.

Vamos pensar sobre isso. Se pudesse mirar em somente cem prospectos, quem eles seriam? Quem são os principais candidatos ideais que você está salivando para ter como clientes? Eu preciso saber, porque estamos prestes a conquistá-los.

Para ser claro, não lhe estou sugerindo que imagine o *tipo* de pessoa com quem quer trabalhar. Estou pedindo para fazer uma *lista de verdade* — o nome do contato, o nome da empresa (se aplicável), endereço de e-mail, endereço físico e tudo o mais. E se você não tem ideia de quem sejam, posso lhe dizer já o motivo de seu marketing não obter os resultados que deseja. Não estou tentando ser um babaca aqui (bem, talvez um pouco), mas se não sabe quem precisa de você, como pode anunciar para eles?

Pescar grandes clientes é como pescar, bem, peixe. Antes de escolher um ponto de pesca, antes de colocar a isca no anzol, você precisa saber que peixe tenta pegar. Você pode ir atrás de peixe-espada o dia todo, mas se está pescando com minhocas no lago do seu quintal, não só isso não acontecerá, como você parecerá muito estranho amarrado em uma cadeira giratória puxando um lambari.

A chave para o marketing de sucesso é saber Quem, O Quê e Ganho. Repita essa lista em sua cabeça até estar enraizada. Quem, O Quê e Ganho... Quem, O Quê e Ganho. Gravou? Esses três elementos críticos da missão identificam o prospecto ideal (Quem), sua oferta ideal (O Quê) e seu resultado de marketing ideal (Ganho). Saiba esses três elementos e será capaz de comercializar com mais eficácia do que nunca. E tudo começa com o Quem — seus prospectos ideais.

O Quem

Não sabe quem são seus Cem Clientes-Alvo? Aqui está como encontrá-los rápido. Primeiro, comece com sua base de clientes existentes — supondo que tenha uma. Se não tem, sem problema, lhe mostrarei como fazer essa lista do zero.

Comece imprimindo sua lista de clientes existentes classificados segundo o faturamento obtido nos últimos dois anos, do maior para o menor. É importante ordenar dessa forma porque os clientes demonstram, pelo que gastam, o quanto o valorizam. Queremos clonar clientes que gostam de nós e gastam conosco. E embora seus clientes existentes não sejam necessariamente representantes de outros em sua categoria, eles são um atalho para encontrar mais como eles.

Uma vez identificados os clientes que mais o valorizam, faça uma análise paquera/asco. Dos clientes listados até então, com quem você ama fazer negócios? Essas são as pessoas que, quando o identificador de chamadas aparece na tela do seu telefone, você fica totalmente entusiasmado. Mal pode esperar para ter notícias delas e servi-las. Coloque uma cara sorridente ao lado de cada paquera que você tem nessa lista de clientes.

Agora vamos fazer de novo com aqueles por quem você sente repulsa — os ascos. Esses são os clientes que, quando aparecem no identificador de chamadas do seu telefone, você diz mentalmente — e algumas vezes por acidente em voz alta —: "Droooooooooga... Não essa pessoa. Não agora." Você nunca fará esses clientes felizes, não importa o que faça. Essas são as pessoas que o fazem jogar água vodca no rosto e bater nas bochechas antes de ligar de volta. Esses são os ascos. Ponha uma cara carrancuda ao lado deles.

Agora circule os 10% dos clientes do topo da lista, os de maior faturamento (eles gostam mais de você), que você rotulou como paquera (você gosta mais deles). Você quer mais clientes como eles. Pense em um cliente específico de alto faturamento que você ama. Agora imagine se dez de seus clones entrassem em seu escritório dispondo de algum dinheiro para trabalhar com você. Isso seria um divisor de águas para o seu negócio, certo?

CLIENTE	FATURAMENTO	PAQUERA/ASCO
Hoolinium Co.	$50.000	☹
IntercommuTech	$35.000	☺
Umbrella Co.	$20.000	☺
Norh Integration inc.	$12.000	☹
GlobalTech	$8.000	☹
Iscram	$5.000	☺
Fan City Tickets	$5.000	☺
Centralware	$5.000	☹
Amplex	$4.500	☹
Rangreen	$4.000	☺

A Análise Paquera/Asco

Com essa informação simples, podemos começar a construir sua lista dos cem principais prospectos. Mas, e se você não tem clientes que queira clonar? Nesse caso, e isso acontece, clonamos você. Quais características você tem que deseja que seus clientes tenham? De posse dessa informação, nós então olhamos para as outras pessoas ao redor — seus fornecedores, seus amigos, qualquer um de seu círculo — que são como você. Entre essas pessoas, de quem você gosta mais? Essas pessoas podem lhe dar insights da comunidade que pode almejar.*

No fim das contas, os iguais se encontram. O atalho para construir sua lista de cem prospectos é começar a procurar seus clones. Seus concorrentes e fornecedores são provavelmente como eles. Se a Coca-Cola é seu melhor cliente, as chances são de a Pepsi ser um

---

* Eu documento o sistema inteiro para rápida e organicamente aumentar seu negócio em *The Pumpkin Plan* [O plano abóbora, em tradução livre]. O que acabei de compartilhar neste livro são os princípios básicos. Se quer arrasar, compre *The Pumpkin Plan* em sua livraria favorita.

grande cliente para você também. Se a fabricante de automóveis Ford é seu melhor cliente, a Goodyear, uma fabricante de pneus e uma fornecedora da Ford, é provavelmente uma boa oportunidade de prospecto a considerar.

Aqui está a técnica para definir seu grupo de prospectos de elite:

1. Anote tudo o que define o avatar de seu melhor cliente, aquele que traz o maior faturamento e com que você mais tem prazer em trabalhar.

2. Comece com dados demográficos, tais como setor de atividade, nome, gênero, idade, situação familiar e orientação religiosa. Então, vá mais profundamente em seu psicográfico ao definir seus maiores problemas e soluções desejadas. Afinal, estamos procurando por clientes excelentes que têm um grande problema para cuja solução você é quem está mais bem posicionado.

3. Em seguida, procure por grupos, plataformas, encontros, conferências e podcasts onde seu avatar vai para compartilhar conhecimento, aprender, se entreter e, idealmente, procurar soluções para os maiores problemas que ele tem. É para lá que você deve ir. É de seu interesse encontrar esses pontos de encontro e comercializar com eles ali.

4. Faça uma busca na web por "ajuda para [avatar] com [problema]" ou "ajuda com [problema] para [avatar]", ou uma busca pelo seu avatar que especifique o problema. Por exemplo, se você for proprietário de um serviço de empregos para babás e especificar que seu avatar ideal são mães com vários filhos pequenos, você pode buscar por "ajuda para mães sobrecarregadas com gêmeos". Você encontrará sites, fontes, encontros e mais. Todos esses são lugares onde seu avatar se reúne. Veja se pode conseguir informações sobre os par-

ticipantes, talvez fazer parceria com os gerentes do site para compartilhar conhecimentos e se conectar com pessoas; talvez possa comprar uma lista, quem sabe possa até se oferecer para ajudar a elaborar uma lista. Pergunte aos servidores como ganhar acesso às pessoas ou proponha como ele pode ganhar à medida que vai formando sua lista de prospectos.

5. Faça uma busca na web que simplesmente especifique seu avatar ideal. Por exemplo, vamos dizer que você tem um produto que vai em aviões e que seu cliente ideal são pilotos estabelecidos que têm algo a dizer sobre mudanças em cockpits. Uma busca por "pilotos que trabalham há mais de vinte anos no ramo" ou "como pilotos veteranos podem influenciar o que é instalado nos cockpits" resultará em muitos artigos para organizações que falam sobre essa comunidade. Essas são as pessoas e organizações que você precisa contactar para aprender mais a respeito.

6. Plataformas de mídias sociais são uma maneira poderosa para formar suas listas de clientes ideais. Não estou dizendo que seja necessariamente sua plataforma de marketing principal, mas elas lhe permitem elaborar grandes listas porque são muito direcionadas. Dê aos prospectos algo gratuito em troca de suas informações de contato.

7. Se você está no B2B, pode fazer buscas na web pelo nome de um cliente ideal existente e adicionar as palavras "concorrente de" ou "alternativas para" na frente dele. Essa é uma ótima maneira de encontrar novos clientes em potencial. Por exemplo, uma procura por "alternativas para Mike Michalowicz" fizeram a internet colapsar. Estou brincando. Ela retornou com um site chamado Goodreads e uma lista de algumas dezenas de autores que "os membros da Goodreads também gostam". Um deles é o 50 Cent, presumo que por

causa de minha curta carreira no hip-hop.* Ou, mais provavelmente, porque esse rapper seja autor de algum maldito livro famoso que inclui lições de sua carreira nos negócios.

8. Você também pode comprar listas. Busque por "listas de prospectos" e use os parâmetros do seu avatar ideal para encontrá-los.

9. Procure seu prospecto ideal de publicidade (novamente ideal para B2B). Se você vende serviços a empresas de reparo de computadores, por exemplo, busque "empresas de reparos de computadores perto de mim" ou "empresas de reparos de computadores em [área específica]", e o buscador cuspirá uma lista.

10. Para B2C, faça uma busca por "[avatar] clubes" ou "[avatar] encontros" ou "[avatar] grupos de apoio" ou "[avatar] eventos".

11. Faça à moda antiga e interaja. Sopre a poeira de seus cartões de visita e saia. Vá a lugares onde seus prospectos ideais se reúnem e consiga os cartões de visitas deles (ou uma maneira de contactá-los). A lista é elaborada nesses encontros; as oportunidades surgem com a divulgação subsequente.

Novamente, você procura pelo que chamo de pontos de encontro — lugares onde esses clientes se reúnem. O objetivo é sua inclusão neles. Então, busque de uma maneira que esses clientes procurariam uns aos outros. Quais termos eles usam para identificar a si mesmos? Qual o problema que querem resolver? Faça essas buscas e veja onde vai dar. Então, descubra um jeito de ganhar acesso à lista. O guardião em alguns casos será a pessoa que hospeda o site. Em muitos ca-

---

* Quando digo "curta carreira no hip-hop", ela durou o tempo necessário para projetar um site — poucas horas. Se quiser ver meu belo trabalho, faça uma busca na web pelo meu nome artístico: Fat Daddy Fat Back, e será arrebatado pelo diferente.

sos, se buscar de várias formas, encontrará a informação disponível gratuitamente.

Algumas vezes você terá que fazer um marketing mais situacional. Por exemplo, enquanto escrevo isto, estou apenas começando o processo de comprar um carro novo. Por um tempo, eu queria ter o melhor e mais recente. Mas agora pareço estar em algum estranho tipo de crise reversa de meia-idade, porque um dia acordei e percebi que não ligava tanto para isso. Na verdade, nos dias de hoje, tenho mais alegria em ver quanto tempo consigo manter um carro antes que simplesmente não faça mais sentido. Algo como ficar com o mesmo carro pouco antes de começar a colocar fita adesiva no porta-luvas. Não cheguei nessa fase ainda, mas estou chegando lá. Então, como você me encontra?

Bom, de algumas maneiras. Uma, com certeza, é por meio do web marketing. As pessoas buscam o que está na mente delas. Conduzi várias buscas por carros, e se eu olhasse para minha análise de busca, mostraria que, com o tempo, a frequência da minha navegação na internet aumentou e se tornou mais específica. Portanto, esse é um indicador comportamental, e você certamente pode pagar pela publicidade para atrair prospectos que realizam buscas na web relevantes para sua oferta.

Alternativamente, há simplesmente tendências padrão. Você pode procurar por "com que frequência as pessoas compram carros", e encontrará uma estatística. Então, pode usar essa estatística para descobrir pontos de encontro. Por exemplo, se as pessoas, em média, compram um carro a cada oito anos, você pode tentar identificar as que compraram carros há oito anos.

O "O Quê"

Agora você sabe Quem mirar. Se você ainda não tem uma lista de cem, tudo bem. Mas você precisa de algo. Não continue a ler sem fazer. Dê-me algo. Qualquer coisa. Mesmo se quiser correr junto, me dê dez nomes. Você pode fazer isso agora mesmo.

A próxima questão que precisamos responder agora é "O Quê?" O que você fará para comercializar para seu Alvo Número Cem? Estou certo de que já tem algo em mente. Digo, você avaliou seus clientes existentes, o que significa que já está vendendo algo. E mesmo se você baseou seus prospectos em você, provavelmente ainda tinha uma oferta em mente. O que é?

Sabendo o que você planeja vender, precisamos agora descobrir a razão pela qual essas mais de cem pessoas querem sua oferta. Sim, você faz um milhão de grandes coisas. Entendo isso. Mas para que elas o percebam e se sintam atraídas por você, precisam saber se você lhes satisfaz o desejo profundo. De volta à minha busca por carros. Tenho um componente principal em minha decisão. Quero transportar coisas por aí. Gosto de fazer isso; me faz sentir uma pessoa durona. Gosto de cortar lenha e levá-la para casa. Gosto de construir coisas; estou planejando um jardim suspenso para meu próximo projeto de casa. Minha versão de um guerreiro de final de semana sou eu vestindo botas de trabalho e coberto de terra. Não combina com minha autoimagem fazer isso em um pequeno sedan, mas funcionaria com uma caminhonete. *Isso* se encaixa na minha imagem. Portanto, o grande recurso que quero é uma caminhonete, e o benefício é eu me sentir mais durão.

Também quero um carro elétrico. Percebo que isso pode não ter um grande impacto no meio ambiente, mas é um passo na direção certa. Além disso, não gosto do cheiro do escapamento. Também quero algo que seja pequeno o suficiente para estacionar facilmente. Moro em Nova Jersey, um estado onde as pessoas vivem em cima de pessoas, e quando você acha uma vaga para estacionar, é um aperto. Eu também quero todo o supérfluo. Acentos aquecidos, tudo automático, e se ele também puder me fazer uma massagem, estou dentro.

A empresa que fizer uma caminhonete toda equipada, movida a energia elétrica, que me faça sentir como uma cara fortão e dure por dez anos ou mais (sem necessidade de fita adesiva) conseguirá minha atenção. Estou conseguindo o que quero, e isso é o que me serve melhor como cliente.

Então pergunte-se: o que especificamente sobre sua oferta mais beneficia seus clientes ideais? Antes que possa comercializar para seu Alvo Número Cem, você precisa descobrir O Que mais os compele. A Estrutura do DAD Marketing vai ao encontro disso. Trata-se de Diferenciar para que os Quem notem. Você os Atrai ao enfatizar o maior benefício de seu O Quê. E você os Direciona a agir tendo um Ganho claro.

O Ganho

O objetivo principal de todo marketing é alcançar o que você quer. Poderia ser conquistar um cliente ou retê-lo. Poderia ser conseguir uma indicação. Poderia ser alguém para oferecer tempo voluntário. Agora que sabe seu avatar ideal (Quem) e a coisa que pretende vender a ele (O Quê), você identificará o resultado principal que deseja (Ganho). Esse é o Quem, o O Quê e o Ganho.

Por exemplo, digamos que você tenha uma empresa que faz telhados. O Ganho para você é um cliente comprar um telhado novo. Acontece que os prospectos não têm, necessariamente, uma lista de telhadistas no bolso para quem ligar. O mais frequente é o telhado vazar e o proprietário procurar a causa no sótão, esperando que alguém tenha deixado um balde de água lá em cima e que um gato tenha entrado e o derrubado. Mas, infelizmente, o problema é um vazamento no telhado, e a situação difícil dele é sua oportunidade para fazer algum marketing Seja Diferente. Você precisa descobrir o Quem, o O Quê e o Ganho. O Quem é o proprietário de uma casa com o telhado que vaza, o O Quê é um telhado que não vaze, e seu Ganho é o proprietário comprar um telhado novo.

Lembre-se de que a Estrutura do DAD Marketing está ligada ao Quem, ao O Quê e ao Ganho. Uma vez que você tenha obtido atenção e envolvimento, precisamos Direcionar rumo ao Ganho, em etapas razoáveis. Seu Ganho pode ser fazê-los desembolsar 20 mil e um telhado novo. Porém, se sua propaganda diz "Nos dê 20 mil agora!", isso pode ser um pedido irracional demais. No lugar disso, precisamos nos mover eficientemente em direção ao Ganho, enquanto somos cuidadosos em não desencorajar o prospecto a continuar.

Assim, tendo em vista que o Ganho está em vender um telhado de 20 mil, a primeira experiência do prospecto com seu marketing provavelmente seria pedir informações de contato, tais como "Receba as Nossas Dez Dicas de Telhados que Precisa Saber" nos fornecendo seu endereço de e-mail. Ou "consiga um Orçamento Gratuito" em troca do número de seu telefone.

De novo, o objetivo principal de todo marketing é alcançar o que você quer. Uma vez que determinou seu Ganho, então Direcione o prospecto a dar passos específicos e razoáveis para conduzi-lo ao Ganho.

A Planilha do Experimento Seja Diferente

Você constrói confiança ao fazer e correr um pequeno risco de uma vez. Em seu livro *O princípio do progresso: Como usar pequenas vitórias para estimular satisfação, empenho e criatividade no trabalho*, a professora de Harvard Teresa Amabile mostra que sucessos regulares e menores podem ser mais eficazes que alcançar um grande sucesso. Ela explica: "Nos dias em que as pessoas fizeram progressos reais no trabalho que é importante para elas, terminaram o dia se sentindo mais intrinsecamente motivadas — animadas com seu interesse e prazer no trabalho."

Para ajudá-lo a correr esses pequenos riscos, criei a Planilha do Experimento Seja Diferente. Você pode encontrá-la em gogetdifferent.com [conteúdo em inglês]. Ou, se preferir, pode simplesmente usar um rascunho ou registrar seus experimentos em seu próprio diário. Você completará os componentes da planilha neste e nos próximos três capítulos, e então, no Capítulo 7, explicarei como completá-la do início ao fim e determinar se sua ideia de marketing diferente funcionou de verdade.

Para trazer clareza ao nosso objetivo, comece preenchendo em detalhes seu Quem, O Quê e Ganho. Isso nos posicionará para fazer os Experimentos Seja Diferente, assim, não pule essa etapa.

Então você sabe que não está fazendo isso sozinho, por isso, segue um exemplo no qual preencherei todas as planilhas junto com você.

PLANILHA DE EXPERIMENTO SD

NOME _____
DATA _____ TESTE Nº _____

PASSO 1: OBJETIVO

QUEM
Quem é o prospecto ideal?

O QUÊ
Que oferta o serve melhor?

GANHO
Qual o resultado que você quer?

PASSO 2: INVESTIMENTO

LTV DO CLIENTE: _____
Ciclo de vida típico (faturamento) de um cliente.

TAXAS DE PROBABILIDADE DE FECHAMENTO: _____ **DE CADA** _____
Sua taxa de fechamento esperada de prospectos engajados. por ex.: 1 de cada 5.

INVESTIMENTO POR PROSPECTO: _____
A quantia em dinheiro que quer arriscar para conseguir um prospecto.

ANOTAÇÕES:

PASSO 3: EXPERIMENTO

MÍDIA: _____
Qual plataforma de marketing usará? Por ex.: site, e-mail, mala direta, cartaz etc.

IDEIA:

ISSO OBEDECE À ESTRUTURA DAD?

☐ **DIFERENCIAR**
É impossível ignorar?

☐ **ATRAIR**
É uma oportunidade segura?

☐ **DIRECIONAR**
É um pedido específico e razoável?

PASSO 4: AVALIAÇÃO

INTENÇÕES

DATA INICIAL: _____

Nº DE PROSPECTOS PRETENDIDOS: _____

RETORNO PRETENDIDO: _____

INVESTIMENTO PRETENDIDO: _____

RESULTADOS

DATA FINAL: _____

Nº ATUAL DE PROSPECTOS: _____

RETORNO ATUAL: _____

INVESTIMENTO ATUAL: _____

OBSERVAÇÕES:

VEREDITO {
- **EXPANDIR E RASTREAR** — Usar como estratégia contínua
- **RETESTAR** — Testar nova amostra
- **APRIMORAR** — Consertar e repetir
- **ABANDONAR** — Começar novo experimento

A Ficha do Experimento Seja Diferente

PASSO 1: OBJETIVO	**QUEM** Quem é o prospecto ideal?
	O QUÊ Que oferta o serve melhor?
	GANHO Qual o resultado que você quer?

PASSO 1: OBJETIVO — O primeiro estágio de um Experimento Seja Diferente, onde o prospecto, a oferta e o resultado desejado são definidos.

Eis o que inventei:

> *Quem:* Um empreendedor "desfavorecido", com um produto ou serviço que é superior às alternativas, mas que luta para ser notado devido a um marketing ineficaz.
>
> *O Quê:* Meu livro Seja diferente, que oferece uma estrutura de marketing simples e poderosa que usarão eternamente.
>
> *Ganho:* Eles compram o livro Seja diferente.

No meu exemplo, meu Quem é o prospecto ideal. Esse é o meu alvo específico do meu marketing Seja Diferente. Talvez o pessoal de marketing de uma grande organização se beneficiasse com esse livro. Talvez um empreendedor não desfavorecido o use. Bem, faço marketing para um público-alvo, mas não excluo outros que possam ser apanhados pela correnteza.

Quando você olha para meu O Quê, vê que meu foco é no marketing desse livro. Claro, tenho outras coisas que ofereço, como o Sistema de Coaching Seja Diferente e eventos ao vivo. Mas preciso concentrar minha visão para a única coisa que estou anunciando.

Faça o mesmo. Escolha uma única coisa a ser comercializada para uma única comunidade. Uma coisa para uma comunidade por experimento. Você pode fazer inúmeros experimentos de marketing subsequentes para vender outras coisas, conforme a necessidade.

O Ganho é comprar o livro. Novamente, estou focado em uma única coisa. Preciso fazer marketing de uma maneira que faça meu Quem comprar o livro. É disso que se trata. Uma vez que eu alcance esse resultado, posso introduzir outro marketing do Seja Diferente. Talvez ter um leitor que encoraje outros a ler o livro. Mas, de novo, mantenha o simples: uma ação, para um tipo de prospecto por experimento.

O que Está Disposto a Investir?

Esta é uma pergunta crítica para você: qual o patamar do LTV [sigla em inglês para *"lifetime value"*] de seu cliente ideal, ou seja, o faturamento que espera que ele gere em todas as transações entre vocês, durante todo o tempo em que trabalham juntos? Alternativamente, você pode escolher outros cálculos para o LTV, tais como lucro ou margem bruta, no entanto, para simplificar, sugiro que o baseie no faturamento e use um sistema como o que eu esboço em *Lucro Primeiro*[*] para garantir que o lucro seja embolsado a cada transação.

Se você tem dificuldades para adivinhar qual o LTV de seu cliente ideal, basta olhar para os melhores que você teve até este momento e multiplicar seu faturamento anual médio pelo total de número de anos que espera continuar os servindo. Eu não quero que você se atenha a detalhes, mas preciso de um número aproximado. Um cliente gera US$100 de faturamento ao longo de uma vida? Ou US$1 mil,

---

[*] Edição em português de Profit First, publicado pela Alta Books (N. E.).

US$20 mil ou US$75 mil? É mais de US$100 mil? Dê-me um número aproximado.

Agora, vejamos a probabilidade de que você *conseguirá* aquele cliente. Quais são as chances — se você comercializar diretamente e de modo eficaz para um desses prospectos do Alvo Número Cem — de que obterá a atenção deles e ganhará seus negócios? Essa é a Taxa de Probabilidade de Fechamento. Antes de responder, quero saber qual sua melhor estimativa para as probabilidades baseadas em seu melhor esforço de marketing, se você for determinado. Uma em duas? Uma em cinco? Uma em dez? Se não tem certeza de como responder a isso, olhe para as taxas de conversão para esforços de marketing passados. Ou veja as taxas médias de conversão para seu ramo.

Agora, considerando o LTV e sua Taxa de Probabilidade de Fechamento, o que está disposto a investir por prospecto para fazer isso acontecer? Pense nisso como uma aposta. Talvez seja no "vinte e um" ou pôquer, ou descobrir quem vai ganhar o Oscar. Você descobre quanto quer colocar baseado na aposta (LTV) e nas possibilidades de ganhar essa aposta (Taxa de Probabilidade de Fechamento). Quanto você apostaria? De verdade, quanto? Você conhece o prêmio vencedor. Para o LTV de seu cliente ideal, quanto sente que vale a pena arriscar?

O que escolheu? Apostou US$10? Ou talvez US$100? Um cliente ideal, que rende US$10 mil a você em vez de a seu concorrente, pode até valer uma aposta de US$300 ou US$400. E no caso de suas chances serem de uma em cinco ou uma em três, arrisque, talvez valha a pena apostar alguns milhares de dólares. Em última análise, seja qual for o número que escolheu, chegamos a algo importante. Chegamos ao Investimento em Marketing por Prospecto.

Entendo que isso está longe de ser científico e que você precisará de cálculos reais. O objetivo aqui era apenas entrar em campo e ver que o marketing gasta o quanto parece bom para o cliente ideal.

Agora que você está a par dos números principais, o LTV de um prospecto ideal, as probabilidades de consegui-los e o que está disposto a gastar, temos os parâmetros para comercializar de maneira diferente para conseguir resultados.

No caso de seu Investimento por Prospecto ter sido, neste exemplo, US$100, suspeito que você pode ver instantaneamente que o e-mail de marketing ou qualquer coisa entediante que todos estão fazendo no seu ramo não funcionará. Não por um longo tempo.

∿∿∿∿∿∿∿∿∿

Enquanto escrevia este livro, eu ocasionalmente fiz perguntas à minha comunidade sobre seus desafios de marketing. Foi assim que conheci Linda Weathers. Em um domingo, às 15h54, postei isto:

"Procuro por uma história de um empresário que simplesmente não consegue fazer acontecer com o marketing e quer desistir. Ou que acabou de desistir e sente que essa é a maneira que precisa ser."

Quatro minutos depois, esta foi a resposta dela:

> *Gastei os últimos nove meses desde que comecei meu negócio tentando entendê-lo. Desisti e contratei alguém, e nada aconteceu. Já gastei milhares de dólares tentando fazer marketing. Trabalhei com dezenas de assim chamados especialistas, postando por conta própria, lendo sobre o que postar e muito mais. Sou uma contadora e planejadora/preparadora fiscal. É um negócio sobre o qual ninguém quer falar. Eu faço os clientes economizarem mais de US$30 mil por ano em impostos (meu primeiro cliente, isso foi exata-*

mente o que fiz por ele). Fiz um site, contratei outro web designer, e depois contratei outro web designer, até que achei um que criou um site de que gostei, que cobria tudo o que eu faço, adequadamente e profissionalmente. E ainda sem vendas.

Descobri outro "coach" que ensinava pessoas como fazer seu marketing. Eu lhe disse que não queria mais aprender e gastar mais dinheiro, então ele concordou em fazer o marketing para mim. Ele disse que eu tenho um conhecimento muito grande e que qualquer um que falasse comigo gostaria de me contratar. Ele pensou que poderia me conseguir de trinta a cinquenta contatos para conversar dentro de trinta dias. Cinco meses e US$8 mil depois, eu ainda não tenho nada. Ele finalmente conseguiu que uma pessoa me ligasse, e é alguém que costumava trabalhar comigo no passado e que eu havia demitido.

Tudo o que faço é sentar em frente ao computador tentando planejar algo para conseguir clientes. Fico no computador praticamente das oito da manhã às nove da noite, e às vezes mais. Aprendo coisas novas que podem me ajudar a conseguir novos clientes. Eu realmente tenho cerca de oito horas de trabalho por semana com meus poucos clientes que tenho de quando eu trabalhava num emprego de meio período. Preciso ter dez vezes mais clientes do que tenho agora somente para continuar pagando o aluguel. É muito desanimador que nada pareça funcionar.

A resposta de Linda foi difícil de ler. Senti que tiraram proveito dela pela grande e gorda mentira do marketing: quando seu marketing não funciona, é porque você não está fazendo o suficiente dele.

Imediatamente eu soube que queria ajudar Linda a sair dessa armadilha, então pedi que me ligasse. Cinco minutos depois, nos encontramos pela primeira vez no Zoom. Ela atendeu a ligação de seu quarto, porque sua irmã e o namorado dela haviam se mudado para seu apartamento para ajudar nas despesas, então ela tinha pouca privacidade. Ela também administrava seu negócio de escrituração naquele quarto. E talvez até tentasse dormir lá ocasionalmente, embora eu suspeitasse de que estava longe de ser um sono de qualidade.

Durante a hora seguinte, Linda explicou sua situação. Ela estava no negócio havia pouco mais de um ano e ainda não tinha um cliente regular. Sem saber como encontrar leads, investiu em três programas diferentes para ajudá-la a conseguir prospectos. Adivinhe quanto ela gastou? Quanto *você* teria arriscado no primeiro dia? No dia sessenta? No dia duzentos?

Linda gastou mais de US$50 mil. Ela não tinha ideia do que esperar no que diz respeito aos LTVs porque havia acabado de lançar sua empresa e estava disposta a arriscar as economias de sua vida e se endividar para achar leads. É aqui que eu me esquento, porque os "especialistas em marketing" que lhe prometeram a lua deveriam ter vergonha. Tirar o dinheiro das pessoas com promessas vazias é superdesprezível, na melhor das hipóteses, e criminoso, na pior. Isso me faz querer jogar papel higiênico nas casas deles. Bem antes de chover. Isso me ajudaria, certo? Sim, eu sabia que ajudaria.

Linda me disse que um desses especialistas lhe cobrava US$5 mil por mês com a promessa de uma enchente de leads. "Eu não consegui nenhum no primeiro mês, então ele me disse que eu tinha que investir mais", confessou Linda. "Assim, dobrei aquela quantia."

Alguns meses e milhares de dólares depois nessa história de terror tão comum, ela ainda não tinha nenhum lead e, como tantos empreendedores com quem trabalho, estava chegando ao limite. Mesmo assim, ela ainda pensava que talvez não estivesse investindo o bastante. "Estou me perguntando se preciso continuar com isso", ela disse. Pois é: não.

Somos mais vulneráveis a esquemas de merda para ficar rico rápido quando os tempos estão difíceis, quando estamos desesperados por alguma coisa, *qualquer coisa* para trabalhar. Quando investimos em métodos tradicionais de marketing, tais como o pagamento de geração de leads e publicidade paga e obtemos uma porcaria de um resultado, muitas vezes nos sentimos como se tivéssemos feito algo errado. Ou que não fizemos o suficiente. Muitas vezes, os "especialistas" inescrupulosos *fazem* nos sentirmos assim. Simplesmente não é verdade.

"Linda, a estrutura que estou prestes a lhe ensinar não lhe custará nada", eu disse a ela. "Você apenas tem que estar disposta a fazer algo diferente."

Grata e ansiosa, ela concordou em seguir o sistema Seja Diferente, com a minha orientação. Assim como pedi que fizesse, ela primeiro elaborou sua lista de prospectos do Alvo Número Cem. Depois criamos uma campanha de e-mail criativa que ela poderia mandar por conta própria. Passadas três semanas, ela conseguiu dois novos clientes e um prospecto.

Três. Semanas.

Vamos comparar os resultados. Seus esforços na geração de leads tradicional lhe custaram US$50 mil, e em nove meses ela conseguiu zero clientes. O sistema Seja Diferente não custou nada, exigiu um treinamento de quinze minutos e rendeu a ela dois clientes e um prospecto em apenas três semanas.

É importante que você entenda seu Alvo Número Cem *e* quanto investiria para consegui-lo. Apenas se lembre de que esse número é seu gasto máximo. A quantia atual pode ser zero.

Sua Vez

Se você não preencheu as primeiras duas etapas da planilha do Experimento Seja Diferente, faça-o agora. Você precisará dessa informação a fim de fazer seu primeiro diferente. De novo: você pode encontrá-la em gogetdifferent.com [conteúdo em inglês]. Ou, se preferir, simplesmente use um rascunho ou registre seus experimentos em seu próprio diário. Antes de prosseguir para o próximo capítulo, é importante saber quais prospectos quer atrair, o que quer vender, o resultado pretendido e quanto está disposto a investir. Essa clareza o ajudará a segmentar seu marketing, tornando-o, assim, mais eficaz, então, por favor, não pule esta etapa.

Passo 1: Objetivo

Quem: Quem é seu alvo?

O Quê: O que oferece a eles?

Ganho: Qual o principal resultado pretendido?

Passo 2: Investimento

LTV do Cliente: Qual o valor do ciclo de vida útil de seu cliente?

Taxa de Probabilidade de Fechamento: Se você se esforçar ao máximo, quais as chances de conseguir esse cliente?

Investimento por Prospecto: Conhecendo suas probabilidades, quanto está disposto a investir por tentativa de marketing para conseguir um desses clientes?

PASSO 2: INVESTIMENTO	LTV DO CLIENTE:_____ Ciclo de vida típico (faturamento) de um cliente. TAXAS DE PROBABILIDADE DE FECHAMENTO: _____ DE CADA _____ Sua taxa de fechamento esperada dos prospectos engajados. Por ex.: 1 a cada $ INVESTIMENTO POR PROSPECTO:_____ A quantia em dinheiro que quer arriscar para conseguir um prospecto.	ANOTAÇÕES:

PASSO 2: INVESTIMENTO — O segundo estágio de um Experimento Seja Diferente, no qual o LTV do cliente e marketing do prospecto associado são determinados.

Minha Vez

Eis como preenchi essa seção:

> *LTV do Cliente: US$28; Taxa de Probabilidade de Fechamento: 1:5*
>
> *Investimento por Prospecto: US$1*
>
> *Notas: O LTV é para somente um leitor. Meus direitos autorais (faturamento) são de US$3,50 por livro. Um leitor vitalício lerá oito dos meus livros. Isso dá US$28. Eu criarei outros planos de marketing Seja Diferente para leitores engajados para entregar outros serviços.*

Como um autor, vendo um produto físico — um livro. Alguns formatos fornecem mais em direitos autorais, e outros, menos, mas a média é de US$3,50 por livro.

Se eu fizer o marketing direito para meus prospectos ao ser diferente e atrativo, estimo uma em cinco chances de fazê-los comprar um livro. Lembre-se que a Taxa de Probabilidade de Fechamento é a chance de seu prospecto chegar a seu Ganho. Meu Ganho é eles comprarem um livro.

Preciso dividir meu marketing em algumas etapas, garantindo um Direcionamento razoável. Assim, nas primeiras experiências deles comigo, posso Direcioná-los a me fornecer suas informações de contato. Em um comunicado de marketing subsequente, posso pedir que comprem o livro. A não ser que seja minha mãe. Aí eu compro o livro para ela e digo que é um presente do meu pai.

É uma coisa de ego.

Capítulo quatro

∿∿∿∿∿∿∿∿∿∿

Diferencie-se para Chamar a Atenção

Uma semana após Jesse Cole pedir em casamento sua namorada de longa data, Emily, ambos foram de carro até Savannah para assistir a um jogo de beisebol da segunda divisão no estádio histórico da cidade, o Grayson Stadium. Na época, Jesse tinha um time de nível universitário, então chamado Gastonia Grizzlies. Por meio de empréstimos e investidores, haviam economizado dinheiro juntos para comprar o time novato. Ele esperava ansiosamente transformar os Grizzlies em um sucesso e começar sua nova vida com Emily.

"Era uma noite de sábado perfeita. Vinte e sete graus Celsius. Céu limpo — o dia perfeito para assistir um jogo de beisebol", ele me disse quando falei com ele sobre este livro. "E mesmo assim, quando passamos pelas majestosas colunas de tijolos para a arquibancada, vimos talvez duzentas pessoas."

A sensação de Jesse foi das piores. Ele disse que o público tinha "energia de sala de espera de dentista", como se não estivessem em um jogo, mas esperando para fazer um tratamento de canal.

"Eu nunca tinha visto um estádio tão vazio", disse Jesse. "Então, depois do jogo, liguei para o dirigente da liga e disse: 'Ei, se esse time profissional sair, vamos apostar nesse mercado agora mesmo'. Eu sabia que poderíamos transformar o beisebol em Savannah."

A ação da providência: dois meses depois, o New York Mets, que era dono do time da segunda divisão, exigiu da cidade um novo estádio de US$38 milhões ou iriam embora. Quando os Mets não conseguiram seu estádio, Jesse e Emily pegaram as chaves do velho estádio e uma chance de recuperar outro time.

Os primeiros meses em Savannah foram difíceis. Apesar dos melhores esforços de sua equipe comercial, as pessoas da cidade estavam céticas. Muitas delas nem pareciam gostar de beisebol. Em três meses, apenas uma entrada da temporada havia sido vendida. Jesse e Emily agora estavam falidos e tiveram que vender quase tudo que tinham — incluindo sua cama — para manter o pescoço fora d'água.

Mas eles se recusaram a desistir. Colocaram anúncios no jornal local e anunciaram um tipo excêntrico de plano para famílias válido para a temporada seguinte: ingressos com tudo incluído, jogadores de beisebol dançarinos e um treinador dançando break na primeira base. Perceba, Jesse tinha uma visão. Ele queria que o beisebol de nível universitário fosse mais como os Harlem Globetrotters do que como era nas ligas principais. Via o beisebol como a atração principal do picadeiro, com entretenimento quase constante acontecendo ao redor dele. Você pensaria que seus planos teriam alguma atenção, mas, no lugar disso, silêncio total. Ninguém respondeu. Ninguém respondeu porque *ninguém notou*.

"O que precisávamos era de atenção", Jesse explicou. "E para conseguir atenção, tínhamos que fazer algo realmente diferente."

A ação da providência, parte dois: eles organizaram um concurso para dar um nome ao time. Houve várias sugestões respeitáveis, ideias que *soavam* como Savannah, que soavm como um time de beisebol *deveria* soar. The Sailors (Os Marinheiros). The Captains (Os Capitães). The Specters (Os Fantasmas). E então, eles tiveram uma sugestão que não soava como todas as outras: os Bananas.

Savannah não é famosa pelas bananas. Não há nada a respeito de bananas em Savannah. O nome rima, e pronto. Mas havia algo a mais. Um algo grande: era diferente. Inesperado. Então ficaram com ele.

O dia em que Jesse e sua equipe anunciaram o nome do time, passaram de desconhecidos para o assunto da cidade. De repente, a imprensa local queria falar com eles. Em seguida, a imprensa nacional. Começaram a vender as entradas da temporada. E então, mais entradas da temporada. Antes que tivessem jogado uma única partida, as pessoas de todos os lugares do mundo começaram a comprar seus produtos.

No dia de estreia da primeira temporada do Savannah Bananas, estádio lotado. Na verdade, venderam todos os ingressos de todos os jogos das temporadas de 2017 a 2019.

Eu conheço Jesse há anos e compartilhei sua história de dívidas ao lucro de milhões de dólares em *Lucro primeiro* e a grande descoberta que o ajudou a otimizar seu negócio em *Clockwork: Planeje sua empresa para se autogerenciar*. Quando eu pensava sobre com quem eu queria falar sobre marketing diferente, ele estava no topo de minha lista. Jesse é um *mestre* do diferente. Seu livro *Find Your Yellow Tux* [Encontre seu smoking amarelo, em tradução livre] é leitura obrigatória para qualquer empresário que queira se destacar na multidão. Se você o ler, compreenderá imediatamente o motivo de ele e eu sermos almas gêmeas no marketing.

No verão de 2020, quando todos os times esportivos encerraram ou reduziram as atividades devido à Covid-19, seu time foi o único que descobriu como manter os expectadores envolvidos. Na verdade, apesar da pandemia, o Savannah Bananas ainda teve um ano lucrativo. Compare isso à Major League Baseball, que perdeu US$4 bilhões durante o mesmo período ao tentar manter "tudo normal" quando as pessoas não podiam ir aos jogos.[1] Jesse atribui todo seu sucesso a ter um plano de atenção, não um plano de marketing.

"Na realidade, todos têm um plano de marketing. Mas quantas pessoas têm um plano para como conseguir atenção o tempo todo?", Jesse me contou. "Você ganha ao ser diferente porque consegue atenção, sempre."

Até que façam negócios com você, a única coisa que as pessoas saberão a seu respeito é o marketing que você faz, então, comercialize de acordo. Um bom plano de marketing é realmente uma amplificação do bom marketing. Se você não tiver provado que seu plano conseguirá a atenção dos prospectos, acabará amplificando algo que não funciona. Você já sabe que precisa dominar os milissegundos. Primeiro, crie uma abordagem que passe no teste de piscar os olhos e seja notado, e depois crie um plano de marketing para implementá-la.

Neste capítulo, compartilharei algumas estratégias que uso — e uma que Jesse usa — para criar ideias de marketing que são diferentes o bastante para conseguir a atenção de que você precisa para desenvolver seu negócio. Antes de entrarmos nisso, porém, quero que tire a "ideia genial" de questão. Você tropeçará em algo que poderia, um dia, ser considerado uma ideia genial? Claro. Acontece que você não precisa ser brilhante, ousado ou superinteligente para encontrar o seu diferente. Nem precisa ser como eu. Eu sou esquisito. Penso em coisas estranhas o tempo todo, e supero meus medos para provar minhas ideias. Você não tem que fazer isso. Um simples ajuste no que já faz para o marketing pode ser tudo de que precisa. Por isso, não se preocupe com o desapontamento ou a frustração com a expectativa de que você tem que criar algo revolucionário aqui. Simples, básico e fácil funciona, contanto que seja diferente.

Tente uma Mídia Diferente

Uma das maneiras mais fáceis para você diferenciar seu marketing é colocá-lo em ação usando uma mídia diferente — diferente do que já usa e diferente do estabelecido nas normas de seu ramo. Quem disse que você *tem* que fazer anúncios no Facebook? Ou mala direta? Ou vídeo? Ninguém, mas ninguém mesmo. Tudo bem, a maioria das pessoas no seu ramo diz isso, mas *ninguém que entende isso* o faz. O que quero dizer é que os "especialistas" em marketing, os gurus da propaganda, as pessoas na câmara do comércio que "têm muita experiência", elas não são seus chefes.

É claro, você terá que considerar se seu Alvo Número Cem realmente *verá* seu marketing quando mudar a mídia. Nem todas as mudanças de mídias funcionarão. Por exemplo, cupons enviados pelo correio para executivos de diretoria provavelmente não chegarão a eles, embora seus assistentes até possam recebê-los. No entanto, provavelmente serão jogados no lixo antes mesmo de chegarem às mesas dos assistentes.

Dê esse pequeno passo e se pergunte: "E se eu simplesmente mudasse o *meio* que uso para enviar o marketing?" Algumas vezes, essa simples mudança pode fazer toda a diferença.

Para realmente lhe dar uma sacudidela na cabeça, eis uma lista de exemplos de alguns meios de marketing:

Vídeos, placas, panfletos, mala direta, marketing de influência, publicações, embalagens, propaganda de rua, propaganda interna, telefone, site, link patrocinado, marketing para mecanismos de busca, mídias sociais, afiliação, e-mail, televisão, discurso, rede de indicações, facilitar o boca a boca, exposições comerciais, conferências, wi-fi marketing,* relações públicas, classificados, endossos — e a lista continua. Simplesmente tente uma mídia de marketing que ninguém em seu ramo tipicamente faz. Se todos enviam mensagem de e-mail, envie e-mails com vídeo. Se eles não fazem mala direta, faça. Se eles fazem, faça de maneira diferente. O diferente acontece quando você faz o atípico. Uma de minhas histórias favoritas de mala direta vem de Kasey Anton. Agora proprietária da Spark Business Consulting e uma mestre certificada do Lucro Primeiro, Kasey uma vez foi coproprietária de um restaurante elegante em Boston.

"Estávamos localizados em um beco em Back Bay", ela me disse em um e-mail depois que pedi detalhes. "Você tinha que, de certa forma, 'estar por dentro' para jantar conosco, mas mesmo com toda aquela agitação em busca de atenção, não conseguíamos colocar bundas suficientes nas mesas durante os dias de semana."

Kasey surgiu com uma ideia — uma ideia que seus sócios odiaram. Ela queria mandar uma vela de aniversário pelo correio para os clientes antigos que haviam preenchido os cartões de comentários com seu nome, endereço e data de aniversário. Ela planejava incluir

---

* Há uma fonte aparentemente infinita de meios de marketing. Deparei-me com o conceito de "wi-fi marketing" quando estava em um voo. Alguém nomeou o hotspot do bluetooth e wi-fi do seu telefone para "The CIA". Fofo. Todas as vezes que eu tentava conectar no wi-fi, eu via "The CIA", e todos os outros naquele avião. Então, mudei meu hotspot para que se lesse "Compre *Lucro primeiro* na Amazon". Sempre que estou em um evento de leitores (ou em um avião), eu o ativo. É protegido por senha, porque eu simplesmente queria que eles vissem e pensassem "O que é *Lucro primeiro?*" Minha esperança é a de que eles pensarão "Deixe-me dar uma olhada na Amazon para descobrir". Ninguém mais, que eu saiba, faz isso, por enquanto. Então, é diferente.

um cupom onde se lia "Jantar por nossa conta" e lhes ofereceria uma entrada gratuita de sua escolha. "Meus sócios achavam que era de 'baixo nível', para ser franca", Kasey explicou. "Eu achava que era simplesmente ajudar alguém a celebrar seu aniversário, algo que eu amava sobre hospitalidade antes de mais nada — comemorações."

Seus sócios resumiam tudo à estética e não tinham nenhum plano de marketing — nada. "Um sócio ia a restaurantes e boates caríssimas 'para ser visto' e de forma extremamente despretensiosa 'convidar' as pessoas a irem ao nosso restaurante. Meu outro sócio, o chefe, apenas ficava na cozinha, acreditando que 'se fizermos boa comida, eles virão'. Eu estava enjoada de esperar, e as contas precisavam ser pagas. Então, fiz o que sentia que precisava fazer, que era investir na minha ideia de marketing e ver o que podia fazer acontecer."

A partir dos cartões de comentários que seus garçons recolheram, Kasey separou aniversários, inclusive de casamentos, por mês e os colocou em uma planilha, para que pudesse imprimir etiquetas facilmente. Em seguida, criou a oferta no Word. "Sem letras miúdas, sem compre um ganhe outro, sem compra mínima, porque eu achava que todos estavam cansados dessa porcaria", ela explicou. (Sim. Estamos fartos disso, Kasey. Fartos da mesma porcaria de sempre.) "Eu só queria dizer 'Ei, é o seu aniversário e isso é incrível. Deixe-me pagar o jantar'. Ponto final. A única ressalva era a de que a oferta não estava disponível nas noites de sexta e sábado, quando normalmente estávamos bastante ocupados."

Kasey presumiu que a maioria das pessoas não jantaria sozinha no seu aniversário, então o restaurante ganharia um pouco de dinheiro com os convidados que viessem com eles. E claro que deu certo. As velas de aniversário provocaram interesse (Diferenciar) porque não era a típica campanha de mala direta. E quem não se alegra (não é?!) quando vê uma vela de aniversário de verdade?

"Enquanto meus parceiros de negócios desdenhavam um pouco da campanha, nenhum cliente reclamou. Eles *adoraram*, e seus convidados mal podiam esperar para preencher os cartões de comentários de opinião para entrar em nossas listas."

Kasey acompanhou o ROI (Retorno Sobre Investimento) da sua ideia da vela. Além do custo da entrada de cortesia, os custos eram mínimos: cerca de duzentos selos e duzentas folhas de papel, um pouco de tinta da impressora e algumas caixas de velas de aniversário. Então, por menos de US$200, fizeram uma promoção que gerou uma receita de mais de US$18 mil em novos negócios em um mês.

Kasey manteve a promoção até que vendeu a empresa em 2008. "Até hoje", ela disse, "acredito que essa foi a única coisa que nos manteve funcionando por tanto tempo".

Você percebe o poder de mudar a mídia? E o poder de uma ideia simples?

Garimpe Ideias

Se você pudesse ser uma mosca na parede e ouvir quando as pessoas comentam sua oferta, o que isso valeria para você? É inestimável, eu lhe digo. O brainstorming em grupo é uma das melhores maneiras de criar uma tonelada de ideias de marketing diferente e evitar o preconceito inerente e os julgamentos automáticos que tendemos a colocar em nossas próprias ideias. Você pode ter tentado um exercício similar a esse no passado. A Mina de Ideias é um método de brainstorm em grupo que criei e que é parte pipoca, parte "Mike," parte regras do mestre dos negócios. Uso esse exercício com minha equipe e meus clientes.

Aqui está como ela funciona:

1. Reúna um grupo de pelo menos cinco pessoas que estejam dispostas a participar. Tente encontrar pessoas de formações diferentes, fora do seu ramo.
2. Designe uma pessoa como facilitador, para marcar o tempo e garantir que todos sigam as regras. Com seu grupo reunido, dê-lhes a seguinte informação:
    a. Uma breve descrição de seu avatar ideal (ou seja, seu cliente ideal).
    b. Uma breve descrição de sua oferta e de como ela serve a seu avatar.
    c. O problema que sua oferta resolve melhor para seu avatar.
    d. A maneira típica como seus concorrentes comercializam as mesmas ofertas ou ofertas similares para seus prospectos compartilhados.
3. Em seguida, pegue um caderno e uma caneta para anotar as ideias. Então, afaste sua cadeira do grupo de tal modo que ainda consiga ouvi-los, mas eles não possam ver seu rosto. Se estiver em uma reunião virtual, desligue sua câmera e seu microfone.
4. Ajuste o temporizador para até trinta minutos. Um de cada vez, revezando, cada pessoa depois compartilha suas novas e diferentes ideias sobre como poderia comercializar sua oferta. Enquanto ouve as ideias, anote-as, sem comentar — mesmo porque você não terá tempo para julgar, pois, após o grupo começar, as ideias voarão até você bem rápido.

5. A regra de ouro da Mina de Ideias: ninguém comenta sobre as ideias. Apenas se parte para a próxima, ou se aprimora a anterior, sem nunca parar. Não é permitido um período de silêncio, apenas de ideias. A única ideia ruim é não ter nenhuma ideia. É quantidade sobre qualidade.

6. Se o grupo travar, o facilitador entra e tenta uma das seguintes técnicas:

    a. Remoção de Bloqueio: Livre-se de todas as barreiras. Pergunte ao grupo como eles comercializariam se não houvesse limite de tempo, dinheiro ou outros recursos.

    b. Introdução ao Bloqueio: Crie uma barreira inesperada para fazer os cérebros do grupo funcionarem de uma maneira nova. Por exemplo, diga-lhes que o avatar ideal é cego, ou que vive em uma ilha ou tem um superpoder secreto.

    c. Objetos Inspiradores: Selecione um objeto da sala e peça aos participantes para criarem ideias de marketing que incluam aquele objeto na abordagem ou que sejam relacionadas a ele.

    d. Pensamentos Chocantes: Peça ao grupo para sugerir abordagens de marketing que sejam divertidas, mas arriscadas — o tipo de ideia que pode lhe causar problemas. Algumas vezes, as melhores ideias começam com loucura!

    e. O que Eles Fariam?: Peça ao grupo para considerar como uma pessoa famosa — viva ou morta — poderia comercializar sua oferta. E se uma criança a comercializasse? Ou que tal uma profissão desalinhada, como um encanador vender meia-calça? Ou uma modelo de meia-calça vender um serviço de encanador? Como eles fariam isso?

O exercício da Mina de Ideias é especialmente útil para pessoas que têm dificuldades para chegar sozinhas a ideias únicas. Você certamente não usará todas elas e pode não usar nenhuma delas como descrito, mas descobrirá, com certeza, algumas joias que vale a pena procurar. No final deste capítulo, compartilharei uma história sobre como uma de minhas clientes usou esse exercício para aparecer com uma ideia vencedora que a ajudou a alcançar seu objetivo de prospectos em menos de duas semanas. Ele realmente funciona!

Identifique o Ordinário e o Obscuro

Uma maneira superútil de fazer brainstorm de ideias diferentes é observar o ordinário, que desperta o extraordinário. Essa é a chave. Para ver cor, você precisa do preto e precisa do branco. Para ouvir notas musicais, precisa do silêncio. Para comercializar de maneira diferente, precisa conhecer pessoas que comercializam ordinariamente.

A primeira etapa é fácil: documente o método de marketing típico de seu ramo. Descreva sua oferta. Quais são todas as características e benefícios de que seu concorrente se gaba? No caso de seu concorrente vender *exatamente* o que você oferece, ele provavelmente vende algo similar, caso contrário, você não pensaria nele como um concorrente, certo? Se ajudar, evoque a imagem de seu nêmesis. Quais aspectos da oferta dele ele destacaria no marketing que faz? Por exemplo, ele chama a atenção para a durabilidade do produto? Ou para o serviço rápido? Quando promove comparações, como mostra que a oferta dele é melhor do que a de todos os outros?

Ao listar os benefícios de sua oferta, pense em experiência e resultados. Ao concorrer, como você mostra que o produto está servindo ao cliente? O benefício é o "para que você possa..." A característica é a função única, e o benefício é o que você ganha com essa característica. Por exemplo, se a característica é "iluminação mais forte", o benefício é "para que possa ver mais longe".

Agora, considere o uso comum de sua oferta. Como seu público-alvo usa seu produto ou serviço? Por exemplo, se você vende fita refletiva, ela é mais usada em locais de construção para demarcar áreas perigosas? Ou talvez corredores as usem nos tênis para que os carros os vejam melhor à noite.

Com suas listas em mãos, você notou como os "ternos cinza" comercializam. Agora vamos vestir seu "terno vermelho" e fazer um brainstorm de uma abordagem diferente. Restrições desencadeiam o pensamento criativo. Considere o seguinte:

- E se você tivesse que comercializar seu produto para uma pessoa específica que conhece? O que atrairia a atenção dela se você estivesse em uma multidão de centenas de pessoas?
- E se tivesse que limitar o marketing para incluir somente uma característica e um benefício? Como poderia amplificá-lo tanto a ponto de as outras coisas se tornarem irrelevantes?
- O que é atípico sobre sua oferta? O que ninguém mais fala a respeito?
- E se não pudesse usar *nenhuma* das abordagens de marketing padrão utilizado em seu ramo? O que poderia tentar?
- Quais as razões pelas quais as pessoas *não* deveriam usar sua oferta? Quais as coisas de que *a maioria* das pessoas não gostaria? Como essas mesmas coisas podem ser o que *alguns* de seus prospectos ideais adorariam?

- O que seu produto não faz? Quais características ele não tem? Como isso tornaria seu produto ou serviço ainda melhor?

Vamos mergulhar fundo nesse último ponto. Pense sobre as características e os benefícios *ausentes* em sua oferta. O objetivo de tal lista é quantidade, não qualidade. Apenas jogue um pouco de espaguete na parede, por assim dizer, e mais tarde descobriremos se algum deles gruda.

Quando liguei para Jesse para conseguir informações detalhadas de como, apesar do mundo inteiro cancelar eventos ao vivo, o Savannah Bananas conseguiu ter um ano lucrativo durante 2020 no verão da covid-19, eu o desafiei para um jogo de Ordinário e Obscuro. Olhando em volta de minha mesa, escolhi o primeiro item que notei: uma simples calculadora.

"Vamos ver se podemos comercializar essa droga", eu disse. Como Jesse é minha alma gêmea no marketing, eu sabia que ele entraria no jogo.

Primeiro, listamos todas as características e benefícios que a maioria das empresas mencionaria no marketing de uma calculadora: longa vida útil da bateria, leve, precisa, de fácil manuseio etc. O uso comum é fácil: calcular coisas. Não é tão complicado.

Com a lista de ordinários completa, focamos a de obscuros. Quais eram as características e os benefícios ausentes dessa boa e velha calculadora?

Este é um bom momento para mencionar que minha parceira de escrita, AJ Harper, havia se juntado a nós nessa ligação. Menciono isso porque AJ odeia marketing. Digo, ela odeeeeia marketing. Embora ela possa discordar, acho que o principal motivo atrás de seus fortes sentimentos é o medo de não ser boa nisso. E também tem esse medo enraizado de se destacar. No início da ligação, ela mencionou algumas vezes como surgir com ideias criativas e fora da caixa vinha naturalmente para mim e Jesse. (Almas gêmeas do marketing. Eu já disse isso vezes suficientes? Apenas quero ter certeza de que você pegou isso.) Ainda que seja parcialmente verdadeiro, o *mais* verdadeiro é que praticamos. Desenvolvemos nosso músculo do marketing ao trabalhar nele. Constantemente. O truque é fácil, e você pode praticar o tempo todo também, incluindo agora. Pronto?

Olhe para a primeira coisa que vê e apresente ideias de marketing diferentes. Pode ser qualquer coisa. Uma máquina de escrever Royal de 1937, uma garrafa de Caymus Cabernet Sauvignon, ou uma escova alisadora de barba Xikezan. Sim, essas são as primeiras três coisas que vi em meu escritório enquanto escrevia isso. Eu sei, soa como o início de um filme de terror. A arma do crime? O alisador de barba, é claro. A vítima? Papai Noel.

Meu ponto é que você pode praticar seu músculo do marketing com *qualquer coisa*. Mas não pode ser algo que você criou. Podemos ficar muito corajosos com as coisas dos outros e, ainda assim, nos fechamos com as nossas. Então, pratique fazendo ideias de marketing diferentes para as coisas de outras pessoas. Entendeu?

De volta a Jesse, AJ e eu.

Então aqui estamos, tentando criar uma nova maneira brilhante de comercializar uma calculadora de US$4 que ninguém *nunca* nota, e AJ na maioria das vezes ouve nossas repetições e ocasionalmente ri (ou revira os olhos) para nossas ideias malucas.

Depois, de repente, ela diz: "Bem, uma calculadora não tem um GPS. Usamos as calculadoras em nossos celulares, mas nossos celulares têm um GPS." Ótimo ponto, AJ! Muitas vezes, há tanto poder em características que você *tem* como naquelas que você *não tem*.

Fizemos essa sugestão e consideramos os maiores benefícios dessa "não funcionalidade". Simples o suficiente: você pode adicionar coisas sem ser rastreado pelo go-ver-no. E quando você combina essa "não funcionalidade" obscura com a característica ordinária de uma bateria de longa duração, bem, agora você encontrou um novo cliente-alvo: os sobreviventes. Se você vendeu calculadoras e aquele avatar não serviu para você, então considere como a mesma característica "faltante" beneficiaria seu avatar ideal.

Vê o que realizar brainstorming juntos pode fazer? Mesmo uma pessoa que *odeia* marketing e é *realmente* cética sobre encontrar uma maneira única para comercializar algo pode surgir com uma ideia que vale perseguir.

Descubra Seu "Íssimo"

Você já sabe o que acontece quando se concentra em superar sua concorrência — nada, isso é o que acontece. De novo, porque é preciso repetir: *o melhor não é melhor. O diferente é melhor.* Sua empresa provavelmente opera diferentemente de seus concorrentes, melhor que seus concorrentes, mas esse mérito sozinho não basta para fazê-la ser notada. Primeiro, você precisa de atenção. Uma vez que a tenha, todas as razões de você ser melhor que todos em seu ramo têm um impacto.

A coisa diferente (lá vem essa palavra de novo) sobre o sistema do marketing Seja Diferente é que ele começa com atenção. Você encontrará livros incríveis, sistemas e estratégias — incluindo alguns que eu recomendo, enfaticamente recomendo, tais como: *StoryBrand* [edição em português pela Alta Books], de Don Miller; *The 1 Page Marketing Plan* [O plano de marketing de 1 página, em tradução livre], de Allan Dib; *A vaca roxa*, de Seth Godin, e *Duct Tape Marketing*

[O marketing que gruda, em tradução livre], de John Jantsch — e sua empresa se beneficiará grandemente ao usá-los. Este livro, entretanto, é diferente (tchan, tchan, tchan, tchan). Neste livro, trata-se de dominar os milissegundos iniciais em que, ou você conquista os olhos dos prospectos, ou não. Sem globos oculares nela, uma mensagem atrativa não faz nada.

Agora, uma vozinha na minha cabeça pode estar dizendo: "Sim. Mas, Mike, caro Mike, nossas coisas são as melhores. Nossas coisas são, de fato, as melhores." Veja, não brigarei com a voz sussurrando na minha cabeça. Você pode ser o melhor! Mas ser o melhor não o fará conseguir a atenção de que precisa para gerar leads na hora que quiser. Ser o melhor ajuda no boca a boca, mas fazer marketing de maneira diferente o coloca no controle do fluxo de leads.

Além de um produto ou serviço "melhor"— ou "boníssimo" —, há outro "íssimo" que o *ajudará* a ser notado. Ele é a mensagem ou o posicionamento que ninguém mais pode revindicar. É a Técnica de Marketing Superlativa.

O mercado de molhos de pimenta é competitivo, para dizer o mínimo. Ao considerar algum deles para um jantar que organizamos, encontrei nos EUA mais de 120 marcas, não incluindo seus incontáveis sabores. Ao todo, uma rápida busca rendeu mais de 500 molhos. Havia Torchbearer, Angry Goat, Bravado, Puckerbutt, Tahiti Joe's, Iguana, Original Juan, Ring of Fire, Ghost Scream, Crazy Jerry's, Bone Suckin' Sauce, Lottie's, Blind Betty's, Ole Smoky, Stubb's, Texas Pete e Tabasco. A menos que você seja um verdadeiro conhecedor de molhos de pimenta, provavelmente reconhece algumas dessas marcas. Provavelmente Tabasco, o titular do mercado de molhos de pimenta. Eles são o padrão quando se apresentam de forma esmagadora. Para vencê-los, você tem que comercializar de maneira diferente. Todas as outras marcas são diferentes, muitas são melhores que

Diferencie-se para Chamar a Atenção

o Tabasco, e algumas são categoricamente ótimas. Mas nada disso importa a não ser que se tenha uma estratégia de marketing melhor. E isso é exatamente o que Frank's RedHot fez.

Fundada em 1918 por Jacob Frank, a RedHot fez um molho picante suave. Você provavelmente não cresceu o comendo, mas deve ter ouvido falar da genial campanha de marketing deles. É tão bem-sucedida, que, na ocasião em que este livro era escrito, Frank ainda veicula regularmente comerciais de TV e rádio. O comercial apresenta "Ethel", uma idosa *foodie* [viciada em comida] que não tem papas na língua. Quando Ethel é perguntada sobre Frank's RedHot, ela diz: "Eu coloco essa m*rda em tudo." Apenas imagine sua velha avozinha dizendo isso.

Uma vovó falando sobre molho de pimenta e dizendo que ela coloca essa m*rda em tudo é diferente. Uma voz gentil de pessoa idosa falando como uma caminhoneira. Isso é diferente. Essa é a coisa *maluquíssima* do espaço do molho de pimenta. Frank's RedHot acertou em cheio no melhor, e eu, em vez de fazer a aposta segura padrão Tabasco, comprei Frank's RedHot. Foi comercializado de maneira diferente, então eu notei. Comprei pelo íssimo. Para ser sincero, não coloco essa m*rda em tudo, mas sabendo que Ethel diz que eu posso, compro mais.

O íssimo é o superlativo de algo. Seu marketing pode ser maluquíssimo ou estranhíssimo ou divertidíssimo. Ou pode ser honestíssimo ou profundíssimo. Ele simplesmente precisa ser o maior em sua categoria. Extremos são notáveis e memoráveis.

É provável que você consiga identificar o momento de sua vida em que sentiu mais frio. Para mim, foi quando fiz o famoso Mergulho do Urso Polar, em Coney Island. Você pode se lembrar do tempo em sua vida no qual ficou mais doente. Pode se lembrar da maior realização que teve. As maiores férias que teve. Isso tudo são íssimos únicos.

Mas é difícil se lembrar das centenas de vezes que ficou com "muito frio" nos últimos vinte anos. Ou das incontáveis vezes em que pegou um resfriado forte. O mais — o íssimo — é marcante. É lembrado. Os "quase", os "perto de" e os mais ou menos são ruídos de fundo e logo esquecidos. Se você quer que seus prospectos o notem e se lembrem de você — e por tudo que há de sagrado, você o fará —, então pode usar o íssimo para realizar isso.

Qual é seu íssimo do marketing? Não é algo que eu possa lhe dizer. Certamente, não copiando sua concorrência. É você e somente você que decide. A boa notícia é que encontrá-lo é realmente simples. Aqui está como você começa.

Uma simples busca na web por "palavras que terminam com íssimo" resulta em inúmeras palavras, as quais satisfariam até mesmo os *pedantíssimos* dos escritores. A seguir, algumas das minhas favoritas; quase uma por letra do alfabeto. Mas o negócio é o seguinte: enquanto passa pela lista, pergunte a si mesmo o que é uma amplificação de quem você já é naturalmente. E, se está no departamento de marketing, qual íssimo mais representa uma ampliação dos valores de sua empresa? O Frank's RedHot é uma amplificação ao ser incontritíssimo. A amplificação do Savannah Bananas é ser o time de beisebol divertidíssimo do mundo. Seu melhor íssimo é o máximo de você.

Alegríssimo

Bronzeadíssimo

Cafoníssimo

Dulcíssimo

Esquisitíssimo

Fatalíssimo

Grandíssimo

Importantíssimo

Justíssimo

Lindíssimo

Magríssimo

Novíssimo

Ousadíssimo

Puríssimo

Queridíssimo

Raríssimo

Simplíssimo

Tenríssimo

Urgentíssimo

Vastíssimo

Xerico-íssimo. (Eu também não sei o que isso significa, mas meu filho ambientalista, Tyler, disse isso durante uma caminhada, então deve ser real.)

Zuretíssimo

Quais dessas ou alguma outra palavra com íssimo poderiam ser consideradas como seu ângulo de marketing único? Sem mudar nada no que você faz, como pode agora descrever seus méritos de maneira diferente usando o íssimo? Crie sua própria lista de íssimos a partir do exercício "seu diferente" que fez no final do Capítulo 2. Seus melhores íssimos (diga isso dez vezes rapidamente) estão lá. Compartilhe a lista com sua equipe. Quais palavras com íssimo descrevem sua empresa de maneira diferente? Quais palavras com íssimo amplificam o que sua empresa já é? Uma vez tendo descoberto isso, qual mídia (isto é, campanhas de e-mail, correspondências, telefonemas, exposições, tatuagens) poderia mostrar essa qualidade? Como pode refinar sua mensagem para ter certeza de que seus prospectos ideais percebam o seu íssimo?

Misture

Para Fazedores Diferentes, você tipicamente quer — *epa, aguenta aí!*

Espere um segundo.

Antes de eu continuar, quero que perceba que acabamos de ter um momento. Eu e você. Um momento! Percebe que somos oficialmente Fazedores Diferentes agora? Isso é um assunto sério, e aqui está a prova: o que o DAD significa? Certo! "Diferenciar" ("Diferente" também é aceitável), "Atrair" e "Direcionar". Na mosca. Mais um teste: qual pergunta você faz a cada anúncio publicitário o tempo todo? Certo! "O DAD aprova?" Você nunca verá o marketing da mesma forma de novo, graças ao seu DAD. Ah! Além disso, você entende todas as minhas piadas internas, minha mais nova alma gêmea do marketing. Sim, nós somos meio que almas gêmeas agora.

Chega de criar laços, voltemos ao trabalho.

Como um Fazedor Diferente, você tipicamente quer estudar como seu setor de atividade está fazendo marketing no momento para que possa evitar o mesmo e ignorável barulho. Com a técnica da Mistura, você quer estudar pessoas fora de seu ramo para comercializar, ao menos em parte, da maneira como elas fazem. O que já está acontecendo para outra comunidade tem potencial para ser novo e diferente na sua. Então, quando estudar marketing, sempre — eu quero dizer SEM-PRE —, *o tempo todo,* estude como as pessoas comercializam fora do seu mercado. É a oportunidade para lucrar. Uma das melhores maneiras de ter certeza de que não se alinhará com seu concorrente é se alinhar com um ramo de marketing completamente diferente. É a melhor forma de C e D. Você sabe, Copiar e Duplicar.

Eu sou velho o bastante para me lembrar de quando os bancos começaram a adicionar uma janela de drive-through. De onde você acha que eles tiraram essa ideia? Dos restaurantes de fast food. Agora veja, isso é uma mudança no serviço, mas você pode aplicar a mesma técnica da mistura ao marketing atual. Por exemplo, o McDonald's usou brinquedos como uma poderosa ferramenta de marketing. As crianças imploravam à mãe ou ao pai para ir ao McDonald's apenas pelos brinquedos de plástico barato. Vernon Hill, fundador do Commerce Bank, usou uma técnica de marketing similar. Notando a frequência com que os cães, não as crianças, andavam no banco da frente, Hill mandou sua equipe distribuir guloseimas para cães aos clientes que vinham ao drive-through. Agora não era o garoto que enchia para ir ao McDonald's, eram os cães com treinamento de condicionamento clássico latindo e babando quando passam por um Commerce Bank. Hill vendeu o banco, em uma transação avaliada em US$8,5 bilhões, para o TD Bank em 2008.

Vamos fazer algum marketing de mistura para seu negócio e colocar os próximos US$8,5 bilhões no *seu* bolso. Digamos que você tem uma fábrica de aspiradores de pó. A maioria do marketing para aspiradores de pó é na televisão — o infomercial de meia hora no qual dois atores aspiram todos os tipos de coisas estranhas que provavelmente nunca acabariam no seu chão, a não ser que você vivesse nos fundos de um estúdio de infomercial. Quero dizer, quem derrama arroz seco no chão, joga vinho tinto nele, salpica terra e põe uma cereja em cima? O cara dos paninhos de limpeza, é ele! Até agora você já aprendeu que *não* tentará fazer um infomercial melhor que mostre como seu aspirador pode sugar coisas ainda mais estranhas. Não. Você será diferente. Assim, você vê como outras empresas de diferentes segmentos comercializam as coisas delas para se inspirar.

Vamos pegar os produtos farmacêuticos. Nós todos ouvimos a longa lista dos mortais efeitos colaterais no final do comercial, narrado alegremente sobre uma imagem de uma pessoa correndo por um campo de margaridas. Eu sei do que estou falando: uma jovem mulher gira em um campo e joga seu filho no ar, enquanto o narrador diz: "Pode causar graves ataques cardíacos repentinos. Pode fazer suas entranhas virarem um guisado fervente. Mas, ó, você nunca mais terá olhos secos." A partir dos comerciais deles, você poderia criar uma paródia e vir com os "efeitos colaterais" hilários de usar seu aspirador. Pode fazer com que a sua sogra o abrace. Pode inspirar seus filhos a ajudarem nas tarefas domésticas — algo conhecido por encontrar os brincos que a amante do seu marido deixou para trás. Viu só? Muito engraçado. Mas *esse* comercial seria notado.

Outra versão incrível da técnica da mistura é chamada de Profissão Escolha. É uma versão estendida de uma das sugestões de "desemperrar" o exercício da Mina de Ideias. Considere como os seguintes tipos de pessoas podem ser abordados no marketing de sua oferta:

Sua mãe, avó ou sogra

Líderes religiosos

Comissários de bordo

Tarzan (Lembre-se, ele sabe muito poucas palavras, mas ainda é muito "carismático"... quando está sem camisa, ou assim diz minha esposa.)

Lutadores de MMA

Salva-vidas

Pilotos

Bartenders

Fazendeiros

Apresentadores de TV

Dançarinas exóticas

Bibliotecários

Palhaços

E o cada vez mais raro bibliotecário palhaço dançarino exótico

Técnicas de mistura desbloqueiam partes de seu cérebro que você nem sabia que tinha. Tente isso em um grupo e veja o que surge — mas pule o bibliotecário palhaço dançarino exótico. É estranho demais. E se isso não é estranho demais para você, acho que acabou de encontrar seu íssimo. *Você* é o esquisitíssimo.

Mude o Rótulo

Se eu lhe disser que sou um advogado, posso fechar minha matraca aqui e ali. Você sabe o que um advogado faz. É um rótulo comum e estabelece seu ponto de vista de forma rápida e eficiente. O problema é que o rótulo pinta um quadro instantâneo na mente de seu prospecto. Um quadro comum e padrão. Um advogado é um advogado. Mais um ruído comum; assim, apenas por dizer o que faz, você instantaneamente coloca a si mesmo em uma zona de produto marginalizado. Até mudar esse rótulo, na mente do prospecto você é mais do mesmo — imperceptível. Um motorista de caminhão é um motorista de caminhão. Um paisagista é um paisagista. Um personal trainer é um personal trainer. E um contador é um contador. Até que eles não sejam.

Martin Bissett é o fundador da Upward Spiral Partnership, uma firma de consultoria especializada em ajudar profissionais de contabilidade a conseguir mais clientes. Embora ele mesmo seja um contador, não usa esse rótulo. Em vez disso, diz ser um "Parceiro de Conhecimento". Agora ele não compete com outros contadores ou com os sempre populares "conselheiros confiáveis" de seu ramo. Ele é um show de um homem só, o único Parceiro de Conhecimento (PC, para abreviar) por perto. Um rótulo diferente é a maneira mais rápida e mais libertadora de diferenciar a si mesmo do resto da concorrência. Não há necessidade de ser radical ou extremo, apenas vastamente diferente da maioria.

Qual rótulo você poderia usar que é diferente dos rótulos comuns de seu ramo? Algumas palavras de advertência: títulos pomposos falharão porque são comumente usados. A Rainha das Mídias Sociais ou o Czar da Contabilidade ou o Melhor Hambúrguer do Mundo já foram usados um bilhão de vezes. Não faça o comum. Faça o novo. Seja Diferente.

Encontre Opostos e Brechas

Opostos e Brechas é uma técnica simples que pode gerar algumas das melhores ideias de marketing diferente. Primeiro, faça uma lista dos aspectos padrão de sua oferta e de seu ramo. Você pode puxar pontos-chaves do exercício Ordinário e Obscuro. O que é padrão em seu segmento a respeito de como você comercializa, entrega sua oferta e fala sobre seus negócios?

Daí então considere quais são as regras de seu ramo. O que todos fazem (ou não fazem), sem questionar? O que *nunca* é permitido? O que é esperado? O que é um atributo?

Depois, olhe para cada padrão em sua lista, pense no oposto de cada regra e pense na brecha. Tomar a abordagem oposta funciona para seu estilo de marketing Seja Diferente? Será que sacudir a brecha faria você ser notado?

Eu mesmo usei essas técnicas com grande efeito. Notei que era extremamente difícil listar meus livros ao lado de meus contemporâneos na Amazon. Seria uma rara ocasião o algoritmo da Amazon exibir meu livro como uma sugestão quando você olhava para, digamos, *Fora de série,* de Malcolm Gladwell. Mas encontrei uma brecha.

A Amazon tem uma seção chamada "Vídeos deste produto" na página próximo à seção da biografia do autor. Dos milhões de olhos olhando para o livro todos os anos, alguma parcela rola a página para baixo para ler mais. E ao fazer upload da minha resenha sincera sobre o livro de Malcolm Gladwell, agora consigo sessenta segundos ou mais da atenção dos leitores. E, você não é capaz de suspeitar, estou no meu escritório com meus livros orgulhosamente ostentados na prateleira. O espectador vê uma demonstração única dos meus livros atrás de mim (Diferenciar), enquanto conseguem o conteúdo que procuram (Atrair) e o gatilho para investigar esses outros livros por causa da curiosidade (Direcionar).

E, veja só: acabei de compartilhar uma de minhas estratégias Seja Diferente com você e com todos que leem este livro. O "risco" que corro é o de que você e outros leitores, que também vendem coisas na Amazon, repliquem o processo. Isso diluirá meus vídeos. Mas sabe de uma coisa? Tudo bem. Esse é o jogo. Todos esses vídeos apagarão uns aos outros e se tornarão ruído de fundo. Até que isso aconteça, continuarei a manter meu vídeo de estratégia Seja Diferente na Amazon. Quando isso acontecer *de verdade*, estarei usando estratégias que descobri em outros Experimentos Seja Diferente.

Pense Como um Repórter

Uma das principais estratégias que Jesse Cole e sua equipe usam para apresentar ideias é pensar como um repórter. "Quando examinamos as ideias, uma das primeiras perguntas que nos fazemos é: 'Isso merece ser publicado? É uma história em si?' Se a resposta é sim, a tentaremos." O grande exemplo disso é a história que abriu este capítulo — a nomeação do Savannah Bananas. Isso foi apenas diferente o bastante, apenas controverso o suficiente para chamar a atenção da grande mídia *e* de mídias sociais (mais sobre isso no Capítulo 5). É importante ressaltar que foi atraente para as pessoas certas. E a diretriz está incorporada: ficar curioso, ir para o site do Savannah Bananas, ver o que está acontecendo e falar para os amigos sobre esse nome maluco para um time de beisebol.

Jesse rapidamente deu prosseguimento a essa estratégia com outra ideia digna de notícia: os Bananas anunciaram a mascote de sua equipe — Split — em uma escola de ensino fundamental local. Eles sabiam que a mídia local apareceria para uma grande festa de abertura; centenas de crianças enlouquecidas por um cara com uma fantasia de banana é apenas uma boa propaganda de TV. Jesse tem um dom para esse tipo de coisa e, ao longo dos anos, conseguiu chamar a atenção da mídia em todo o mundo. Os Bananas têm sido o time com mais aparições de times de beisebol da segunda divisão ou de elite na ESPN — de todos os tempos. E esse tipo de atenção gerou retorno sobre o investimento. Por exemplo, quando o segundo mandato do presidente Barack Obama chegou ao fim, os Savannah Bananas publicamente lhe ofereceram um estágio. Como isso chamou a atenção da mídia para o time, eles venderam mais produtos naquele dia que em qualquer outro daquele mês — e se estava fora da temporada.

Quando fizer uma lista de brainstorm de suas próprias ideias, pense como um repórter. O que chamaria a atenção da mídia? Uma história boa e única. Uma história com ilustrações inesperadas. Uma história com resultados inesperados. Qualquer abordagem que puder ser notada pela mídia com certeza o ajudará a ser notado pelos seus prospectos ideais, mesmo que os meios de comunicação não percebam.

Diga "Sim, e..."

Você já viu a série de TV *Whose Line Is It Anyway?* É um programa hilário no qual atores treinados em improvisação pegam sugestões do apresentador ou da plateia e inventam cenas — e algumas vezes músicas — na hora. Improvisação é uma forma de teatro ao vivo sem roteiro no qual a maior parte do show é criada espontaneamente e de forma colaborativa. Uma de minhas cenas preferidas é quando dão aos artistas um objeto, como um ancinho ou uma bola de praia, e eles têm que alternar ideias rapidamente para o que mais esse item poderia ser. Um brinquedo de espuma de piscina se torna um telefone, uma bazuca, um bigode. Simplesmente ao se perguntarem "O que mais isso poderia ser?", eles surgem com diferentes interpretações de uma coisa trivial.

Isso parece ser um jogo fácil, mas os atores *poderiam* estragar tudo — se questionassem suas próprias ideias ou as de outro ator. Você vê, na essência da improvisação está a vontade de pegar o que lhe é dado e se relacionar a ela, aceitá-la e se aprofundar nela. É uma regra da improvisação chamada "sim, e..." Ela permite que o fluxo de ideias continue e é a razão pelo qual é tão divertido assistir — e fazer — improvisação. Se, em vez disso, um ator dissesse "Sim, mas...", isso interromperia o fluxo e mataria a cena. No momento em que você questiona a si mesmo ou a outros, acabou. É como uma dobra na mangueira que reduz a velocidade do fluxo contínuo de água a um pingar decepcionante.

Minha esposa, Krista, e eu tivemos uma aula de improvisação na Escola de Artes Dramáticas de New Jersey. Após assistir a uma performance perfeita dela do Drácula lendo a letra da canção infantil "Little Miss Muffet" para um grupo de alunos do jardim da infância, nosso instrutor, Bob Sapoff, me lançou um cenário.

"Você é uma formiga levando seu cachorro para passear na floresta. Vai!"

Uma formiga? Uma droga de uma formiga? Eu esperava algo pelo menos *parecido* com humano. Um zumbi, talvez. Ou um gigante. Não um inseto de seis patas com um bundão.

Em vez de seguir a regra de ouro da improvisação, "sim, e...", fiz "bem, mas..." Eu não queria engatinhar pelo chão e fingir ser arrastado pela floresta por um cachorro, então fiz a minha formiga gigante. Reajustei a formiga para corresponder ao que eu já havia previsto. Neguei a ideia. Falhei em seguir com o fluxo.

Assim que Bob percebeu que minha formiga seria do tamanho da minha tia, ele disse: "Não faça isso. Nãoooo faça isso." Fiz do mesmo jeito. Nada conseguiria me salvar de mim mesmo. A cena não funcionou. O cachorro fazendo xixi na minha megaformiga foi a falha conclusiva. Eu havia literalmente criado uma formiga mijona. Patético.

Em segundos, a improvisação tinha acabado, e sentei em minha cadeira envergonhado porque havia arruinado a oportunidade — e porque minha esposa mantém o direito de se gabar pelo resto de sua vida de Drácula Muffet.

A regra do "sim, e…" exige que você desenvolva o que tem. Teria sido muito melhor se eu tivesse ido com a formiga andando com o cachorro e talvez dado àquela formiga um complexo de Napoleão. E talvez imaginado que seu cachorro fosse um dogue alemão. E então tocado a cena, agarrando-se a uma coleira como se não houvesse amanhã enquanto gritava comandos. Sim, sim, sim. Podia, devia, seria.

Enquanto você faz brainstorm de ideias de marketing diferentes, lembre-se de ficar receptivo. Não ignore um conceito com sua própria versão de "bem, mas…" ou "isso não funcionará porque…" ou "nós já tentamos isso". Seu instinto muito humano de tentar se encaixar e se adaptar ao que se espera pode dominá-lo, e então, antes que se dê conta, você cairá no esquecimento. Debata possibilidades, sem julgamento ou modificação. Faça um cartaz publicitário transparente. Use o marketing olfativo para promover seus serviços profissionais. Faça com que seus frentistas se vistam com trajes antiquados e prestem um serviço compatível com a vestimenta. Seja a pequena formiga sendo levada pelo vento pelo megacachorro e veja aonde isso o leva. A vista desse ponto de vista privilegiado é incrível.

Abra Espaço e Tempo para o Diferente

Na sala dos fundos de nossos escritórios em Boonton, Nova Jersey, você reparará uma placa onde se lê "O Laboratório dos Loucos". Esse é o marco zero para fazer acontecer o marketing diferente na minha empresa. É minha fonte de inspiração, ideias e de questionar o *status quo*.

Para entrar no clima, colocamos um manequim vestido com um jaleco, ao qual adequadamente demos o nome de Abby Normal,* no canto da sala. Os jalecos sobressalentes aguardam qualquer um que entre. Todos nós nos comportamos de maneira diferente quando vestimos uma fantasia, então, por que não? Uma parede é coberta por material de quadro branco. Uma placa de cortiça gigante fica pendurada em outra parede. Outra, ainda, é revestida com papel de parede com inúmeras palavras aleatórias. Outra parede tem um sistema de prateleiras para colecionar e guardar ideias de outras empresas, marcas — qualquer pessoa. Uma mesa fica no centro da sala, onde discutimos ideias ao redor de uma lâmpada de lava. O tapete é uma ilusão de ótica sinuosa, há um globo de luz pendurado no teto, e Sr. e Sra. Cabeça de Batata se movem inesperadamente pela sala e são colocados em posições comprometedoras, como um Elfo na prateleira proibido para menores.

Não importa quanto espaço você tenha, se trabalha em casa, em um cubículo, em seu carro, em um escritório agradável ou em um almoxarifado enorme, crie sua própria versão do Laboratório dos Loucos. Abra espaço para ideias criativas e incomuns aparecerem do nada, crescerem e prosperarem. Até mesmo um cestinho com canetas coloridas, blocos de notas e estranhos *fidget toys* [brinquedos sensoriais] o lembrarão de abrir espaço e tempo para o diferente. Considere o cestinho como seu kit de laboratório do Experimento Seja Diferente.

---

* Um agradecimento a Mel Brooks e equipe que criaram um dos filmes mais divertidos de todos os tempos, *O Jovem Frankenstein*.

Mantenha-se Fiel a Quem Você É

Eu tenho um senso de humor bobo que nem todos entendem. Gosto de trocadilhos, humor escatológico e coisas de comédias malucas, tipo Capitão Óbvio [nome genérico de todos aqueles que, como diz o nome, só dizem obviedades]. Algumas de minhas piadas decepcionam (#ai). Reconheço que algumas delas são muito ruins (#duploai). Entendo — piadas diferentes para pessoas diferentes. Não é nada de mais se um amigo acha algo engraçado e você não. Como um autor, no entanto, meu senso de humor único pode estragar a visão de um leitor sobre mim. Muitos de meus leitores adoram. Algumas vezes meu humor desliga o leitor do tipo "a vida é curta demais para rir", mas eles se esforçam, porque precisam do conteúdo para ajudar a salvar ou expandir seus negócios. Mais vezes do que posso contar, fui desafiado por não ser "sério o suficiente" para escrever sobre rentabilidade, sistematização, crescimento orgânico, e assim vai. Com menos frequência, meu estilo enfurece leitores. Digo, eles não gostam dele *meeeeeesmo*. Eles são estranhos, só que não; isso me atinge.

Como todas as pessoas neste planeta, sofro com o medo da rejeição. Quanto *eu* é demais? Quase todos os livros de negócios que li são mortalmente sérios e, com toda a franqueza, apesar do seu conteúdo perspicaz, podem ser um festival de bocejos (para mim). Meu coração grita para tornar a experiência da leitura divertida, mas posso ficar muito temeroso de ir fundo, de ir em frente e continuar sendo quem sou devido à preocupação de que meus leitores vão embora.

Esse medo do risco de ser "Mike demais" me veio à mente quando compareci a uma festa na casa de um autor muito popular. Embora o trabalho dele seja tendência, sua comunidade principal é uma população específica com crenças específicas. Foi uma festa ótima, e eu estava muito impressionado com a gentileza e hospitalidade do autor.

Um pequeno grupo nosso encerrou a noite com uísque antigo e charutos finos. Até mesmo nosso amigo dos charutos baratos ficaria impressionado. Então, quando estávamos, na saída, prestes a tirar uma foto do grupo, o autor disse: "Um momento. Preciso esconder o uísque. Minha comunidade não vai gostar disso."

"Nossa", pensei. "Esse cara vende uma quantidade enorme de livros. Talvez eu precise repensar como comercializo a mim mesmo. Talvez colocar uma persona de fachada realmente ajude. Talvez o diferente signifique ser diferente de quem você realmente é."

Sim, esse pensamento durou cerca de dois segundos; e então balancei a cabeça. Eu estava furioso.

Furioso comigo mesmo por ter pensado nisso. Esse autor, que havia vendido e continua a vender uma cacetada de livros, fazia marketing de maneira que não era fiel com quem ele realmente era. Se estar na primeira divisão exige que eu seja uma grande farsa, pequena farsa ou um tipo de falso intermediário, bem, isso simplesmente não funcionará para mim. Veja, eu não estou tentando ser o dono da verdade sobre esse autor. Mas *julgarei* a mim mesmo por fingir ser alguém que não sou. Eu sou quem sou. Sua oportunidade de comercializar de maneira diferente é para simplesmente ser mais você, genuinamente.

Aparentemente, você pode fingir e ainda se dar bem. Mas então terá que ter uma vida dupla, esconder aspectos de si mesmo das pessoas para quem trabalha. Essa desconexão sempre estará lá.

Compartilhei esse caso do uísque com você porque queria que visse que, algumas vezes, eu também tenho medo de ser diferente. É claro que desejo que o mundo me veja favoravelmente. Nenhum de nós quer enfrentar críticas por fazer algo que as pessoas não aprovem. Porém, não posso viver com minha própria crítica de mim mesmo por me comportar como alguém que não sou. O risco da autenticidade vale a pena. Mais do que isso, ele é necessário. Ser hipócrita com sua comunidade é um risco muito maior. É o risco de eles descobrirem e você ter que ir na TV e dar aquela grande desculpa televangelista, chorando e soluçando entre as palavras: "Sou um pecador. Sou um pecador." Ou ainda pior, o risco de sair impune à medida que perde sua alma lentamente.

Enquanto escrevia este livro, recebi um e-mail de Skylar Bennett, dono do Tough Apparel [uma loja online], que havia lido um de meus livros. Lia-se na segunda linha do e-mail: "Não tenho certeza se já ri e chorei tanto, simultaneamente, durante as primeiras trinta páginas de qualquer livro, em toda minha vida." Sim, está bem. Mensagem recebida. O Boboca do Mike-de-merda pa-ra sem-pre!

Faça diferente. Seja consistentemente e assumidamente você. As pessoas que precisam de você serão eternamente gratas por isso. E as pessoas que não precisam de você? Elas serão gratas por não terem comprado uma farsa.

~~~~~~~~~~

Ernestina Perez precisava de quinze clientes novos para atingir sua meta de faturamento e não tinha ideia de como consegui-los. Melhor dizendo, ela não tinha nenhuma ideia *nova* de como consegui-los.

Terapeuta em Chicago, em maio de 2019 ela começou uma clínica, a Aconselhamento Artístico. Na época, ela trabalhava em tempo integral em uma prática diferente e com seus clientes particulares aos finais de semana.

Em julho, ela trouxe seu primeiro funcionário, outro terapeuta. Para manter um fluxo estável de clientes, contava com o Zocdoc, um serviço de geração de leads que cobrava US$3 mil por ano, por terapeuta.

"Descobrimos que a maioria dos clientes nos procurou porque éramos latinos", me contou Ernestina em uma entrevista para este livro. "Falamos espanhol e entendemos a cultura latina. Eles podiam se identificar conosco."

Na primavera de 2020, Ernestina mudou o nome de sua clínica para Latinx Talk Therapy. Ela queria ter um impacto maior na comunidade, o que significava que desejava expandir. Adicionar quinze novos clientes daria a ela e a seu funcionário uma carga completa e fluxo de caixa suficiente para fazer sua próxima contratação.

Seus clientes ideais são pessoas latinas que nasceram nos EUA ou que imigraram quando eram muito novos, tendo então que adotar a cultura norte-americana. Para muitos, suas famílias falam espanhol em casa e é a primeira vez que alguém de sua família faz terapia.

"Eu não sabia como conseguir clientes latinos. Apenas tive a sorte de que eles ocasionalmente me encontraram", ela explicou. "Nós não os conseguiríamos através do anúncio pago na *Psychology Today* ou no Zocdoc. Eu me perguntava: 'Onde vou conseguir todas essas indicações?' Eu não tinha visto outro consultório particular que fosse especializado em um grupo específico de pessoas. E não poderia seguir um sistema que funcionasse para outra clínica especializada. Como crescer sem saber como fazer isso?"

Naquela primavera, Ernestina se juntou a um grupo de empreendedores em uma de minhas sessões Seja Diferente. Ela se voluntariou para ser uma cobaia para o exercício da Mina de Ideias. Após ter declarado seu público-alvo para o grupo, desligou o vídeo do Zoom, silenciou seu microfone e furiosamente tomou notas enquanto outros empreendedores do grupo compartilhavam ideias sobre como comercializar o negócio dela de forma diferente, o que desencadeou suas próprias ideias. Ao final de vinte minutos, ela tinha quarenta novas estratégias para comercializar sua clínica imediatamente.

Quando compartilhou sua lista comigo, a desafiei a tentar um Experimento Seja Diferente para testar uma das estratégias. Eu a encorajei a começar com vídeo, porque (1) era incomum a terapeutas fazer isso, (2) custava muito pouco (ou nenhum) dinheiro para criar e exigia pouco tempo. A chave para Ernestina, e para você, é começar e desenvolver o músculo do marketing diferente imediatamente. Para começar, faça o marketing diferente, de pequenas maneiras, de baixo custo e de baixo esforço. O maior obstáculo que enfrentará é a "coragem" para fazer diferente. E o objetivo é testar a um baixo custo e com baixo esforço para provar que funciona (ou não).

"Eu estava falando com minha irmã sobre fazer vídeos que poderiam ser diferentes", Ernestina me contou. "Ela assiste um programa de TV a cabo chamado *90 dias para casar*, e ela disse: 'Por que você não presta aconselhamento para os casais do programa?'"

Ernestina nunca tinha visto o programa, e quando o assistiu, entendeu o potencial. Em um episódio em particular, um homem norte-americano e uma mulher colombiana estavam em conflito devido a diferenças culturais. Um minuto depois, a cena irrompeu em uma briga, e a mulher jogou um copo de água na cara do homem.

"Quando assisti, entendi de onde a garota colombiana vinha. O noivo dela era um machista", disse Ernestina. "Minha irmã me perguntou como eles poderiam transformar um relacionamento com problemas em um saudável, e eu disse: 'Ah, *isso* eu posso fazer!'"

Ela gravou um vídeo dela mesma assistindo o casal discutir e compartilhou opiniões sobre como lidar melhor com essas questões: "Therapist Reacts — *90 Day Fiancé* Jennifer and Tim." Deixe-me contar, esse vídeo é hilário. Assistir Ernestina tentar manter o decoro profissional quando uma mulher joga água na cara do namorado — fascinante. Ela postou o vídeo no Instagram.

"Eu não sabia como o vídeo se converteria em terapia. Os terapeutas devem ser ouvintes profissionais e moderados. Isso exigiu que eu fosse eu. E tinha medo de que alguém assistisse ao vídeo e ficasse desapontado por eu fazer uma análise em um reality show", ela explicou. "Mas, com certeza, as pessoas me viram, perceberam que precisavam de ajuda com os momentos em que suas emoções as venciam e ligaram para marcar consultas."

Sua atuação no *90 dias para casar* teve quase 25 mil visualizações em uma semana. Seu vídeo comercial padrão explicando seus serviços teve menos de 600 visualizações desde que foi postado, há mais de um ano. Ela planejou criar mais vídeos de "Therapist Reacts", mas parou porque havia excedido sua meta com um vídeo. Um vídeo de teste, nada mais. Sua clínica recebeu 31 indagações de pessoas que assistiram ao vídeo, e ela agendou 23 clientes novos — 8 a mais do que precisava.

De acordo com o Departamento de Estatísticas Laborais do Labor's Bureau dos Estados Unidos, mais de 552 mil profissionais de saúde mental atendem nos EUA hoje. Ernestina é uma em um milhão. A matemática tradicional sugere que as probabilidades de sucesso estão contra ela. Aqueles que escolhem quatro números aleatórios na loteria têm melhores chances de acertar do que ela.

Contudo, dentro de uma semana após fazer um Experimento Seja Diferente, Ernestina alcançou uma meta de crescimento com a qual lutou desde o início de seu negócio. Ela expandiu sua equipe, sua lista de clientes, o reconhecimento de sua marca e tem planos de desenvolver uma clínica em grupo para cumprir sua missão. Ela serve a uma comunidade que precisa dela, porque eles a veem agora. Ela assumiu a responsabilidade de comercializar de forma diferente para que possa servir de maneira excepcional. E não teve que mudar radicalmente seu negócio ou gastar uma fortuna com ajuda de marketing. Ela teve êxito ao tentar uma abordagem diferente.

Você também deve assumir o controle completo de sua própria geração de leads. Como já aprendeu, o boca a boca é ótimo, mas não se pode controlá-lo, pois se está dependente dos clientes, esperando que eles o promovam. Isso não é controlável, é desordenado. Pagar por leads, como Ernestina fez, o coloca diante de um pequeno grupo de pessoas que são solicitadas por um grande grupo de concorrentes; pode funcionar, mas pode ficar muito saturado e muito, muito caro. E com listas pagas você fica à mercê do algoritmo, dos modelos e das regras daquele site.

Publicidade paga é a multa por não ser diferente, e a falta de perspectivas consistentes é sua sentença de prisão.

Por que a abordagem gratuita de Ernestina funcionou mais do que o serviço de geração de leads testado, aprovado e caro que ela havia utilizado? Funcionou porque era diferente para aquele mercado. Diferente o suficiente para conseguir atenção imediata do público desejado, empático o suficiente para mantê-los engajados *e* convincente o suficiente para fazê-los contactá-la. Esse é o poder do diferente; ele simplesmente precisa ser diferente no contexto das pessoas que o veem. Sim, existem milhões de vídeos por aí, com todos os tipos de coisas. Mas para a comunidade latina que procura por um terapeuta, assistir a um vídeo como o de Ernestina era diferente. Portanto, ela vence.

Por que a campanha de marketing do Reddit funcionou, mesmo que tenha custado somente US$500 — para adesivos? As pessoas colaram o logotipo do alienígena sorridente da empresa em notebooks e postaram fotos nas mídias sociais. Na época, usar adesivos era radicalmente diferente *da maneira* que sua comunidade pretendida adorava. Agora, notebooks estão cobertos com adesivos, tornando-os imperceptíveis. O Reddit estava entre os primeiros a ter clientes que "desfiguraram" seus notebooks com adesivos. Aquilo era diferente. Aquilo venceu.

Por que o álbum autointitulado de Beyoncé de 2013 a fez ganhar um Recorde Mundial do *Guinness* por mais vendas em menos tempo no iTunes? Porque ela o lançou *sem nenhuma promoção prévia*. Ela o entregou de uma maneira diferente e essa abordagem estava tão fora do padrão, que *se tornou* a promoção dela.

Você não precisa ser Reddit ou Beyoncé para ser diferente. Pode se tornar o próximo Reddit ou Beyoncé ao ser diferente. Não precisa ser superespecial, extremamente criativo ou excessivamente inteligente. Não tem que ser naturalmente bom em brainstorming. Não precisa nem ter experiência com negócios. Na verdade, se achar que não tem noção de marketing, já tem uma boa vantagem sobre aqueles que acham *mesmo* que seu marketing é um de seus pontos fortes. Lembra-se daquele mar de ternos cinza, todos procurando por uma alma gêmea? Todos eles acham que sabem algo especial sobre marketing, quando tudo o que realmente sabem é como comercializar como todos os outros.

Fazer diferente não é para os poucos criativos escolhidos que são abençoados com um estoque sem fim de ideias brilhantes. Você pode aprender como fazer isso. É um processo simples. Essa coisa incrível que trabalhou tão duro para construir, criar, lançar — você *pode* fazer os prospectos notarem. Embora possa parecer arriscado fazer Experimentos Seja Diferente, o único risco real é não fazê-los.

Quando Ernestina fez seu vídeo, estava muito nervosa. "Na época, ainda estava me acostumando a falar em público", contou-me. "No entanto, tive que desafiar a mim mesma, porque minha comunidade precisa de mim. Tive que me apresentar."

Quando ela gravou o vídeo, sentiu como se fosse vomitar. "Pensei: 'E se fizer esse vídeo e as pessoas não levarem a sério?' Eu estaria me sabotando." O maior risco, ela percebeu, não era ser vista como uma piada. O maior risco era não ser vista.

Por ela ter se apresentado, por "tentar a sorte" e ter criado sua própria "narrativa", o nível de confiança de Ernestina para "ser diferente" cresceu — e, assim, suas oportunidades. Desde que postou o vídeo (eu lembro a você, um vídeo — uma porcaria de vídeo), ela tem sido contratada por várias organizações que querem ouvi-la palestrar, incluindo a HispanicPro, uma rede de grupos para profissionais na região de Chicago. E, isto não será um choque: ela fez mais vídeos.

"Agora tenho as habilidades para criar ideias", ela disse. "Conheço as estratégias. Sei que quando fazia algo diferente, a comunidade com que trabalho realmente gostava. Somente tenho que continuar lembrando a mim mesma de que ser notada funciona e fazer isso de novo."

Sente-se como um iniciante? Acha que o marketing não é para você ou que é péssimo nisso? Perfeito. Você está pronto para quebrar "as regras". Mãos à obra.

Sua Vez

Essa é a fase de brainstorm, e é crucial que você esteja aberto a possibilidades nesse estágio. Enquanto analisa este livro, lembre-se de que você não tem que surgir com uma ideia "importante" ou "grande." Pergunte-se o que pode fazer que seja uma mudança simples, mas diferente o suficiente para ser notada, para fazer as pessoas pensarem: "Eu nunca vi isso antes." Comece aqui — com diferentes pequenos e fáceis.

Passo 1: Identifique três meios de comunicação para seu marketing que sejam os mais persuasivos. Aqui está uma lista parcial da qual pode extrair suas respostas:

Jornal

Mala direta

Embalagens

Publicidade externa

Programa de TV ou rádio

Telefone

Site

Link patrocinado

Marketing para mecanismos de busca

E-mail

Mídias sociais

Programas de afiliação

Palestras

Rede de indicações

Boca a boca

Feiras comerciais

Empreendimentos em conjunto

Dica profissional: não selecione sua mídia baseado nas "melhores práticas" de seu ramo ou porque "todos fazem isso". Considere onde vê uma oportunidade de ser diferente.

Diferencie-se para Chamar a Atenção

Passo 2: Comece a gerar ideias de marketing diferentes para a mídia que escolheu. Use técnicas que descobriu neste capítulo para ajudá-lo a começar. Considere uma mídia diferente para seu marketing. Garimpe ideias usando o método do brainstorm em grupo. Identifique os aspectos ordinários e obscuros de sua oferta. Descubra seu íssimo. Misture sua ideia de marketing com uma usada por outro setor de atividade. Mude o rótulo. Encontre Opostos e Brechas. Pense como um repórter e apareça com ideias de marketing que mereçam ser publicadas.

Passo 3: Revise as ideias que criou e escolha sua melhor opção. Qual delas você sente que tem mais potencial, mesmo que o deixe um pouco nervoso? Detalhe como essa ideia será diferente. Como os prospectos notarão seu marketing diferente? Como a mídia será utilizada? Empurre-se para fora de sua zona de conforto, mas permaneça dentro de sua verdadeira zona.

Passo 4: Finalmente, pergunte a si mesmo: "O DAD aprova" sua ideia? Você somente saberá ao certo por meio de experimentos, mas refine sua ideia ao máximo para garantir que é uma oportunidade impossível de ser ignorada e segura, com uma diretiva específica e razoável. Verifique cada elemento do DAD quando estiver confiante que a ideia o alcança.

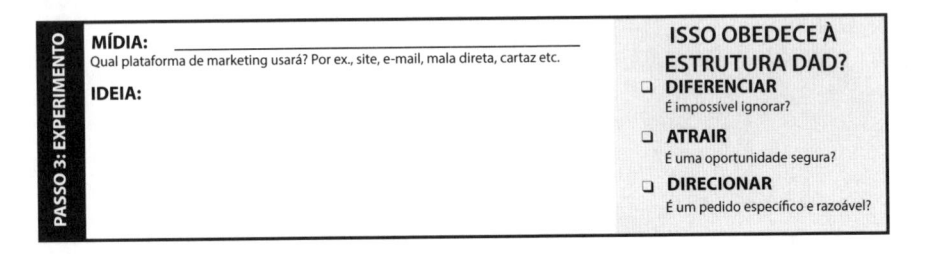

PASSO 3: EXPERIMENTO	
MÍDIA: _____ Qual plataforma de marketing usará? Por ex., site, e-mail, mala direta, cartaz etc. **IDEIA:**	**ISSO OBEDECE À ESTRUTURA DAD?** ❏ **DIFERENCIAR** É impossível ignorar? ❏ **ATRAIR** É uma oportunidade segura? ❏ **DIRECIONAR** É um pedido específico e razoável?

PASSO 3: EXPERIMENTO — O terceiro estágio de um Experimento Seja Diferente, quando o conceito de marketing diferente é proposto e avaliado para concordância com a Estrutura do DAD Marketing.

Minha Vez

Enquanto continuo a trabalhar no meu mais novo Experimento Seja Diferente, já determinei o Quem (leitor), o O Quê (o livro *Seja diferente*) e o Ganho (comprar um exemplar). Também determinei que o LTV de um cliente de US$28 justifica facilmente, na minha mente, um Investimento por Prospecto de US$1. Agora preciso que essa oportunidade Seja Diferente.

Primeiro, analiso minha ideia. Uma campanha de mala direta faria que fosse notada, mas será difícil manter meu investimento abaixo de US$1 por prospecto. O vídeo é barato e fácil. Mas é uma mídia comum para a maioria dos autores do meu gênero. Notei que quase todos os autores têm uma estante de livros padrão atrás deles. E se eu fizesse uma estante de livros radicalmente diferente, algo que ninguém mais tenha, e destacasse meus livros nela?

Uma vez que eu tenha minha ideia, a adiciono na minha ficha do Experimento Seja Diferente:

> Mídia: Todos os vídeos pré-gravados e uma transmissão ao vivo.
>
> Minha ideia: Uma estante de livros inesperada.
>
> Diferenciar: Nesse estágio da construção do experimento, foco no Diferenciar e fazer uma melhor suposição no Atrair e Direcionar. Isso realmente Diferencia, então é verificado. A chave é que "todos" têm uma estante com exibição tradicional. Essa é a única coisa que tenho que evitar. Uma busca por "estantes únicas" rende modelos incríveis. Uma que parece os Estados Unidos, outra que tem letras grandes escrito LEIA (um Direcionar incorporado!), outra que é a lateral de um piano. Todas essas são Diferentes, e acho que todas podem funcionar.
>
> Uma estante diferente parece boa. Agora precisa ser consistente com minha marca e manter as pessoas engajadas na fase de Atração.*

---

* Lembrete: fiz um vídeo detalhando minha estante do Experimento Seja Diferente. Você pode acessar a esse e outros recursos ao visitar gogetdifferent.com [conteúdo em inglês].

Capítulo cinco

~~~~~~~~~~~~~~~~

Atraia para o Engajamento

Levamos uma surra de alguns geeks com fita adesiva nos óculos.

Comecei minha primeira empresa, a Olmec Systems, em 1996. Aos 23 anos, deixei um emprego como um "cara da informática" para abrir meu próprio negócio — como um "cara da informática". Comecei com orçamento nenhum, muito parecido com um dos concorrentes: a Geek Squad. Seu fundador, Robert Stephens, lançou a empresa dois anos antes da minha, com apenas US$200 (Respeito, cara. Esse é meu tipo de startup).

Em um esforço para parecer profissional, apareci nos compromissos de trabalho vestindo um terno. Era sempre o mesmo terno do tamanho errado com ombreiras grandes. Não podia pagar por dois ternos, muito menos algo elegante (com ombreiras maiores), mas pensei que me encaixava no papel. Imagine um cara magricelo com um grande terno folgado de espantalho. Era eu. Algumas vezes, usava minha camisa polo marrom-claro com o logo da empresa nela. Tinha orgulho daquele logo, porque paguei mais de US$1 mil por aquilo. Sim, você leu isso certo. Mais de mil, US$1.996, o que acho que seria cerca de US$7 bilhões hoje em dia. Pelo menos foi o que parecia na época. Era a metade do meu capital da startup. Achei que aquele logo legitimaria a empresa e atrairia prospectos. Erro número um. O erro número dois foi parecer como qualquer outro técnico de informática magricelo do planeta.

A Geek Squad? Eles compareciam aos compromissos com os óculos de armação escura colados no meio, o "logo" dos nerds mais famoso do mundo. Mas o uniforme não parava aí. Eles pareciam como os agentes peculiares do FBI: camisas brancas, de mangas curtas e sem bolsos, calças pretas (calça de pescador, as bainhas altas o suficiente para mostrar suas meias brancas cintilantes), sapatos pretos com cadarço e uma gravata preta com um broche do logo da empresa. Eles ainda colocavam aquele logo na sola dos sapatos para que, quando andassem nas calçadas naqueles invernos barra-pesada de Minnesota, deixassem pegadas do "Geek Squad" na neve. Genial! Limpo. Diferente. Genial.

Além disso, eles não se denominavam técnicos de informática, nem caras ou garotos da informática, ou seja lá o que for. Eles eram agentes duplos, agentes especiais e representantes da contraespionagem. O fundador da Geek Squad, Robert Stephens, chamava a si mesmo de Inspetor Chefe. Eu chamava a mim mesmo de CEO e chefe lavador de garrafas. Somente mais tarde percebi que era a mesma piada autodepreciativa que qualquer outro empresário usava. A Geek Squad tinha toda aquela coisa do rótulo diferente preparado, enquanto eu tentava me encaixar. Esse foi meu erro número três.

Para mim, a marca deles parecia um truque. Eu achava que eles eram uma piada e não estava sozinho nisso. Todos os concorrentes da área riam da Geek Squad. Eles pensavam que eram quem para se vestirem como se fosse Halloween todos os dias? Fala sério!

Então, eles nos destruíram.

Na verdade, nos massacraram. Talvez tenha sido o *Halloween* (o filme) afinal, e eles eram o Michael, com a máscara branca pálida, nos cortando.

A Geek Squad dominou a atenção do jogo desde o início. Eles não eram mais capazes que nós e nem mais habilidosos no trabalho. Muito ao contrário, tínhamos um serviço de melhor qualidade. Eles nos derrotaram e a centenas de outras empresas de informática ao fazer marketing de maneira diferente. A Geek Squad passou de ir de bicicleta para os clientes (história real) para carros de verdade, fuscas pintados de preto e branco com o logo na porta. E esses carros diferentes garantiram que eles continuassem a ser o assunto da cidade. Seu uniforme se tornou tão icônico, que, em 2000, a Sociedade Histórica de Minnesota o acrescentou à sua coleção permanente. Você vai encontrará nenhum dos meus ternos de espantalho ou camisas polo com manchas de café pendurados em algum museu de Nova Jersey. Com certeza, também não os encontrará nem mesmo em bazares de caridade.

A chave para o jogo de marketing da Geek Squad não era somente que as pessoas os notassem. O marketing deles atraía a atenção para os clientes certos e transformava a percepção inicial em atração permanente. A atração prolongada vem de ver um benefício e sentir a segurança apropriada na busca por ele. No final do dia, um prospecto será atraído para seu marketing desde que pense que tem mais a ganhar do que a perder ao continuar a consumir sua mensagem. Toda a vibe da rede de arrasto dos *Homens de Preto* da Geek Squad incutiu confiança nas pessoas, porque lembrava o *verdadeiro* FBI. As pessoas lhes deram o benefício de sua confiança imediatamente por causa dos uniformes, e a curiosidade as manteve engajadas.

Enquanto nós, seus concorrentes, ríamos de sua infantilidade, os clientes corriam para a Geek Squad. Seu traje era divertido, feito para ser um geek legal, e fazia seus clientes se sentirem seguros. Embora Stephens tenha desenvolvido um sistema para prestar um bom serviço de informática de forma consistente — o benefício —, eles não precisavam nem mesmo afirmar serem melhores que o mediano João (ou Mike) no conserto de computadores. Eles foram com o diferente, e o melhor não importava.

Em 2002, apenas oito anos após ter fundado a empresa, Robert Stephens vendeu a Geek Squad para outra companhia baseada em Minnesota, a Best Buy, por US$3 milhões, mais uma grande parte dos lucros futuros. Ele continuou com a empresa e a ajudou a crescer para mais de US$1 bilhão de faturamento anual. No final, vendi minha primeira empresa de informática por algumas centenas de milhares de dólares em um acordo de *private equity*.* Claro, eu fiquei com a cereja do bolo, mas Stephens ficou com todo o maldito sundae. Não consigo dizer isso o suficiente: o diferente vence.

A esta altura, espero que você tenha uma lista de ideias de marketing diferentes que possa tentar. Mas lembre-se, é fácil ficar entusiasmado com uma nova abordagem de marketing que certamente fará com que você seja notado e depois ignore a próxima etapa da Estrutura do DAD Marketing: Atrair.

Precisamos garantir que seu marketing "Seja Diferente" atrairá seu avatar ideal, aqueles prospectos com quem você mais quer trabalhar e que desejam o serviço ou produto que você mais quer vender.

---

* Modelo de investimento em que uma empresa especializada compra parte de uma outra já consolidada no mercado, com faturamento substancial e elevado potencial de crescimento (N. E).

Enquanto lê este capítulo, tenha à mão sua lista de ideias para diferenciar e se pergunte: "Meu marketing 'Seja Diferente' fará meu avatar ideal se sentir seguro?" e "a minha abordagem diferente mostra claramente uma oportunidade para eles?"

Quais Influenciadores de Atração Usar?

O estágio Atrair da Estrutura do DAD Marketing é projetado para prender a atenção do cliente. É preciso continuar os conquistando, repetidamente. No segundo em que o considerarem desinteressante, você está acabado. Então, para mantê-los engajados e lhes dar conforto o suficiente para que tomem a próxima ação, você precisará considerar quais Influenciadores de atração farão o trabalho.

Entre as dezenas de livros sobre o conceito de atração de prospectos, há ainda mais técnicas. *Como fazer amigos e influenciar pessoas*, de Dale Carnegie, foi minha primeira leitura sobre o assunto, e a partir daí, descobri e li ao menos mais quinze livros sobre o assunto. Selecionei os mais importantes e eficazes dos Influenciadores de atração para ajudá-lo a pensar cuidadosamente sobre sua própria abordagem.

- Autoridade[1] — Quando temos uma maior confiança por um indivíduo ou marca porque o vemos como líder em sua categoria. Nossa crença padrão é a de que ele tem conhecimento, experiência, capacidade ou influência maior que a nossa e confiamos que a opinião dele em relação à sua respectiva área é superior à que temos. Pessoas que valorizam isso são atraídas a "fazer amizade" com a autoridade para aprender com ela e aumentar seu próprio significado social. Por exemplo, um médico em uma propaganda de uma nova droga provavelmente venderá mais que um piloto de carros de corrida venderia. A autoridade com a percepção da experiência aplicável é mais influente. O piloto de carro de corrida pode vender mais pneus do que um médico.

- Fonte confiável[2] — Essa é uma pessoa ou marca na qual já temos confiança e que seguiremos. Não está necessariamente em uma posição de autoridade, mas já tivemos experiências passadas com ela. Temos familiaridade com uma fonte confiável e podemos prever como nossa experiência com ela se desenvolverá. Por exemplo, se sua mãe cuidou de você e lhe disse para tomar canja de galinha para seu resfriado, é mais provável que você faça isso do que se eu lhe dissesse a mesma coisa, a menos que você já tenha experiência comigo ajudando-o com sua saúde. Além disso, se ela fez aquela sopa para você antes, e você adorou, então provavelmente escolherá a receita dela, e não a de uma outra pessoa.

- Repetição[3] — Quanto mais ouvimos uma mensagem recorrente, mais ela atrai. Se repetirmos a mensagem em nossa mente, começaremos a sentir como se a tivéssemos criado. Quando notamos o mesmo pensamento que tínhamos ser articulado por outra pessoa, ou repetido no marketing, somos atraídos para ele. Quantas vezes você ouviu a frase "antes tarde que nunca"? Provavelmente muito — tanto que você confia nela e ela parece verdadeira. É realmente melhor estar atrasado do que nunca aparecer? Talvez algumas vezes, mas não na *maioria*. É melhor chegar atrasado a uma reunião do que nunca aparecer? Claro. Mas é muito melhor ser pontual. Frases e "fatos" que repetimos com frequência (ou ouvimos com frequência) se tornam mais confiáveis simplesmente porque são repetidos com frequência suficiente, mesmo que não sejam sempre — ou nunca — verdadeiros.

- Significado social[4] — Procuramos ser importantes e relevantes para nossa comunidade. Quando algo eleva nossa posição em qualquer condição — nos faz mais fortes, mais saudáveis, mais legais, mais divertidos, melhores —, somos atraídos por ele. Se o significado social é importante para você, um produto para cabelo que lhe promete causar "a inveja dos amigos" e anúncios de carros que garantem que "as pessoas saberão que você é um sucesso mesmo antes de abrir a porta do carro" o atrairão.

- Alinhamento[5] — Somos atraídos pelo que já sabemos e sentimos. O alinhamento nos valida como somos. Uma extensão disso é o propósito/retidão, que conversa com nosso propósito e sistema de crenças. Isso leva a um viés de confirmação — nossa tendência a favorecer coisas em que já acreditamos e desacreditamos, ou ignorar coisas em que não acreditamos. Portanto, se você tem uma oferta de refeições nutritivas pré-embaladas e quer atrair pessoas que já investiram em sua saúde e bem-estar, uma abordagem de marketing centrada em "você é o que você come" se alinha com a identidade e as crenças delas. Se alguém acredita que todas as calorias são iguais, ignorará ou desacreditará seu marketing.

- Segurança[6] — Buscamos segurança e proteção contra danos físicos ou desconforto, contra a dificuldade financeira e contra a rejeição de nossa comunidade e de nossa ideologia. Somos atraídos por mensagens que nos fazem sentir seguros em qualquer uma dessas áreas. Por exemplo, a reserva de um voo em um avião que garanta um "sistema de filtragem de ar de grau hospitalar que mata 99,9% das bactérias e vírus" nos faz sentir mais seguros sempre que estamos embalados como sardinhas.

- Conforto[7] — Uma variante da Segurança, na qual temos aversão à perda e somos atraídos pela manutenção do que temos. Somos atraídos por coisas que garantirão que podemos sustentar e expandir elementos de nossa vida e trabalho que já desfrutamos. Todos nós vimos um marketing que destaca o fato de que "podemos fazê-lo a partir do conforto de nossa própria casa". Esse é bastante transparente, certo? O marketing que menciona *evitar ou prevenir* o desconforto também atrai. O material do telhado que é impermeável à chuva e não deixa entrar água em sua casa o protege do desconforto.

- Expansão[8] — Gostamos de expandir as coisas de que já gostamos, que já temos e em que já acreditamos. As pessoas que valorizam seu carro bonito serão atraídas por um carro mais bonito; as pessoas que valorizam sua privacidade desejarão ganhar ainda mais privacidade, e assim por diante. Quando você pensa sobre expansão, pensa em upgrades, tais como melhorar as acomodações ou os planos de viagem. E pensa mais, tais como em bônus e extras.

- Pertencimento[9] — Valorizamos ser parte de uma comunidade, ser amados por nossa comunidade e contribuir para nossa comunidade. As mensagens que nos ajudam a experimentar uma sensação de pertencimento são atraentes para nós. A comunidade Little Monsters, da Lady Gaga, é um excelente exemplo disso. Ao dar nome aos fãs, ela lhes dá uma nova comunidade e inspira a adesão de novos fãs.

- Saúde[10] — Somos atraídos por coisas que nos proporcionam saúde — a menos que estejamos falando de muffins sem glúten, ou de uma aula de spinning de três horas. Pode ser saúde física, saúde sexual, saúde mental e muito mais. Se algo melhora nossa longevidade, força, resistência e nosso bem-estar geral, somos atraídos por ele. Ouvem-se mensagens relacionadas à saúde o dia todo: você será mais atraente fisicamente ao usar esse equipamento. Você será capaz de ser

um poço de energia sexual com essa pílula azul. Você pensará com mais clareza ao fazer nosso curso de meditação.
- Alívio[11] — Coisas que nos oferecem alívio permanente ou temporário da dor física ou emocional são convincentes. Os seres humanos estão programados para obter prazer e evitar a dor, e se ambos estão acontecendo ao mesmo tempo, a prevenção da dor geralmente é a vencedora. Considere que também pode ser um alívio de algo simples, como ficar parado no trânsito por muito tempo.
- Beleza[12] — Embora não exista uma definição única, somos, no entanto, atraídos por aquilo que achamos agradável aos sentidos. Quando você sabe como seus prospectos definem a beleza, você pode amplificá-la ao compartilhar algo que poderia ser visto como *mais* belo. Essa tatuagem mostrará seu legado — para as pessoas que veem isso como bonito, isso é convincente. A cor dessa blusa enfatizará seus olhos pode ser o belo.
- Estima[13] — Somos atraídos por coisas e mensagens que nos façam sentir valorizados e reconhecidos. Nós nos esforçamos para obter o reconhecimento de que somos importantes e relevantes. A estima é semelhante ao pertencimento, mas com uma ênfase na importância específica. É o caso, por exemplo, de um prestigioso prêmio ou elogio, ou um destaque especial.

Considerando o que você sabe sobre seu cliente ideal — seus valores, suas preferências e seus hábitos —, quais Influenciadores de atração você acha que falariam mais claramente com eles?

Seu Marketing Combina com sua Oferta?

O marketing ultrajante consegue ser notado, mas se for incongruente com o engajamento desejado, esse ultraje se torna uma estranheza e algo a ser evitado. Testemunhei um grande exemplo disso enquanto dirigia para ir a um almoço com meu bom amigo Paul Scheiter. Quando passamos por um centro comercial fora de Saint Louis, no Missouri, paramos em um sinal vermelho — perto da Estátua da Liberdade.

Na esquina, um cara de pé, sujo de lama, com olheiras fundas, um esgar de escárnio no rosto coberto por uma barba de três dias, vestindo a mais barata fantasia de Estátua da Liberdade que você possa imaginar: toga verde, coroa de espuma e tudo o mais. Ele tinha o aspecto de alguém que se aproximava do final de uma bebedeira de uma semana. Para terminar, um cigarro meio queimado caindo do canto dos seus lábios rachados, a fumaça girando ao redor do seu adorno de espuma. Ele arrastou os pés pela calçada por uns três metros, encarou — não, risque isso —, sorriu zombeteiramente para um grupo de carros por alguns segundos e então se arrastou de volta. Em suas mãos maltratadas, ele segurava uma placa onde se lia: "LIBERTY TAX. CONSULTORIA TRIBUTÁRIA GRATUITA HOJE."

Embora eu não pudesse deixar de olhar para aquela barbaridade, fiz tudo o que pude para evitar contato visual. Quando o semáforo ficou verde, não conseguimos sair de lá rápido o suficiente. Da última vez que olhei, ele apagava o cigarro na parte de trás da placa. Meu Deus!

Um cara preso em uma fantasia de Estátua da Liberdade que parece que mataria a próxima pessoa que encontrasse definitivamente passa no teste de diferenciar. Exceto que falha no teste de atrair. Um (provável) criminoso (em potencial) não inspira confiança em serviços de impostos. E mesmo que ele fosse apenas um cara de pouca sorte tentando faturar algum, sua aparência era *incongruente com a oferta*. Consultoria tributária? Com esse cara? Ou com a pessoa que o contratou? Questiono o profissionalismo de qualquer um que pensou que seria uma boa ideia colocar uma fantasia de US$20 em um cara e mandá-lo se exibir em público. Tenho certeza de que não fui o único que passou por lá que se sentiu dessa maneira.

Algumas vezes, uma ideia que funciona em um contexto pode causar repulsa nas pessoas sob circunstâncias diferentes. Lembra-se da história da vela de aniversário da Kasey Anton? Ela manteve seu restaurante no azul ao enviar velas de aniversário para os clientes durante o mês de aniversário deles com uma oferta de uma entrada gratuita. Funcionou perfeitamente — exceto nos meses de verão.

"Parece que as velas não viajam tão bem em envelopes quando está quente", me explicou Kasey em seu e-mail. "De fato, quando chegam ao destinatário, elas se parecem mais com o rosto daquele cara que derrete em *Os caçadores da arca perdida*. Não era mesmo a aparência que eu buscava."

Kasey trocou as velas por confetes, o que também não funcionou muito bem. A maioria das pessoas não gosta de ter que limpar os confetes das frestas do piso. Então ela salvou a ideia diferente que funcionou nos meses mais frios e tentou outra ideia diferente durante o verão: um punhado de balões coloridos vazios.

Algumas vezes, sua oferta faz sentido para o prospecto ideal, mas deixa todos os outros de fora. No capítulo anterior, compartilhei a história do nome dado ao Savannah Bananas. Esse foi o primeiro divisor de águas para aquele negócio, porque lhes deu a atenção de que precisavam para gerar interesse. A questão é que o nome recebeu fortes críticas da mídia esportiva da cidade, dos fãs locais de beisebol e de outros donos de times. Eles sentiram que Jesse, Emily Cole e sua equipe não levavam o beisebol a sério.

Adivinha só? Eles não levavam. Eles levavam a sério *entretenimento familiar*.

Quando chegaram ao Grayson Stadium, Jesse fez dezenas de ligações todos os dias e recebeu a mesma resposta quase todas as vezes. "Eu queria me apresentar para a comunidade e deixá-los animados sobre a próxima temporada e tudo o que havíamos planejado", ele me contou. "Mas quando mencionei beisebol, muitos deles disseram: 'Eu não gosto muito de beisebol'. Eles achavam que era muito demorado ou muito chato ou muito demorado e muito chato."

O time anterior não conseguia lotar os assentos. Pior, eles não conseguiam sequer encher algumas *filas* de assentos. Jesse sabia que tinha que comercializar para famílias que procurassem por uma atividade divertida, não para fãs de beisebol. Então, quando anunciaram que o nome do time seria Savannah Bananas — não The Scepters (Os Cetros), ou The Sailors (Os Marinheiros), ou qualquer outro nome de time de beisebol "respeitável" —, a crítica dos dedicados fãs de beisebol e do pessoal do ramo não os abalou.

Jesse e sua equipe sabiam que o nome apelaria para as pessoas exatas que eles queriam atrair para seus jogos — famílias em busca de uma atividade divertida. As pessoas que queriam ser entretidas. O tipo de pessoas que gostaria de ver a primeira banda de beisebol e uma trupe de dança da terceira idade. Então, e daí se eles repelissem as pessoas sérias? Eles atraíram milhares para encher aquelas arquibancadas porque seu marketing estava alinhado com sua oferta. Quero dizer, se você comprar um ingresso para ver os Savannah Bananas, espera ter alguma diversão maluca. E é isso que você terá — acompanhado do beisebol.

Um adendo rápido para essa história — veja, aqueles amantes ferrenhos de beisebol também vão aos jogos e adoram. Eles descobriram que o beisebol pode ser ainda mais que o beisebol. O diferente feito corretamente atrairá os consumidores certos. E os consumidores certos podem atrair *todos* os consumidores.

Considere sua lista de prospectos Alvo Número Cem. Qual tipo de Influenciador de atração os interessaria? Por exemplo, a Geek Squad atraía clientes usando segurança e curiosidade. Embora tenha falhado, a loja Liberty Tax pode ter tentado atrair clientes ao oferecer uma sensação de conforto financeiro. Então, revise sua lista de ideias. Quais delas repeliriam ou falhariam para seu prospecto ideal e quais o atrairiam?

Seu Público-Alvo Está Cansado Disso?

Na primeira vez que tentei comercializar a Olmec Systems, fiz uma campanha de mala direta. Eu queria "elevar" minha abordagem de marketing para além da venda porta a porta, na qual eu era péssimo. Não, sério, eu fiz porta a porta. Desisti depois de metade de um dia. Agora, lembre-se, naquela altura, eu ainda tentava fazer as coisas que toda empresa faz — que é como acabei com um logo de US$1 mil que causou zero impacto. Sem nenhum resultado com o logotipo (chocante, eu sei), cometi o erro clássico de copiar as "melhores práticas" de marketing dos concorrentes. O que, nesse caso, foi comprar uma lista. Os 2 mil nomes, a US$0,50 cada, saíram por — sim, eu fiz isso de novo — US$1 *mil*. Entre essa cobrança, papéis, envelopes e postagem, acabei gastando US$3 mil.

No final das contas, eu também era péssimo em campanhas de mala direta. A empresa de listas que me garantiu que todos os endereços estavam atualizados mentiu completamente, porque, dos 2 mil envelopes, cerca de um quarto deles voltou. Para os 500 restantes, só recebi uma resposta. E não foi agradável.

O envelope começava com "Querido(a) _____", com o primeiro nome adequado no campo em branco. O primeiro que retornou estava endereçado a "Querido Tyrone..." Eu sei disso porque ele me respondeu de volta com o nome circulado com caneta vermelha. Ele adicionou uma nota onde se lia: "Eu te conheço, idiota?" Aparentemente sim, porque conhecia meu apelido.

Meu público-alvo era de empresários, e falhei em atraí-los logo de início. Primeiro, usei uma técnica de marketing esgotada que colocou meu envelope caro no lixo com vários outros envelopes caros. Além disso, ao me dirigir a eles informalmente, com seus primeiros nomes, em vez de Sr. ou Sra., acabei os deixando chateados. Bem, pelo menos Tyrone estava chateado. Se você está lendo isso agora, caro T., eu sinto muito mesmo. Não consigo lembrar de seu sobrenome, mas você merecia o respeito de usá-lo. Com amor, Idiota.

Minha primeira tentativa de marketing foi um fracasso porque falhei nos dois primeiros componentes da Estrutura do DAD Marketing, mas acho que o endereçamento informal foi a verdadeira ducha de água fria. A experiência me fez ter tanto medo de campanhas de mala direta, que não as tentei novamente por mais cinco anos. Para constar, uso-as agora para a venda de livros em massa e funciona como um charme, porque (a) quase ninguém as usa para comercializar livros, então são diferentes, (b) são projetadas para atrair um público leitor muito específico e (c) têm uma chamada direta para a ação. Pergunte-se: sua abordagem de marketing está esgotada ou inspirada?

Sua Ideia Combina com a Identidade de Seu Prospecto?

Você pode citar as duas palavras mais poderosas da língua portuguesa? Na verdade, essas duas palavras são as mais influentes em qualquer língua. Elas sempre atrairão seu interesse. Se estivessem em uma manchete do jornal de hoje, garanto que você leria o artigo. Se eu e você estivéssemos absorvidos em uma conversação e você ouvisse até mesmo uma dessas palavras por acaso, poderia continuar me olhando, mas agora estaria prestando atenção no que ouviu. Se apenas uma dessas palavras o puxa como um imã sempre, juntas, então, são irresistíveis. Você pode identificá-las, ou mesmo uma?

Você pode chutar "obrigado" ou "venda" ou "grátis" ou "sexo", mas não é nenhuma delas. Digo, bem, acho que "sexo gratuito" poderia ser. Mas não, nem mesmo isso. As palavras mais atraentes em qualquer idioma são o nome e o sobrenome de uma pessoa.

Uma das maneiras mais seguras de fazer com que as pessoas o percebam e de atraí-las para sua oferta é usar o nome delas. Nós sempre prestamos atenção ao nosso próprio nome. Sempre. O nome das pessoas é usado de diversas maneiras. Em placas de identificação de áreas reservadas em restaurantes. Naqueles cartazetes em saguões de desembarque de aeroportos, quando o viajante não é conhecido por quem o aguarda. Em portas de salas de conferências. E, cara, ah, cara, se eu tivesse descoberto como colocar seu nome na capa desse livro e nessas páginas, eu o teria feito! Imagine-me dizendo: "Você sempre prestará atenção em_____(Se você quiser acompanhar, pode escrever seu nome e sobrenome nesses espaços em branco). Parece bom, certo? Afinal de contas, é seu nome!

As pessoas também são atraídas pela própria imagem. O Podzemka, um clube em Moscou, usava isso em seu benefício. Seus prospectos ideais são a geração Z, uma população para a qual o marketing e a publicidade entram por um ouvido e saem pelo outro. Sendo assim, o Podzemka teve a ideia de usar as próprias imagens do público-alvo para atraí-los. Em seu site, adicionou uma página na qual os frequentadores de clubes poderiam fazer upload de fotos deles mesmos e adicionar templates e slogans legais. Dessa maneira, os prospectos do clube criavam anúncios *para* o clube. A geração Z adora criar memes e compartilhar fotos uns com os outros, então esses anúncios autoelaborados se espalharam nas mídias sociais como um incêndio. Após implementar essa estratégia, o Podzemka teve um aumento de 50% no tráfego de seu site.

Além do nome e da foto de um prospecto, há outros aspectos de sua identidade a serem considerados. Somos atraídos por imagens e mensagens que *afirmem* nossa identidade. Pegue o slogan "Don't Mess with Texas" [Não Bagunce o Texas, em tradução livre]. Aposto que você não sabia que isso vinha de uma campanha anticondenação. A não ser que você seja do Texas; nesse caso, me perdoe. Eu tenho certeza de que você *sabia*, porque é um texano e tudo o mais.

Em 1985, o Departamento de Transporte do Texas pediu à GSD&M, uma agência de publicidade sediada em Austin, para criar um slogan que ajudasse a lidar com o enorme problema de lixo do estado. Eles queriam algo voltado para os homens, que jogavam mais lixo que as mulheres, e para as pessoas que acreditavam que ser texano lhes permitia fazer o que quisessem com seu lixo. A empresa criou a frase "Don't Mess with Texas" em parte porque não queriam usar a palavra "lixo". A palavra "bagunça" estava ligada a mães dizendo a seus filhos para limparem seus quartos "bagunçados".

A campanha foi veiculada em todo o estado em placas de sinalização rodoviária, em anúncios de televisão e rádio e em anúncios impressos. Entre 1987 e 1990, o lixo nas rodovias do Texas foi reduzido em 72%. Por que ela foi um sucesso? Porque o "público-alvo" — homens que dirigem caminhões nas rodovias — teve um sentimento de orgulho do estado quando viram as placas. A campanha alinhou o lixo com a "bagunça" em seu estado natal, com sua própria identidade como texanos, e as pessoas pararam de jogar lixo pelas janelas dos carros. Não demorou muito para que o "Don't Mess with Texas" se tornasse uma declaração de identidade para todos os texanos. Somos atraídos por mensagens que sejam *consistentes* com nossa identidade.

A identidade é poderosa. É por isso que a polarização intencional também pode ser um fator de atração eficaz. Somos atraídos para mensagens que afirmem que estamos certos, e as outras pessoas, erradas. Por que você acha que tantos democratas assistem à MSNBC e tantos republicanos assistem à Fox News? Porque eles são atraídos por aquilo que afirma seu pensamento, suas crenças — tudo o que faz deles quem eles são —, e são repelidos por aquilo que contraria sua identidade.

É o Momento Certo para Sua Ideia de Marketing?

Depois que George Floyd foi assassinado e a nação foi consumida por um ajuste de contas racial, deixei de lado um experimento "Seja Diferente". Planejava um balão de ar quente voando baixo sobre uma cidade com uma placa na qual se lia: "TERRÁQUEOS, VIEMOS PARA SALVAR PEQUENOS NEGÓCIOS. LEIA *LUCRO PRIMEIRO*." Era para ser uma maneira muito diferente de comercializar um livro, e eu esperava aparecer nos jornais, mas senti que a ocasião era inapropriada. Não era absolutamente o momento certo para comercializar — para ninguém.

Algumas semanas depois, li um post no Facebook que confirmava que eu havia tomado a decisão certa. A Dra. Venus Opal Reese, autora de *Black Woman Millionaire: Hot Mess Edition* [Mulher negra milionária: Edição bagunça das grandes, em tradução livre], postou uma captura de tela do cancelamento de sua inscrição de uma lista de mala direta de e-mail e que incluía o "motivo" de sua saída. Terminava com: "Eu não posso dar atenção a seu marketing. Estou muito ocupada tentando ficar sã, sóbria, segura e viva." Junto com a captura da tela, a Dra. Reese postou uma mensagem para todos as pessoas de marketing. A frase inicial é importante:

"Por meio deste, eu os expulso de minha caixa de entrada. Meu e-mail. Minha caixa de correio. Se vocês não se importam comigo em meio a tudo com que estamos lidando neste momento da vida real/em tempo real, eu não os quero no meu e-mail. Vocês não são bem-vindos aqui."

As pessoas sabem das coisas, sabem quando você tira vantagem de uma crise. Elas também sabem quando você *ignora* a crise. Então, esteja atento ao momento. Não envie marketing que possa magoar alguém ou demonstrar falta de empatia ou compreensão. Pergunte-se: "Isto serve para meu prospecto ideal?" E ainda: "Este é o momento certo para enviar esta mensagem?" Uma mensagem diferente pode precisar ser deixada de lado, uma que remeta a eventos do dia e a quanto pode afetar sua comunidade.

Sua Jogada Publicitária O Levará para Onde Quer Ir?

Em 2019, recrutei um grupo de autores para conhecer e compartilhar nossas melhores estratégias para o crescimento do público leitor e de nossas marcas. Don Miller, o autor de *StoryBrand,* concordou em sediar o evento em sua bela casa em Nashville. Sentado entre os autores que eu admirava — Don, Ryan Holiday (*The Daily Stoic*),

John Ruhlin (*Giftology*) [O diário estoico e A ciência do talento, em tradução livre, respectivamente], Jon Gordon (*A energia do ônibus*), Chris Guillebeau (*A startup de $100*) e James Clear (*Hábitos atômicos**) —, eu estava animado para falar das minhas melhores estratégias de marketing. Uma delas envolvia vender seus próprios livros como usados na Amazon, e então surpreender os consumidores com um upgrade grátis. Essa abordagem cria um burburinho porque os compradores são loucos para conseguir uma cópia novinha e limpa, e algumas vezes compartilham isso nas mídias sociais. Isso claramente diferencia, atrai e direciona. Ou não?

Depois de lhes dar esse achado do século para marketing de livros, esperei ansiosamente pelos aplausos de pé. Ou ao menos alguns aplausos. Ou, que seja, ao menos um grilo aplaudindo. Nada disso aconteceu.

Ryan Holiday olhou diretamente para a frente, na direção da lareira crepitante. Então disse: "Odeio essa ideia. É uma merda."

Ai. Isso foi um chute rápido no saco do ego. Minhas bochechas ficaram quentes. Minha garganta secou. Olhei para Ryan enquanto ele continuava a olhar para a lareira.

"O que você quer dizer, Ryan?", perguntei, tentando me manter sob controle.

Foi quando Ryan Holiday, a autoridade em estoicismo e em inteligência em geral, começou a jogar bombas de lógica.

"Você está pensando muito pequeno, Mike. Está impressionando pessoas que não dão valor suficiente ao seu livro para comprar um novo. São compradores baratos procurando por soluções baratas. Por que você tentaria impressioná-los?"

---

* Edição em português de *Atomic Habits*, publicada pela Alta Books, selo Alta Life (N. E.).

A sala estava em silêncio. James Clear e Chris Guillebeau acenaram com a cabeça e com as sobrancelhas levantadas, em acordo: "Hum, sim, isso é óbvio." Resisti à vontade de deslizar na cadeira, mas, em vez disso, fixei meus olhos na jaqueta jeans de Ryan, forrada com lã de carneiro. Ele parecia um cowboy.

"Pior", ele continuou, "seu marketing é pequeno. Você tem que fazer uma pergunta maior. Você quer vender milhões de livros, e essa jogada de marketing vende somente um ou dois".

Ryan ficou fixado na lareira por mais um tempo, então virou-se para me olhar e disse, de novo: "Essa ideia é realmente uma merda."

Ryan é um cara assustadoramente esperto, introspectivo e determinado. Foi o último a aparecer em nossa reunião e o primeiro a ir embora. Não perde tempo com amenidades e conversa fiada. Ele também é uns quinze anos mais novo que eu. Tentei superar tudo isso, mas seu conselho foi extremamente severo.

No voo de volta para casa, caí na real. Ryan estava certo: eu havia me concentrado em uma ideia de marketing que me rendia pouca coisa. E como essa ideia funcionava, ignorei o fato de que ela estava apenas me arrastando em direção ao meu objetivo.

Para esclarecer, não concordo com Ryan sobre meus compradores que pechincham. Se você comprar este livro com desconto, ou pegar emprestado na biblioteca ou encontrá-lo em uma caixa cheia de livros grátis na rua (isso aconteceu, a propósito), não faz diferença para mim. Sou totalmente a favor de economizar o quanto você puder, e valorizo cada um de meus leitores.

E não concordo com Ryan sobre "jogadas de marketing". Elas têm uma reputação ruim. Se uma jogada de marketing conduz negócios consistentes e significativos, eu a usarei o dia todo.

Mas ele estava certo sobre uma coisa. Eu havia pensado muito pequeno. A abordagem do desconto geraria uma ou duas vendas por vez e pararia com o leitor final. Se eu quisesse erradicar a pobreza empresarial, precisaria vender muito mais livros. Milhões de livros.

Comecei a me perguntar: "Como faço para vender mais de cem cópias dos meus livros por dia?" Essa pergunta melhor rendeu melhores respostas. Usei o experimento "Seja Diferente" para avaliar e testar ideias que me ajudarão a atrair o tipo de leitores (e grupos) que comprarão dezenas, se não centenas de livros. Consegui isso por meio de múltiplas e diferentes técnicas. Configurei uma nova sequência de e-mails. Modifiquei minhas propriedades da internet. Alterei o formato de meus discursos virtuais. E, o que é mais eficaz, adicionei um nível de marketing no qual as pessoas usam meus livros para comercializar a elas mesmas. Como resultado, vendi muito mais livros, e essas vendas me ajudaram a aumentar significativamente o adiantamento *deste* livro. Isso não é para me gabar, mas aponta para o poder crítico do diferente.

O adiantamento que recebi por este livro *superou* em centenas de milhares o valor pelo qual vendi minha primeira empresa. Levei oito anos para construir e vender minha primeira empresa. Melhorar radicalmente as vendas de meu livro levou oito minutos de escuta e algumas horas de experimentos "Seja Diferente".

Alguns meses depois de nosso encontro de autores, mandei uma mensagem para Ryan. "Ei, Ryan. Só queria lhe agradecer pelo que compartilhou. Seu conselho me fez ganhar literalmente centenas de milhares de dólares. Muito obrigado, irmão."

A resposta dele: "SP (sem problema)".

Um clássico.

Enquanto avalia se vale a pena ou não perseguir sua ideia diferente, seja sincero com você mesmo — tão sincero quanto Ryan foi comigo. Você está apaixonado por uma ideia que parece incrível na superfície, mas acabará apelando para prospectos que apenas podem levá-lo até certo ponto? Está pensando pequeno? Talvez tenha que voltar atrás e rever seu avatar ideal. Tudo bem, a propósito. Você não tem que acertar tudo de primeira. Isso é um experimento, lembra?

∿∿∿∿∿∿∿∿∿∿

Enquanto pesquisava a Geek Squad para este livro, encontrei uma entrevista que Stephens fez em 2012 com Clay Collins.[14] Escrevi esta citação: "A Geek Squad teve que se destacar, porque não podíamos nos dar ao luxo de estar nas Páginas Amarelas, não podíamos ter outdoors... Tudo [era] marketing porque não tínhamos dinheiro para marketing." *Tudo era marketing porque eles não tinham dinheiro para marketing.* Gosto disso. Eu ouvi Stephens dizer que a melhor coisa que já aconteceu com ele foi não ter dinheiro para comercializar seu negócio, e agora entendi o porquê.

Nessa mesma entrevista, li que Stephens via seu marketing como "uma grande experiência de arte performática". Como eu vinha fazendo experimentos "Seja Diferente" havia meses, isso foi mais uma confirmação de que pensar sobre o marketing "Seja Diferente" como um experimento é a maneira de cortar o barulho do autojulgamento. Eles não tinham medo de tentar coisas não convencionais para conseguir atenção. Os Savannah Bananas fazem coisas fora da caixa o tempo todo. Eu mesmo estou sempre fazendo coisas estranhas. Apenas certifique-se de que *suas* coisas diferentes, sejam elas quais forem, atuem como uma luz na noite para as pessoas para quem quer trabalhar.

Sua Vez

Antes de passar para a etapa direcionar, determine se sua ideia de marketing diferente atrairá o cliente ideal — e como pode torná-la *mais* atraente para eles. Lembre-se: todos os três elementos do DAD funcionam em conjunto e *não* funcionam sozinhos. Portanto, mais uma vez, não pule este exercício!

Passo 1: Identifique três Influenciadores de atração que sejam consistentes com a forma que você quer comercializar para seus prospectos. Aqui está uma lista para você começar:

Autoridade

Beleza

Significado social

Consistência

Segurança

Conforto

Expansão

Significância

Saúde

Alívio

Pertencimento

Propósito

Curiosidade

Fonte confiável

Repetição

Assim, para cada uma das três técnicas que selecionou, descreva como a usará em conjunção com sua ideia diferente para torná-la atrativa.

Passo 2: Se puder, misture os três influenciadores de atração para amplificar o impacto. Ou, se eles não puderem ser misturados em alguma habilidade, escolha aquele que acredita ser o mais atraente para seu prospecto ideal. Escreva ou desenhe como usará o fator de atração para envolver o prospecto. Escreva ou desenhe como isso funcionará com os diferentes elementos que selecionou.

Passo 3: Determine se sua ideia está de acordo com o atrair e, se estiver, marque essa caixa em sua ficha de experimento "Seja Diferente".

Minha Vez

Montei um sistema de prateleiras que tem, no vídeo, meus livros posicionados sobre meus ombros, com base na minha ideia do diferenciar. Então comecei a brincar com o estágio Atrair enquanto testava minha ideia.

> Mídia: Todos os vídeos pré-gravados e transmissões ao vivo.
>
> Ideia: Uma estante impossível de ignorar exibindo meus livros, o que inspira as pessoas a comprá-los.
>
> Atrair: O Diferenciar é verificado, mas pode ser ampliado. Trabalhar em algo que mantenha os olhos das pessoas na estante e os livros na prateleira.
>
> O verso da ficha de experimento "Seja Diferente": Olhando para Atrair, usei uma estante padrão e coloquei meus livros de forma proeminente. Notei que quando as pessoas assistiam aos vídeos ao vivo, eu podia baixar o chat no final. As pessoas tinham conversas fora do tópico, inclusive sobre a estante. Ficou claro que ter os livros sobre meu ombro direito chamou mais atenção do que tê-los à minha esquerda. Talvez esse seja o padrão F que as pessoas seguem quando escaneiam uma tela. Quais são as ideias que são ainda mais atraentes do que as estantes padrão? Buscar no Google e no Etsy por "estantes únicas".
>
> Também achei uma estante que parecia uma árvore. Uma estante de árvore! Isso poderia ser uma representação em A Árvore do

Conhecimento. É consistente com minha marca prover conhecimento que simplifique a jornada empresarial. E a estante de árvore pode manter as pessoas mais engajadas do que uma estante padrão. Encontrei um construtor no Etsy para fazê-la. O custo é de US$1.200. É um custo único, e eu a apresento para mais de 250 pessoas por semana na live. Minha hipótese é a de que dentro de cinco semanas estarei com meu investimento por prospecto em US$1 e, com o tempo, o custo por prospecto cairá para centavos.

A estante de árvore aproveita os Influenciadores de atração ligados à curiosidade e beleza.

Estou melhorando meus parâmetros de experimento e experimentarei essa estante potencialmente mais atraente. Só mais uma coisa: preciso primeiro conseguir a aprovação do Direcionar.

Capítulo seis

∿∿∿∿∿∿∿∿∿∿

DIRECIONE PARA RESULTADOS

Ame-os ou odeie-os, mas muitos artistas de rua são versados em marketing. Eles se exibem de uma maneira diferente que os faz serem notados e atraídos por seu público ideal — na maioria das vezes. E mais: têm a etapa Direcionar pronta. Quando você passa por um cantor de ópera itinerante, ou uma trupe de breakdance, ou algum cara tocando violão, você sabe exatamente o que eles querem que você faça: colocar dinheiro no balde. Querem que mostre apreço por sua singularidade ao lhes dar uma gorjeta. Eles não lhe dão uma sequência de coisas para fazer. Você não vê uma placa onde se lê:

1. Tire uma foto.
2. Poste-a nas mídias sociais.
3. Adicione a descrição e endereço desta esquina.
4. Quando terminar, por favor, dê uma gorjeta de qualquer valor que puder.

Nem lhe dão uma lista de opções:

- Siga-me no Instagram e no Twitter.
- Aplauda dramaticamente. Seja aquela pessoa que aplaude demais e que todos "amam".
- Faça aquela coisa estúpida de olhar ao redor de boca aberta para que as outras pessoas reparem.

Ou:

- Assine minha mala direta.
- Visite meu site para agendar um show particular.
- Deixe-me uma gorjeta bem gorda.

As instruções são tão claras que são óbvias. Você sabe exatamente o que fazer. Encher o maldito balde com o maldito dinheiro, agora. A clareza e especificidade em relação ao que fazer não garante que o prospecto vá pagar, mas maximiza as probabilidades a favor.

Adicionar passos e dar muitas opções cria fricção, como o autor e pioneiro em neuromarketing Roger Dooley explica no livro de mesmo nome. A cada oferta de marketing, certifique-se de ter uma diretriz clara e facilite o trabalho.

Você pode até mesmo tornar sua diretriz mais específica para obter o resultado exato que deseja. Ter uma diretriz clara garante que você obterá mais respostas e, portanto, mais gorjetas. E se quiser que as gorjetas sejam de notas maiores?

Quando meus filhos Jake e Tyler trabalhavam na loja de donuts Beignets em Denville, Nova Jersey, eu lhes disse: "Espalhem aqui e ali naquele jarro de gorjetas notas de cinco e de dez. As pessoas verão essas notas e darão gorjetas maiores do que dariam se fosse ao contrário." Funcionou. Mesmo se os clientes não colocassem uma nota de cinco no jarro, eles colocariam pelo menos US$2, o que era mais do que a gorjeta média que os clientes davam antes de meus filhos começarem com essa estratégia. Para os clientes que notaram as gorjetas anteriores, cinco e dez parecia ser "a regra", e eles deram de acordo.

Você pode levar as coisas longe demais. Jake e Tyler poderiam ter salpicado o jarro com uma nota de cem, mas a um certo ponto, o pedido se torna irracional. Um cliente que vê uma gorjeta de US$100 no jarro pode ser desencorajado porque não pode igualar a quantia, ou simplesmente porque pode achar que a quantia é tão absurda que justifica não dar nenhuma, pois alguém já deu uma quantia robusta a ponto de cobrir as pessoas que não dão. Ao direcionar, seja específico e razoável.

O Centro de Pesquisa em Hospitalidade da Universidade de Cornell divulgou um relatório[1] detalhando vinte estratégias baseadas em pesquisas que os trabalhadores podem usar para conseguir mais e melhores gorjetas. Você provavelmente recebeu uma conta de restaurante que incluía uma porcentagem de gorjetas no final, certo? Essa é uma maneira de fazer as pessoas darem mais gorjetas, simplesmente porque é *específico* e *mais fácil* — eles não têm que fazer as contas. A maioria das pessoas valoriza a informação e, como resultado, dá mais gorjetas.

Em outro teste, os clientes recebiam um cartão que sugeria porcentagens específicas baseadas na qualidade do serviço: 15% para serviço "adequado", 20% para "serviço melhor que a média", ou 25% para "serviço excepcional". Essa abordagem reduziu o número de gorjetas realmente altas, assim, o número médio de gorjetas no decorrer do dia permaneceu o mesmo, ou algumas vezes até mesmo resultou em um total inferior. Esse foi o resultado de dois problemas óbvios com essa abordagem. Primeiro é a fricção de ter que pensar sobre qual sua experiência gastronômica se encaixa *antes* de deixar a gorjeta. A segunda é a categoria "adequada". A maioria das pessoas é relutante em dar notas altas ao serviço, a não ser que seja verdadeiramente espetacular, então, se você é uma pessoa que rotineiramente dá 20%, seguir as diretrizes de "qualidade de serviço" pode fazer com que você, na verdade, dê uma gorjeta menor — 15% — do que normalmente daria.

Dar orientação aos comensais sobre quanto as pessoas *geralmente* dão resultou nos maiores aumentos de gorjetas. Não apenas fazer a conta, mas fazer a conta *e* mostrar como a maioria das pessoas dá gorjeta naquele restaurante. É como colocar um balde de gorjetas e salpicá-lo de notas de cinco e dez.

A etapa final da Estrutura do DAD Marketing é garantir que seu marketing "Seja Diferente" tenha uma diretiva singular — uma simples e exequível chamada à ação. Pegue aquelas "notas de cinco e de dez".

Sua Diretiva Pode Ser Simples

Se você já esteve no Parque Nacional de Badlands, viu as placas para a Wall Drug [uma drogaria, shopping center e restaurante]. Na verdade, seus grandes outdoors pintados à mão podem ser vistos ao rodar por quase 1.000km da Interstate 90, de Minnesota a Montana. Foram essas placas, tão famosas quanto a loja em si, que ajudaram Ted e Dorothy Hustead a salvar sua nova farmácia no "meio do nada" — em Wall, Dakota do Sul. Logo depois que compraram a loja, em 1931, perceberam que não tinham clientes o suficiente, pois os moradores foram fortemente atingidos pela Grande Depressão. Ainda assim, Dorothy estava otimista quanto ao sucesso, e concordaram em um prazo de cinco anos para isso.

A poucos meses de o prazo de cinco anos findar e ainda com dificuldade para conseguir clientes, Dorothy teve uma ideia inspirada no som incessante dos "carros que passam na Rota 16A". Ela pensou na longa viagem de carro pela planície e imaginou que as pessoas provavelmente desejariam um pouco de água gelada. Os Husteads tinham muito gelo e água, e ela pensou que, se a oferecessem de graça às pessoas que passassem por lá, poderiam fazer com que elas entrassem na loja. Uma vez lá dentro, os viajantes se tornariam clientes e comprariam outras coisas.

A diretiva era simples: dê uma parada na Wall Drug para uma água gelada grátis. Para chamar a atenção dos motoristas, Dorothy pegou emprestada (lembra-se do "Copiar e Duplicar"?) uma ideia da Burma-Shave. Na época em que ela teve a ideia, essa empresa de creme de barbear vinha imprimindo slogans em placas pequenas e sequenciais e as colocando em rodovias por todos os EUA por mais de uma década. Cada placa tinha um trecho de uma frase. Alguns eram sobre seu produto:

Pincéis de barbear / Você os verá em breve / Nas prateleiras / De algum museu / Burma-Shave

E algumas eram sobre segurança no trânsito:

Não faça uma curva / A 100 por hora / Nós odiamos perder / Um cliente / Burma-Shave

As placas foram muito eficazes para que os viajantes continuassem prestando atenção a elas para obter a mensagem completa. Era uma peça clássica sobre a atração da curiosidade. Manter o prospecto envolvido dando-lhe algo incompleto, ocupando sua mente durante a viagem tediosa pela rodovia até que passassem a próxima placa para ver se estavam certos em seu palpite. A Burma-Shave ocupou a mente de muitos prospectos durante muitos minutos de suas viagens. Isso é marketing dos bons, e Dorothy sabia disso. Então ela criou seu próprio poema para suas placas:

Pegue um refrigerante / Pegue uma cerveja sem álcool / Vire na próxima esquina / Igualmente perto / da Rodovia 16 & 14 / Água Gelada de Graça / Wall Drug

Ted e seu filho pintaram os cartazes em placas de 30 x 90cm e as colocaram ao longo da rodovia. No momento que voltaram à loja, os clientes já haviam aparecido. A ideia de Dorothy funcionou — as placas eram diferentes o suficiente para atrair os clientes ideais, e a diretriz lhes dizia exatamente o que fazer. Você se deu conta disso? Eles tinham clientes aparecendo antes do pessoal de marketing, a equipe de Dorothy, voltar à loja. O diferente funciona. E algumas vezes funciona estonteantemente rápido.

No verão seguinte, os Husteads tiveram que contratar oito vendedores para ajudá-los a atender todos os clientes. Por fim, a Wall Drug expandiu e se tornou um grande ponto turístico, atraindo milhões de visitantes todos os verões. Eles adicionaram uma loja de presentes e outras lojas, restaurantes, um museu de artes e uma escultura de brontossauro de 24 metros (*cof* — diferente — *cof*). A empresa continua sendo de propriedade familiar e ainda oferece água gelada grátis, mas agora também dá adesivos de para-choques grátis e deixa seus clientes fazerem o marketing por eles.

Robert Stephens, nosso camarada do Geek Squad, disse certa vez em uma aula: "Eu diria que, quanto mais chato um negócio for, maior é a oportunidade de diferenciá-lo." O chato oferece uma oportunidade enorme, porque a definição de chato é mesmice. Os caras da informática são chatos, entrega de pizza é uma coisa chata, farmácias são extremamente chatas (daí uma razão para as pessoas procurarem drogas). Caso seu ramo seja chato, vá fazer uma dança da chuva agora mesmo, porque com um pedacinho pequeno de mágica "Seja Diferente", você se destacará. Uma farmácia chata se torna menos chata o suficiente para milhões de pessoas com o diferencial de um poema em sequência prometendo água gelada de graça. Ora, veja só! Como é fácil ser notado! E também, uma vez que o faça, enviar milhões de pessoas para onde lhe interessa!

Sua singular chamada à ação pode ser tão simples quanto "venha pegar uma água gelada grátis". Na verdade, quanto mais simples, melhor. Para que mais pessoas usem as escadas, em vez da escada rolante por perto, a cidade de Bruxelas fez as escadas musicais. Elas foram pintadas para parecer teclas de piano preto e branco e montadas de tal forma que cada degrau tocava uma nota diferente cada vez que alguém pisasse nele. Nenhuma placa incitando as pessoas a escolher as escadas. Nenhuma mensagem sobre saúde ou exercício. Apenas um conjunto de escadas musicais pintadas que foram notadas e que envolveram as pessoas que queriam se divertir, convencendo-as a usar as escadas. O DAD foi construído no lugar certo. Degraus musicais são notáveis (diferentes), divertidos (atraentes) e acionáveis (diretiva), tudo sem dizer uma palavra.

Quando Seu Marketing Provoca a Ação Errada — ou Nenhuma Ação

Você já ouviu falar do *The Sims*? E do *Madden NFL*? Se não, saiba que são jogos de videogame de enorme sucesso, produzidos pela Electronic Arts (EA). Em 2009, a empresa lançou o jogo *Godfather II*, com uma ideia de marketing diferente. Na esperança de conseguir que a imprensa falasse sobre o jogo, a EA enviou um soco-inglês a críticos de jogos e outros influenciadores digitais. O problema? Alguém daquela equipe não fez o dever de casa e avaliou o risco, e foi bizarro. Em muitos estados norte-americanos, o soco-inglês é ilegal sem uma licença das autoridades. A EA não somente enviou uma arma pelo correio: em quase todos os casos, enviou uma arma *ilegal* pelo correio.

No final, a EA teve que solicitar aos influenciadores digitais que devolvessem os socos-ingleses. Embora a EA tenha gerado um burburinho na mídia em torno do jogo *Godfather II*, em última análise, o fator gerador nada tinha a ver com o jogo em si, mas com o fiasco do soco-inglês. Seu marketing diferente com certeza foi notado; chamou a atenção, foi "atraente" para algumas pessoas também. O que quero dizer é: quantas vezes você viu socos-ingleses ao vivo, ainda mais recebidas pelo correio? A curiosidade manteve a atenção das pessoas: "Você já recebeu um par de socos-ingleses?" Mas a campanha de marketing desmoronou na última etapa. Provocou uma ação, é verdade, mas a ação errada. A EA não direcionou, ela desviou a atenção.

Grandes empresas erram o tempo todo, mas o retorno supera consistentemente o risco. Nos EUA, é muito mais provável que você tenha ouvido falar sobre *The Sims* e *Madden* do que sobre o caso do soco-inglês — ou do jogo *Godfather II*, por sinal. Quando o diferente falha, na maioria dos casos, some no ar. Tentar algo diferente vale a pena, mas considere o aviso do bom senso. Porque às vezes, apenas às vezes, uma empresa assume o risco sem qualquer consideração com a consequência. Ela apenas vai em frente com sua grande ideia estúpida.

Pegue a campanha de marketing do programa de desenho animado *Aqua teen: O Esquadrão Força Total*. Em 2007, a Turner Broadcasting colocou, aleatoriamente, um monte de dispositivos azuis brilhantes e piscantes em locais públicos em Nova York, Boston e em oito grandes áreas metropolitanas. Vou lhe dar apenas um momento para pensar sobre as razões pelas quais isso pode não ter funcionado. Um dispositivo que brilha e pisca. Em Nova York. Em Boston. Debaixo de pontes, em túneis, em entradas do metrô. Como você acha que isso funcionou para eles?

Sim, você está certo. Acabou como uma série de TV ruim. Os moradores da cidade presumiram que os dispositivos eram bombas, notificaram a polícia, e de repente, essa ideia de marketing esperta se tornou uma assustadora ação terrorista que acabou fechando estradas e fez a segurança pública local e federal ficar procurando por bombas na cidade toda. A Turner Broadcasting tinha esperança de que as pessoas e a mídia falassem bem do programa. Em vez disso, tacharam a campanha de marketing como um trote. Bem, nem todos. Apenas o governador de Massachusetts. Todos os outros estavam para lá de irritados e usaram uma linguagem que mesmo um cara como eu, de Nova Jersey, não usaria. Sim, foi ruim assim.

Algumas vezes, uma ideia de marketing não provoca nenhuma, absolutamente nenhuma ação. Chamo isso de "Anzol, linha e fracasso". Você tinha um grande chamador de atenção, seu pessoal estava interessado e, então — puf. Nada para eles fazerem, exceto talvez dizerem: "Isso foi legal." Como daquela vez no lançamento do livro que pedi aos Buzz Warriors [Guerreiros do Barulho, em tradução livre] para ficarem em um local público e lerem em voz alta *The Pumpkin Plan* com sotaque inglês antigo, nada menos. Sim. Isso foi pouco convencional e chamou alguma atenção, mas não levou a nenhuma venda de livros. Ou a novas inscrições na minha lista de e-mail. A ideia não funcionou porque esqueci de direcionar as pessoas a fazerem *algo*.

Vemos isso o tempo todo em web design. Você visita um site e não tem nenhuma dica sobre os próximos passos. Algumas vezes, você nem sabe o que deveria comprar. Ou o onipresente botão "Saiba Mais" está em todo o site, quando a ideia principal de um site é, em primeiro lugar, o maldito saber mais.

Em seu incrível livro sobre web design, *Não me faça pensar*, Steve Krug diz que os internautas não consomem, eles passam os olhos. De certa forma, o mundo é uma página da web, e estamos a todo momento olhando rapidamente, procurando o que é diferente, se é para nós e se há uma ação clara a ser tomada. Seu cliente ideal pode facilmente descobrir sua singular chamada à ação ou é um mistério que ele tem que solucionar? É melhor que o próximo e singular passo seja extremamente óbvio e claro. Se for muito elaborado ou sobrecarregado de escolhas, simplesmente confunde. É como meu bom amigo Don Miller, autor de *Marketing Made Simple* [Marketing simplificado, em tradução livre], diz: "Se você confundir, você perde."

A confusão pode não ser sempre óbvia para você. Então seus bons amigos, o Sr. Métrica e a Sra. Medidas, o ajudarão aqui. Combine isso com escuta ativa, e mais chamadas simples para a ação surgirão.

Quando autografava os livros depois de falar, eu abria a primeira página em branco, acrescentava o nome da pessoa e depois assinava meu nome. Se o tempo permitia, eu adicionava uma mensagem genérica como: "Você conseguiu!" ou "Você é demais!" Certa vez, em um evento, notei uma mulher na fila me olhando autografar os livros. Em geral, as pessoas conversam umas com as outras ou tentam pegar a conversa que tenho com quem quer que esteja na minha frente. Não essa mulher. Ela fixava seus olhos de águia na dedicatória, em *como eu a fazia*.

Quando chegou a vez dela, deslizou seu exemplar de *Lucro primeiro* sobre a mesa e disse: "Você está autografando na página errada. Assine na página do título, para que, quando as pessoas postarem nas redes sociais, o título esteja lá."

No início, meu grande ego tomou conta e pensei: "*Quem diabos é você?* Eu sou um autor incrível, superimportante (aham, segundo minha mãe). As pessoas estão aqui especialmente para me ver! Eu sei como autografar a droga de um livro porque, você sabe, sou especial. Mamãe diz!"

Então, depois de escalar o meu ego do tamanho de um King Kong histérico, disse: "Sabe, essa é uma ótima observação. Obrigado."

Dãããã! Eu estava autografando os livros de uma maneira que, mesmo se os leitores *realmente* postassem minha dedicatória nas redes sociais, não ajudaria de fato a aumentar o conhecimento pelos meus livros — porque era uma página em branco! Ainda assim, que diferença faria se poucas pessoas realmente postassem suas fotos?

Outro dãããã! Embora eu soubesse que as pessoas reagem ao ver ou ouvir o próprio nome, eu havia me esquecido da importância da mensagem pessoal. Apesar de requerer um pouco mais de tempo — de trinta a sessenta segundos, no máximo —, pensei que seria mais eficiente ir com mensagens genéricas. Além disso, não sou tão criativo após ter assinado uma dúzia de livros. A questão é que uma mensagem pessoal joga com a estima dos leitores (lembre-se, a estima é um dos Influenciadores de atração), e quando eles veem o próprio nome em mais uma mensagem pessoal, é muito mais provável que tirem uma foto daquela dedicatória e postem para todos verem.

Dessa ocasião em diante, tenho autografado meus livros de maneira diferente. Certifico-me de assinar na página de rosto e incluir o nome do leitor e uma mensagem pessoal. Assim, quando as pessoas compartilham a página da dedicatória em sua rede social, seus seguidores agora veem o título do meu livro. Incluo também um pequeno cartão de visita que diz: "Envie-me uma foto de você segurando o livro aberto na página da dedicatória para que eu possa lhe enviar um presente de agradecimento, um conteúdo bônus para o livro." Eles me enviam a foto, que é um pedido específico e razoável, e eu lhes envio o conteúdo bônus com o próximo pedido razoável: postar a foto na rede social. Juntamente com o direcionamento específico do cartão, cerca da metade dos leitores para os quais autografo livros postam uma foto nas redes sociais. Uma vez que segui todas as partes do DAD, fui do zero a zilhões. Você também pode.

Algumas falhas de Direcionar não podem ser corrigidas. Sim, estou olhando para vocês, gênios dos socos-ingleses e das bombas piscantes. E algumas outras falhas podem ser corrigidas fazendo pequenos ajustes, como minha ação idiota com os autógrafos nas páginas em branco. Para evitar inteiramente uma falha grande e gorda, avalie sua experiência. Será que a diretriz desencadeará a ação errada? Ou absolutamente nenhuma ação? Você não será capaz de prever cada resultado, ninguém pode, mas poderá evitar maiores gafes com pouco tempo de reflexão.

Projete Sua Diretiva para Sua Comunidade

Você sabia que as abelhas veem cores no espectro de luz ultravioleta? Isso significa que elas veem muito mais variações do que os seres humanos. Como podem ver mais cores, as abelhas e outros insetos podem ver as diferenças nas partes de uma flor que, para nós, parecem somente uma cor. Isso as ajuda a pousar nas flores e encontrar os estames e os pistilos. Então, pergunte-se o que sua comunidade pode ver, ouvir ou entender que as outras pessoas não podem? O que eles responderiam àquelas pessoas que não podem?

Dorothy Hustead, da Wall Drug, entendeu seus clientes ideais muito bem. Ela sabia que eles tinham percorrido um longo caminho por uma planície aparentemente interminável. Também sabia que provavelmente estariam com calor e sede. Assim, criou uma diretiva que os atrairia: água gelada de graça. Para obter os melhores resultados, projete sua diretiva para sua comunidade. O que os atrairia especificamente?

A identidade também desempenha um papel em fazer as pessoas agirem. Pense sobre como sua diretiva pode confirmar o senso de identidade de seu cliente. É por isso que a linguagem é tão importante. Entender o linguajar de seu cliente ideal pode construir ou destruir sua diretiva.* A loja de videogames GameStop caiu na categoria da destruição.

A GameStop criou uma propaganda projetada para fazer os millennials comprarem um pacote de jogos. A diretiva foi votar em qual pacote eles deveriam oferecer como prêmio. O problema foi que a linguagem usada caiu mal entre os millennials — e como. O anúncio dizia: "A GameStop quer saber, tipo, qual pacote você quer por US$7,50?" Eles se tornaram o alvo de uma piada entre os clientes que queriam atrair porque disseram algo de um jeito que um millennial não diria. Em consequência, sua ideia de marketing fracassou. Se você planeja falar a linguagem de seus clientes, melhor que seja uma linguagem que você fala. A linguagem tem que ser apropriada para o público e o contexto.

Em *Switch: Como mudar as coisas quando a mudança é difícil*, os autores Chip e Dan Heath explicam o desafio da motivação conflitante valendo-se de uma analogia: a de um elefante e um cavaleiro. O cavaleiro é a parte lógica e racional do cérebro, enquanto o elefante é a parte emocional e impulsiva do cérebro. O cavaleiro pode dizer: "Preciso perder 5kg." O elefante pode dizer: "Quero comer biscoitos recheados de chocolate." O elefante é maior e mais forte do que o cavaleiro, então ganha da lógica.

Para influenciar seu prospecto a agir como quer, você tem que alinhar o cavaleiro e o elefante para que ambos queiram as mesmas coisas, o seu Direcionar. A solução? Um atrativo que alinhe tanto emoção quanto lógica. Quando você usar o Direcionar, pergunte-se o que atende à gratificação instantânea do desejo emocional do cliente (vitórias rápidas, passos fáceis, recompensas rápidas) e satisfaz os desejos lógicos de longo prazo (mudança permanente, impacto perceptível e aprimoramento). Se você vende grelhas, por exemplo, o

---

* Dê uma olhada em *Lingo: Discover Your Ideal Customer's Secret Language and Make Your Business Irresistible* [Linguajar: Descubra a linguagem secreta de seu cliente ideal e torne seu negócio irresistível, em tradução livre], de Jeffrey Shaw, para dominar a linguagem de sua comunidade.

benefício instantâneo pode ser um relatório gratuito de "os cuidados ao acender sua grelha". Satisfação em longo prazo? Uma experiência de grelhados vitalícia e sem preocupações.

Os Três Motivadores

A maneira de direcionar uma comunidade depende inteiramente de seu relacionamento com ela. Ela o vê como:

1. alguém superior;
2. alguém igual, ou;
3. alguém inferior.

Em outras palavras, as pessoas aspiram ser como você, ganhar de você ou aprender com você — uma posição superior a partir da qual você pode dar conselho ou assistência? Ou o veem como uma delas, como um igual com quem comungar, compartilhar e trocar? Ou o veem como um inferior, em uma posição em que pode vencê-los?

O posicionamento da relação depende das circunstâncias do momento. Por exemplo, os membros de uma igreja experimentam os três tipos de relacionamento em um serviço. Durante um sermão, a igreja se encontra em uma posição de superioridade. Durante a oferenda, a igreja está em uma posição de inferioridade. E durante a reunião do café após a cerimônia, a igreja está tipicamente em uma posição de igualdade.

Na condição de fornecedor de bens e serviços para seu cliente, você experimentará todas as três posições de relacionamento. A questão é: considerando o que você comercializa agora, como o prospecto vê o relacionamento nesse momento? Preconceitos e ignorância são elementos pertinentes aqui, então você pode não estar certo de como seus prospectos o percebem; experimente e teste até descobrir.

Caso esteja em uma posição superior, *diga* a eles a ação a ser tomada. "Compre esta camisa" ou "aprenda comigo" seriam exemplos de uma diretiva no contexto superior. Os verbos de comando são as declarações de ação mais fortes quando você é percebido como a autoridade no relacionamento. Recompense o cumprimento de sua solicitação com demonstrações de avanço relacional. Frases como "você tomou uma grande decisão" e "você vai adorar essa camisa" e "foi um grande passo adiante".

Se você for visto como um igual, então *convide-os* a "juntar-se a nossa comunidade" ou "conectar-se conosco". Os verbos inclusivos são as declarações de ação mais fortes para relações de igualdade. Recompense o cumprimento de seu pedido ao mostrar o significado de seu prospecto na comunidade. Notifique sua comunidade com mensagens como "gostaríamos que todos dessem as boas-vindas ao nosso mais novo membro" ou "[Nome do cliente] é parte da família".

E se você está em uma posição inferior, na qual sua comunidade sente que você será beneficiado com o conhecimento, os recursos ou as habilidades que eles têm, *peça* a eles que ajam com mensagens como "compartilhe sua experiência" ou "diga-nos como servi-lo" ou "contribua agora". Verbos de apelo são as declarações de ação mais fortes quando se é percebido como o principal benfeitor da troca. Recompense o cumprimento de seu pedido reconhecendo a posição superior deles. Por exemplo, "você fez uma grande diferença" ou "obrigado por mostrar o caminho" ou "sua generosidade não será esquecida".

Muitos palestrantes motivacionais estão em uma posição superior à de seus fãs,* portanto, se tentarem usar uma linguagem de posição inferior, como "diga-me o que posso fazer por você", não funcionará bem. Mas se disserem "assista ao meu treinamento de cinco dias",

---

* Visite gogetdifferent.com [conteúdo em inglês] e veja alguns recursos que podem ajudar a entender como fiz uma estratégia Seja Diferente no meu "relacionamento" com celebridades. Acho que você a achará, você sabe, diferente.

então eles ganham. Em contrapartida, se uma associação de mestres como a Organização de Empreendedores (OE) diz "Participe do nosso treinamento de cinco dias", a mensagem não será tão bem-sucedida como seria se a OE dissesse "Junte-se aos seus pares empreendedores" ou "Candidate-se a membro". E se você é Kiva, uma organização que serve a populações pobres ao facilitar microempréstimos para empresários, dizer "Inscreva-se para contribuir" não será tão eficaz como "Ajude empresários que precisam de você" ou "Faça com que outros cresçam". O Direcionar deve se encaixar na posição ou cai por terra.

Incite a Ação

No Terminal C do aeroporto de Newark, você pode jantar em um restaurante chamado Classified (Confidencial). Isto é, se souber que ele existe. E onde fica. E se tiver um convite ou reserva. Para ter acesso a esse restaurante estelar, na verdade, até mesmo para saber que ele existe, é preciso ser membro 1K do programa de fidelidade da United Airlines, ou conhecer alguém que seja *e* ser convidado. Quando finalmente entrei na lista de membros do Classified, me certifiquei de reservar tempo para comer lá em todas minhas viagens de negócios. Por quê? Porque apenas saber disso me fez sentir especial. Ser autorizado a entrar me fez sentir como um figurão. E porque eu *amo* me sentir como um figurão, não guardo o segredo. E conto para *todos* sobre o restaurante. Na verdade, mandei um grupo de dez amigos lá somente para que eu pudesse "colocá-los dentro". Sempre que viajo com minha família, vamos ao Classified. Por quê? Porque podemos. Conheço o "truque" de marketing, mas meu ego "se sente bem sendo especial e parecendo um figurão" e me faz continuar indo e abrindo minha carteira.

Segredos podem provocar lealdade extrema. Conhecer um restaurante secreto e exclusivo no aeroporto de Newark é uma razão significativa para ser um cliente fiel da United. A maioria das companhias aéreas é boa em segredos, exclusividade e escassez. Todas elas têm status prata, ouro, platina, diamante, o que for — metal semiprecioso ou pedras preciosas de plástico —, que fazem seus clientes se sentirem especiais e importantes. Uma vez que o passageiro atinja um status de "elite", não é provável que voe em outra companhia aérea. Esse é o poder do, você sabe, manda-chuva.

O Ajito é um restaurante japonês em Calgary que está escondido atrás de uma máquina antiga de Coca-Cola. Literalmente, essa é a porta da frente deles. Você poderia passar bem em frente e nunca saber disso. Como tal coisa é uma vitória do marketing? Porque as pessoas amam um lugar secreto e escondido. Elas gostam daquele desafio de "descobrir" lugares secretos e do fascínio de estar "por dentro".

Em Towaco, Nova Jersey, o restaurante Rails tem dois bares: um está fora da sala de jantar principal, e o outro é um bar secreto, escondido atrás de uma estante de livros. (Vê só? Realmente não podem confiar em mim com segredos. Não me conte *nada*. Exceto *tudo*.) Algum palpite sobre qual é o bar mais cheio?

E se você realmente quiser aumentar o poder do direcionar, limite sua disponibilidade. Como mencionei anteriormente, estou atrás de uma caminhonete. Quando comecei minha busca em 2020, o novo Ford Bronco foi disponibilizado para encomenda, com datas de entrega começando em 2021. Existem sete versões diferentes que você pode escolher. Há uma oferta ilimitada se você estiver simplesmente disposto a esperar que ele chegue, e a demanda é grande. Um modelo é muito limitado, o First Edition, que custa mais que o dobro do modelo básico. No entanto, esgotou-se em minutos. Duas vezes! O First Edition do Ford Bronco vendeu 3.500 unidades tão rápido, que a Ford respondeu duplicando a produção para 7 mil para atender às reclamações de "eu perdi por minutos" que chegavam de pessoas esperando, mas que não conseguiram clicar e digitar as informações do cartão de crédito rápido o suficiente. A Ford dobrou a disponibilidade, e minutos depois, já era.

Quando algo é escasso, isso pode incitar à ação. Eu nem estava procurando por um Bronco e não conseguia clicar em "Monte Seu Bronco" rápido o suficiente, porque, se esperasse, perderia minha tentativa do First Edition. Não comprei o Bronco, nem mesmo o considerei seriamente, mas sob o poder da escassez, dei muito mais passos do que esperava. Suspeito fortemente de que teria feito um depósito, se pudesse. Provavelmente, enquanto me entupia de biscoitos recheados com chocolate (maldito elefante).

A título de observação, analisei minha busca na internet por um carro novo, e desde a insistência com o Bronco First Edition, notei que gastei mais 68% de tempo procurando produtos da Ford do que de todos os outros fabricantes de automóveis combinados. Esse é o outro poder da escassez: quando tentamos um fornecimento escasso e ficamos de fora, alguns de nós irão, ao menos, querer ficar no clube. Nenhum Bronco, mas fiz um depósito em um novo modelo de carro elétrico da Ford que será lançado em 2022. E, não, eu também não estava atrás disso.

∿∿∿∿∿∿∿∿

Você sabe que precisa de uma diretiva singular e muito específica para garantir que seus esforços de marketing deem resultados, mas o que deveria ser? Para descobrir isso, simplesmente pergunte a si mesmo: "O que exatamente eu quero que meus prospectos ideais façam nesse estágio?" Clicar e comprar. Inscrever-se em uma lista ou seguir na rede social. Esses são pedidos fáceis e claros. Algumas vezes, porém, você precisa que seu cliente siga múltiplas etapas ou caminhos para conseguir os resultados que você quer.

Então comece com o fim em mente e trabalhe da frente para trás. Você já o fez ao estabelecer os parâmetros objetivos do Quem, O Quê e Ganho. Você conhece o prospecto ideal (Quem), qual oferta o serve melhor (O Quê) e o resultado final desejado (Ganho). Conhecendo o Ganho, faça a engenharia reversa do menor número de passos assimiláveis pelo prospecto que o leva àquele Ganho. Cada ação, em uma sequência de etapas que você quer que seus prospectos realizem, deve atender a essas duas qualificações: (1) é um pedido razoável (nem cedo demais, nem tarde demais) e (2) é um pedido seguro (no qual a recompensa potencial supera o risco percebido pelo prospecto).

Uma vez estabelecida uma diretriz clara, certifique-se de que *todos* os prospectos ideais possam tomar essa ação. Por exemplo, sua pergunta exige que as pessoas tenham um tipo específico de telefone? Ou que usem um determinado navegador da internet? Ou que paguem somente em dinheiro vivo? Como você pode garantir que sua chamada à ação seja realizável — quase sem esforço — para a maioria (idealmente todos) de seus prospectos desejados? Você pode não se preparar para cada contingência, portanto, esteja pronto para receber feedback durante seus experimentos e implementações subsequentes. Ouça os prospectos que apontarem o que é confuso ou difícil para eles.

Lembre-se, mais opções causam confusão, então identifique *uma* chamada para a ação que seja acessível para quase todo o público-alvo. Em seu livro *O paradoxo da escolha*, o psicólogo Barry Schwartz explicou que escolhas demais podem levar à paralisia. Sabe aquele sentimento que vem quando você está olhando para um menu de vinte páginas cheio de opções e não consegue decidir o que pedir? O paradoxo da escolha é como isso, e você quer evitar fazer com que seus clientes ideais se sintam assim. Dê a eles *uma* e *apenas uma* ação a ser tomada.

Refine sua diretriz ainda mais ao informar às pessoas o que esperar quando tomarem aquela ação. O que acontecerá quando elas forem para o site, ou ligarem para o número de telefone, ou se inscreverem para sua coisa incrível?

Sua Vez

Você está na fase final da Estrutura do DAD Marketing, então levaremos esse bebê para casa. Lembre-se: o marketing eficaz requer uma diretiva específica. Qual é a sua?

Passo 1: Revise ou refine a ação principal que deseja que seus prospectos façam, o objetivo final de compra. Você já documentou isso como o GANHO no primeiro passo da Planilha de Experimento Seja Diferente.

Passo 2: Agora, observe a ação imediata que deseja que eles tomem neste estágio.

Passo 3: Por fim, escreva a frase (ou posicionamento) que usará para direcionar seu prospecto a tomar essa ação imediata. Confirme que essa frase, ou qualquer forma de diretiva que crie, é clara, específica, razoável e acionável. Se é, marque aquela caixa na planilha de Experimento Seja Diferente.

Minha Vez

Testes anteriores provaram que o posicionamento único dos livros em minha estante tradicional funcionava para chamar a atenção (Diferenciar) e o envolvimento moderado (Atrair). Com meu novo teste da estante de árvore, quero obter uma atenção mais forte (Diferenciar) e manter as pessoas presas por mais tempo (Atrair), e também preciso garantir que acertei a fase direcionar com um pedido específico e razoável.

Eu aprimoro a ideia Direcionar para chegar ao melhor cliente antes de testar. Faço isso, como você deveria, no verso do meu pedaço de papel.

> Mídia: Todos os vídeos pré-gravados e transmissão ao vivo
>
> Ideia: Uma estante em forma de árvore, impossível de ser ignorada, mostrando meus livros, o que inspira as pessoas a consegui-los.
>
> Aprovado pelo DAD? Sim para Diferenciar com uma estante de árvore, embora somente testando provarei que isso funciona. Sim para Atrair com uma estante porque a estrutura fará seus olhos naturalmente passearem... Testar será necessário para provar, é claro. Agora é hora de fazer o Direcionar (no verso da ficha).
>
> Direcionar: Apresento a mais de 250 pessoas por semana. Posso colocar um cartaz que diz "Consiga esses livros na Amazon", mas isso parece quase superficial demais. Como uma vitrine de varejo. Porque sou eu que apresenta, e posso dizer algo como: "Você deve ter notado os livros por cima do meu ombro. Eu os escrevi para simplificar a jornada

empreendedora. Se você acha que isso pode lhe servir, por favor, vá agora mesmo à Amazon para conseguir um exemplar."

Também posso recompensar as pessoas postando qual livro eles acabaram de comprar e lhes enviar um conteúdo bônus grátis a título de agradecimento. Isso também terá um mecanismo de prova social; quando as pessoas veem outros tendo um certo comportamento, o replicarão. Esse é um Direcionar forte e claro.

Melhorei todos meus parâmetros de experimentos e sinto que maximizei minha probabilidade de sucesso. Agora estou pronto para fazer o teste!

Capítulo sete

~~~~~~~~~~~~~~~~

Experimente, Meça, Amplifique, Repita

Vamos tirar isto do caminho agora mesmo: algumas de suas ideias diferentes serão uma droga. Risque isso. *A maioria* de suas ideias diferentes serão uma droga. Eu me atreveria a dizer que mais de 90% de minhas próprias ideias diferentes foram uma decepção — falharam no marketing dos milissegundos —, mas os 10%, que *realmente* foram longe, mais do que compensaram os experimentos fracassados.

Quando Michelle Scribner, a CEO da Sum of All Numbers, leu uma versão inicial deste livro, o atirou contra a parede em seu quarto de hotel. Ela se aborrecera porque poderia levar nove tentativas para se ter uma boa ideia. Estava aborrecida porque sabe que é a verdade. Você também pode estar aborrecido com a taxa de fracasso. No entanto, não desperdiçarei seu tempo com mentiras confortáveis. Essa é a dura verdade. Você deve ser diferente e precisa descobrir esse diferente por meio de testes, testes e testes de novo.

O processo do fracasso o levará a obter ganhos espetaculares, com certeza. Esse gotejamento de ganhos em um mar de perdas pode fazê-lo pensar em desistir. Você pode começar a se perguntar se alguma de suas ideias funcionará. Ou pode se sentir como se algumas ideias fossem muito arriscadas para tentar. Quando se sentir dessa maneira, lembre-se de que sua concorrência também se sente assim. Todos experimentam essa atração magnética de voltar ao que sempre fizemos, da mesma forma que todos os outros fazem. Não porque funciona, mas por se sentir seguro.

Portanto, se você sente a atração de recorrer ao mesmo método de marketing de preencher lacunas que todos fazem, não se preocupe. Isso é normal. Se ouvir coaches, agências e especialistas dizerem, "Você precisa fazer _____", onde a lacuna é o método de marketing que todos estão dizendo, isso é normal. Mas só por ser "normal" não significa que deve fazê-lo. Claro, você sentirá a atração para fazê-lo, mas, com certeza, não deveria.

Fazer diferente parece assustador precisamente porque ninguém mais está fazendo isso — que é a razão pela qual você deve fazer! Porque ninguém mais está fazendo isso, é precisamente por isso que será eficaz.

Nossa inclinação, como meros mortais, é a de nos misturarmos; então, você pode por suas ideias para fora sem pensar muito, sem realmente considerar se realmente vale ou não a pena persegui-las. A tendência humana de nos refrearmos mata a invenção e a inovação, então quero que mentalize que suas ideias não precisam se tornar peças permanentes de seu plano de marketing comercial. Elas são simplesmente experimentos.

Durante minha aula de ciência da 6ª série, quando uma nuvem de fumaça se formava da mistura dos produtos químicos errados, o Sr. Fordyce dizia: "Bom trabalho, você apenas achou algo que pode te matar. Não vamos fazer isso em grande escala. Tentaremos um experimento novo." Da mesma forma, ao ter uma hipótese de marketing — isso pode funcionar, aquilo não —, você fará um teste para verificar se está descobrindo alguma coisa. Sem a pressão de pensar grande. Sem a pressão de arrasar de imediato. Sem a pressão de que seja perfeito ou quase perfeito. Apenas divertidos experimentos de laboratório.

Uma das razões pelas quais compramos cursos e pacotes de publicidade é porque acreditamos na estatística de divulgação dos vendedores: percentuais de engajamento, taxas de abertura de e-mails e de cliques. Pensamos que, como outras empresas do setor podem obter esses retornos sobre seu investimento, nós também podemos. Então vestimos nosso melhor terno cinza e esperamos pelo melhor conforme entramos na fila com os outros ternos cinza. É aí que acontece. É aí que ouvimos a maior mentira de marketing de todos os tempos: se seu marketing não está funcionando, você simplesmente ainda não fez o suficiente.

Sim, mencionei isso antes — provavelmente mais de uma vez. Repito porque esse é um dos pecados mais comuns que os "especialistas" em marketing cometem. Deixe feder. Sim, eu disse "feder". Para mostrar o quanto essa mentira é podre. Direi isso mais uma vez, para um efeito dramático. A mentira número um do marketing no mundo:

Se seu marketing não está funcionando, você simplesmente ainda não fez o suficiente.

Anúncios não funcionam? Você precisa fazer mais. O site não gera conversões? Você precisa de mais tráfego. A propaganda no rádio é um fracasso? Você precisa colocá-la em mais estações, mais vezes por dia.

Lembra-se de Linda Weathers? Ela perdeu US$50 mil tentando conseguir somente um lead, em parte porque ouviu que não estava fazendo volume suficiente. Mais, mais, mais.

Tudo bobagem! A mais pura bobagem.

Se você está fazendo algo e não funciona, provavelmente não funciona porque está faltando um componente do DAD. É indiscutível que é necessário alcançar significância estatística (tentativas suficientes de que ao menos uma pessoa tem grande probabilidade de se envolver), mas fazer mais do mesmo material imperceptível e ineficaz é um erro enorme. Isso é como dizer que ninguém pode ver o homem invisível, então podemos colocar toda a família invisível no palco. Agora você consegue vê-los? Claro que não! Mais invisível ainda é invisível.

Por outro lado, hesitamos em tentar ideias novas porque não há estatísticas dizendo que elas funcionarão. Não sabemos se as pessoas entenderão o que estamos tentando fazer, e, se *de fato* conseguirem, não temos certeza se isso gerará leads. Se pensar sobre isso por alguns minutos, tenho certeza de que perceberá que teve ideias no passado que deixou morrer simplesmente por achar que eram muito arriscadas para implementar. Talvez tenha pensado que suas ideias exigiriam tempo demais, dinheiro demais ou esforço demais. Em outras palavras, elas pareciam arriscadas demais para tentar, então você as colocou em segundo plano.

Você já pensou sobre aquela frase "colocar isso em segundo plano"? Pensamos que significa que estamos dando um tempo para cozinhar outra coisa, planejando voltar a ele logo. Tudo o que realmente acontece é que acabamos esquecendo-o completamente. E você sabe o que acontece quando esquece algo assando no forno — você o estraga, destrói a assadeira e acaba com aquela coisa dura que ninguém jamais poderá consumir.

Devemos rebaixar nossas ideias de marketing dos "planos de marketing" grandiosos para os "experimentos de marketing" realizáveis — pequenos testes em que descobrimos o que funciona ou não, e, talvez tão importante, começamos a desenvolver nosso músculo do marketing. Com isso, descobrimos se dominamos os milissegundos, se vale a pena escalar nossas ideias. Sempre comece com experimentos de marketing (gerenciáveis e reveladores), e então, com os bem-sucedidos, siga com os planos de marketing (abrangentes e contínuos).

Mas algumas ideias não valem o tempo e o dinheiro que seria necessário para experimentá-las. Logo, avalio minhas ideias primeiro, daí então experimento. Quero que faça o mesmo. Nada matará sua confiança mais rápido que uma pilha de tentativas falhas e uma pilha cada vez menor de dinheiro, então, primeiro avalie a ideia e depois realize o experimento. Em outras palavras, faça o que puder para experimentar de forma barata. Se o experimento for um sucesso, será com pequenos ajustes, então invista mais nele, lance-o e veja seus leads se multiplicarem.

Porém, como descobrir quais ideias têm potencial e quais não deveriam acontecer? Você as avalia para ver se seguem o DAD e as rastreia para ver se funcionam de fato. Neste capítulo, darei orientações sobre como conduzir seu próprio Experimento Seja Diferente. Você já fez a maior parte do trabalho. O próximo passo é testar a ideia e determinar se ela está pronta para lançada.

A Planilha do Experimento Seja Diferente

Você já conheceu alguém que aparecia com uma enxurrada de ideias? Grandes, divertidas, malucas, maliciosamente inteligentes — um monte delas? Como essas pessoas fazem isso? Não se trata propriamente de um talento especial. Elas têm um processo, tão fluido que é subconsciente. A planilha do Experimento Seja Diferente é uma maneira simples de criar ideias de marketing viáveis — seus experimentos. É assim que você avalia se certa abordagem de marketing visa o prospecto certo com a oferta certa, aprimora o DAD *e* se vale a pena perseguir.

Desenvolvi a Planilha de Experimento Seja Diferente para mim mesmo em forma de rascunho há mais de uma década. Eu a testei recorrentemente com minhas próprias ideias e em clientes com as ideias deles. Eu a uso com tanta frequência, que se tornou automático; vejo oportunidades de marketing diferente em todos os lugares. Você tem trabalhado com esse filhote ao longo de todo o livro, desde o Capítulo 3. Estamos passando por ela passo a passo para ser moleza usá-la de agora em diante.

Um lembrete: você pode acessar a Planilha de Experimento Seja Diferente [PESD] junto com os demais recursos para este livro em gogetdifferent.com [conteúdo em inglês]. Recomendo imprimir folhas extras para ter à mão enquanto continua a ler este livro. E se você realmente não gostar de planilhas, pode olhar aqui e seguir junto em seu próprio caderno.

Antes de completarmos a folha inteira, é importante que você tente uma experiência de cada vez. No final, você fará o brainstorm de muitas ideias, mas começaremos com apenas um teste. Tentar gerenciar e rastrear múltiplas e diferentes estratégias de marketing diluirá seu foco e o deixará meio louco. Além disso, tal como cozinhar sua receita favorita, com o tempo, você poderá descobrir que uma pitada extra de sal ou um pouco menos de farinha faz toda a diferença. Um Experimento Seja Diferente não é fazer ou morrer. É um fazer, refazer, ajustar ou morrer.

PLANILHA DE EXPERIMENTO SD

NOME _____
DATA _____ TESTE Nº ____

PASSO 1: OBJETIVO

QUEM
Quem é o prospecto ideal?

O QUÊ
Que oferta o serve melhor?

GANHO
Qual o resultado que você quer?

PASSO 2: INVESTIMENTO

LTV DO CLIENTE: _____
Ciclo de vida típico (faturamento) de um cliente.

TAXAS DE PROBABILIDADE DE FECHAMENTO: _____ **DE CADA** _____
Sua taxa de fechamento esperada de prospectos engajados. Por ex.: 1 de cada 5

INVESTIMENTO POR PROSPECTO: _____
A quantia em dinheiro que quer arriscar para conseguir um prospecto.

ANOTAÇÕES:

PASSO 3: EXPERIMENTO

MÍDIA: _____
Qual plataforma de marketing usará? Por ex.: site, e-mail, mala direta, cartaz etc.

IDEIA:

ISSO OBEDECE À ESTRUTURA DAD?
- ❏ **DIFERENCIAR**
  É impossível ignorar?
- ❏ **ATRAIR**
  É uma oportunidade segura?
- ❏ **DIRECIONAR**
  É um pedido específico e razoável?

PASSO 4: AVALIAÇÃO

INTENÇÕES
DATA INICIAL: _____
Nº DE PROSPECTOS PRETENDIDOS: _____
RETORNO PRETENDIDO: _____
INVESTIMENTO PRETENDIDO: _____

RESULTADOS
DATA FINAL: _____
Nº ATUAL DE PROSPECTOS: _____
RETORNO ATUAL: _____
INVESTIMENTO ATUAL: _____

OBSERVAÇÕES:

VEREDITO {
| **EXPANDIR E RASTREAR** | **RETESTAR** | **APRIMORAR** | **ABANDONAR** |
| Use como estratégia contínua | Teste nova amostra | Consertar e repetir | Começar novo experimento |

A planilha do Experimento Seja Diferente

A boa notícia é que, se você tiver acompanhado, já completou os passos um, dois e três, mas, para ter certeza que acertamos *tudo*, passarei por todos os elementos novamente.

No topo da PESD, ou em um pedaço de papel, escreva o nome de sua empresa (no campo PARA), a data (no campo DATA) e o número do experimento (no campo TESTE). Você está apenas começando, então o número é um. Sei que isso é tão básico quanto colocar seu nome no alto da prova do 5º ano, mas há uma razão além da simples organização. Ao nomeá-la, você toma posse. É o primeiro passo para obter o controle que mencionei no início deste capítulo — controle sobre o desenvolvimento dos negócios. Quando coloco "PARA: A marca Michalowicz" ou um dos nomes das minhas empresas no topo, tenho um sentimento que somente consigo descrever como uma sensação de "vamos fazer isso". Esse não é apenas um experimento aleatório; eu não estou tentando conseguir uma boa nota na aula de ciências. Esse é um experimento que poderia mudar meu negócio para sempre. Em breve você terá um monte desses filhotes, e o número o ajudará a encontrar a sua (possivelmente, assim se espera) brilhante ideia de marketing diferente. É seu próprio catálogo de gênio do marketing.

Passo 1: OBJETIVO

Se você completou a seção Agir no fim do Capítulo 3, preencher essa seção será fácil. Basicamente, copiar e colar! Veja só:

QUEM — Quem é seu prospecto ideal (ou avatar, se preferir esse termo)? Espero que tenha descoberto isso no Capítulo 3. Se não, que seja agora. Lembre-se de que um avatar é um conjunto de qualidades da pessoa com quem mais deseja trabalhar. Note que eu disse "pessoa", não grupo de pessoas. Evite mercados gerais, como "todos os pilotos" ou "mães com crianças pequenas" ou "crianças pequenas com mães", por exemplo. Seja especificamente direto, como "piloto que se aposenta este ano e quer começar uma nova carreira" ou "mãe com 5 filhos menores de 10 anos em casa que ainda não ficou maluca" (Este último é puramente hipotético, claro). Quanto mais específico o avatar, mais poderoso se torna nosso marketing diferente para essas pessoas. Saber quem são em detalhes lhe dá poder para fazer uma abordagem de marketing muito específica.

O QUÊ — O que serve melhor a seu prospecto? Entre seus produtos e serviços, qual balançará o mundo dele? Qual grande promessa esse produto ou serviço entrega?

GANHO — Qual é o principal resultado que você quer? Quer vender algo aos prospectos? Quer que façam uma contribuição, se tornem um membro, se inscrevam em uma aula? O GANHO é o objetivo do marketing. Quando chegarmos à fase DIRECIONAR, no Passo 2, essa é a ação imediata que você deseja que tomem para chegar ao GANHO. Em alguns casos, o DIRECIONAR e o GANHO são a mesma coisa, como "comprar a camisa", e em outros casos você usará o DIRECIONAR para chegar mais perto do GANHO, como "inscreva-se para ser notificado quando a camisa for lançada". Lembre-se: o GANHO é o resultado principal que *você* quer. DIRECIONAR é o próximo passo para chegar lá.

PASSO 1: OBJETIVO	
QUEM Quem é o seu prospecto ideal?	
O QUÊ Que oferta o serve melhor?	
GANHO Qual o resultado que você quer?	

PASSO 1: OBJETIVO — O primeiro estágio de um Experimento Seja Diferente, onde o prospecto, a oferta e o resultado desejado são definidos.

Passo 2: INVESTIMENTO

De novo: você pode já ter feito esse trabalho no Capítulo 3. Se assim for, tem uma vantagem.

LTV DO CLIENTE — Ou seja, qual o *lifetime value* de seus clientes? Quanto de receita você poderia obter ao longo de seu relacionamento com eles?

TAXA DE PROBABILIDADE DE FECHAMENTO — Se você se esforçar ao máximo, quais são as chances de conseguir esse cliente? Esse é um simples *x* de cada afirmação *y*.

INVESTIMENTO POR PROSPECTO — Conhecendo as probabilidades, quanto está disposto a investir por tentativa de marketing em cada prospecto individual para conseguir que um deles se torne um cliente?

```
PASSO 2: INVESTIMENTO

LTV DO CLIENTE:_____          ANOTAÇÕES:
Ciclo de vida típico (faturamento) de um cliente.

TAXAS DE PROBABILIDADE
DE FECHAMENTO: _____ DE CADA _____
Sua taxa de fechamento esperada dos prospectos engajados. Por ex.: 1 a cada 5

INVESTIMENTO POR PROSPECTO:_____
A quantia em dinheiro que está disposto a arriscar para conseguir um prospecto.
```

PASSO 2: INVESTIMENTO — O segundo estágio de um Experimento Seja Diferente, onde o LTV do cliente e o investimento associado de marketing por prospecto são determinados.

Passo 3: EXPERIMENTO

Em seguida, trabalhe a Estrutura do DAD Marketing. Com base em tudo o que aprendeu, observe o seguinte:

MÍDIA — Qual plataforma de marketing usará? Se for a mesma que o restante de seu setor, precisará diferenciar o suficiente para que a mídia comum (ignorável) seja irrelevante. Alternativamente, use uma mídia diferente daquela que sua concorrência usa; com essa diferenciação inerente, você já aumentou suas chances de ser notado.

IDEIA — Olhando para a lista de brainstorm que elaborou no Capítulo 4, qual ideia de marketing planeja testar?

Em seguida, pergunte-se: "O DAD aprova?"

DIFERENCIAR — Sua ideia é difícil de ignorar?

ATRAIR — É uma oportunidade segura?

DIRECIONAR — É um pedido específico e razoável?

Marque as caixas que se aplicam. Se você for capaz de marcar todas as três, está pronto para tentar o experimento. Se não está convencido disso, modifique sua ideia até que possa fazê-lo. Não há prova de que o DAD funciona até experimentar, mas precisamos primeiro passar no teste de seu próprio instinto.

PASSO 3: EXPERIMENTO	MÍDIA: _____ Qual plataforma de marketing usará? Por ex.: site, e-mail, mala direta, cartaz etc. IDEIA:	ISSO OBEDECE À ESTRUTURA DAD? ❏ **DIFERENCIAR** É impossível ignorar? ❏ **ATRAIR** É uma oportunidade segura? ❏ **DIRECIONAR** É um pedido específico e razoável?

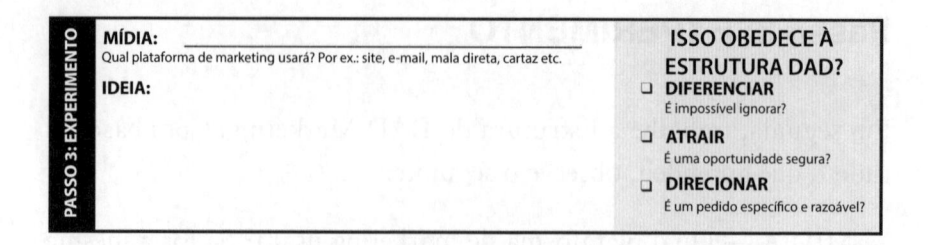

PASSO 3: EXPERIMENTO — O terceiro estágio de um Experimento Seja Diferente, quando o conceito de marketing diferente é proposto e avaliado para estar em conformidade com a Estrutura do DAD Marketing.

Passo 4: AVALIAÇÃO

Se estiver razoavelmente certo de que sua abordagem será notada, envolva o cliente ideal e faça-o tomar uma ação específica, e aí você está pronto para testar sua teoria. A verdade não é dita com palavras, mas com ações. Seus prospectos "falarão" a verdade por meio de seu comportamento. Se você leu qualquer um de meus outros livros ou me ouviu falar, provavelmente sabe que sou um experimentador. Eu *amo* um bom teste, pois qual é o mérito de gastar algum tempo e dinheiro em algo se ele não produzirá resultados? Não faça grandes apostas no que você *acha* que o cliente fará, faça grandes apostas no que você *sabe* que o cliente fará. Os testes o levam da teoria para a realidade.*

Sei que estou prestes a falar algo do tipo "Dããã! Eu sei disso!", mas saber e fazer são duas coisas diferentes. Muitos sabem, mas poucos o fazem: você deve planejar e medir o retorno do investimento. Para que seu marketing "Seja Diferente" faça sentido, ele precisa resultar em um retorno positivo. Ele deve dar tração, direta ou indireta, àquilo que você quer vender. E precisa garantir que seu investimento

---

* Testei o design da sobrecapa deste livro — *bastante*. Vá para gogetdifferent.com [conteúdo em inglês] e saiba como ver o vídeo explicando meus testes, as descobertas surpreendentes e os resultados.

acumulado em marketing, em tempo e dinheiro renda mais do que se gasta. O marketing deve pagar mais do que a si mesmo; deve também contribuir para a saúde contínua de sua empresa. Você sabe, seu lucro.

Talvez seu marketing "Seja Diferente" servirá para elaborar uma lista de prospectos com e-mail, telefone ou outra informação de contato, sem encaminhá-los para comprar ainda. Talvez você ofereça um relatório setorial em troca de eles fornecerem o nome e e-mail. Nesse caso, você os está orientando a lhe dar informações de contato. Assim, o próximo estágio pode ser a venda. Você ainda precisa fazer uma análise do ROI [sigla em inglês para Retorno do Investimento]. Outras vezes, será uma oferta direta, quando eles comprarem seu produto naquele momento. Também nesse caso você precisa calcular o ROI.

Na seção AVALIAÇÃO, observe o seguinte:

Primeiro, suas INTENÇÕES:

DATA INICIAL — Quando planeja começar seu experimento?

NÚMERO PRETENDIDO DE PROSPECTOS — Quantos prospectos visará com esse experimento?

RETORNO PRETENDIDO — Qual o ROI esperado? Pode não ser o faturamento atual, mas pode ser um resultado (como o número de inscrições) que sustentará o faturamento.

INVESTIMENTO PRETENDIDO — Quanto custará o experimento?

Depois, comece o experimento registrando os RESULTADOS:

DATA FINAL — Quando termina o experimento? Sugiro que determine isso logo de início, tendo em mente que as coisas podem mudar. Você pode conseguir um fluxo de prospectos maior ou menor do que o esperado. Pode precisar coletar mais ou menos dados. Assim, você pode estender ou diminuir a DATA FINAL. Dê a si mesmo alguma flexibilidade, mas não demais a ponto de o experimento fracassar.

NÚMERO ATUAL DE PROSPECTOS — Quantos prospectos efetivamente participaram de seu marketing?

RETORNO ATUAL — Qual é seu ROI atual? Tal como o RETORNO PRETENDIDO, não tem que ser o faturamento se essa não era a intenção.

INVESTIMENTO ATUAL — Preencha após completar seu experimento. Qual foi o custo atual para fazê-lo?

Com essas duas colunas completas, revise o experimento.

OBSERVAÇÕES — Adicione quaisquer anotações que o ajudarão a ajustar e aprimorar seu experimento, caso decida tentar de novo ou lançá-lo.

E, como passo final, apresente uma decisão sobre como proceder:

VEREDITO

Agora que completou o experimento, qual seu veredito? Aqui estão quatro opções que considero:

Expandir e Rastrear — Quando seus resultados encontram suas intenções, tenha confiança de que a continuidade do processo produzirá resultados desejáveis. Expanda o número de prospectos e aumente seu investimento. Lembre-se de avaliar ao longo do caminho. Apenas porque um Experimento Seja Diferente funciona agora não quer dizer que funcionará no ano seguinte. Nunca o defina e o esqueça. Quando *estiver* funcionando, explore-o para tudo que valer a pena.

Testar de Novo — Quando você não tiver confiança na precisão ou consistência dos resultados, faça o teste novamente com uma nova amostra de prospectos.

Aprimorar — Quando você sabe que partes do Experimento Seja Diferente estão funcionando, mas não todas. Esse é o resultado mais comum. Aspectos de seu marketing podem precisar ser melhorados e testados. É esse o momento de ajustar a ideia para aumentar a eficácia do DAD.

Abandonar — Quando você sabe que sua ideia é um desastre, é hora de abandoná-la. Não será difícil descobrir isso: se não produzir nenhum retorno, ou se o gasto não puder ser justificado pelo retorno. Mantenha um registro do experimento, mas não tente se basear nele ou torná-lo melhor. Ele vai para o arquivo morto dos experimentos, embora você seja capaz de utilizar uma parte dele mais tarde quando precisar de uma nova ideia.

Se foi um sucesso, circule o Expandir e Rastrear e continue. Se funcionou, mas não conseguiu dados suficientes, circule Testar de Novo e execute em uma nova amostra. No caso de alguns aspectos de seu experimento terem funcionado, mas ter havido falha na entrega, circule Aprimorar, e então corrija os elementos aplicáveis do Experimento Seja Diferente e tente de novo. Finalmente, se fracassou, circule Abandonar e siga para seu próximo experimento.

	INTENÇÕES	**RESULTADOS**
PASSO 4: AVALIAÇÃO	DATA INICIAL: _____	DATA FINAL: _____
	Nº PRETENDIDO DE PROSPECTOS: _____	Nº ATUAL DE PROSPECTOS: _____
	RETORNO PRETENDIDO: _____	RETORNO ATUAL: _____
	INVESTIMENTO PRETENDIDO: _____	INVESTIMENTO ATUAL: _____
	OBSERVAÇÕES:	

VEREDITO {
EXPANDIR E RASTREAR	RETESTAR	MELHORAR	ABANDONAR
Usar como estratégia contínua	Testar nova amostra	Corrijir e tentar de novo	Começar novo experimento

PASSO 4: AVALIAÇÃO — O quarto e derradeiro estágio de um Experimento Seja Diferente, no qual as intenções de marketing são definidas e comparadas com os resultados atuais e é feita uma determinação de como proceder.

Se você fracassar mesmo, não fique suando em bicas. Você já está anos-luz à frente da maioria de seus concorrentes, se não de todos eles. De acordo com um relatório setorial do IBISWorld, há mais de 50 mil empresas de serviços de informática em operação hoje nos EUA. E nenhuma delas, desde a venda da Geek Squad em 24 de outubro de 2002, tem operado com sucesso semelhante. E a razão é extremamente óbvia. Elas não experimentam. Sua concorrência também não o fará. Elas estão presas às "melhores práticas" do ramo. Ou à tendência do dia. Elas estão evitando riscos como podem ao se misturarem tanto quanto podem. Mas, com certeza, não tentam criar um marketing diferente que seja verdadeiro e autêntico para elas. E certamente não estão em constante busca de aprimorar o que têm, mas você está. É por isso que você arrasa. Boom!

Como Você Sabe Quando Parar?

Lembra-se da história de Gabe? Tivemos a ideia de enviar um monte de livros para os prospectos com notas adesivas apontando para páginas úteis. Compartilhei essa ideia com minha comunidade de consultores "Conserte Isso em Seguida", encorajando-os a experimentá-la, e adicionei uma mensagem na última nota que dizia: "Envie-me uma mensagem, e o ajudarei com quaisquer dúvidas que tenha."

Não demorou, recebi uma ligação de um deles. Vou chamá-lo de Ted. "Segui sua ideia", ele me disse. "Enviei quarenta livros. Recebi muitos agradecimentos, mas ninguém me contratou. Então acho que não funciona."

Nesse caso, o problema não foi a ideia. Ted parou a campanha antes de alcançar significância estatística. No Capítulo 3, você aprendeu a respeito e, espero, planejou seus prospectos do Alvo Número Cem. Ted estava a sessenta de cem.

Ele também não deu tempo suficiente para o experimento. Ted esperava uma resposta em uma semana, mas seus prospectos precisavam de ao menos algumas semanas para ler um livro e ler as notas adesivas. Um mês depois da primeira ligação, Ted me ligou de volta para dizer que agora tinha dois novos clientes. Então, recomeçou a campanha.

Você nunca saberá se o Experimento Seja Diferente funciona se desistir dele antes de atingir a significância estatística. E precisa dar-lhe tempo suficiente para fazer sua mágica. Não comece e pare. Não apresse o experimento. Você saberá que é tempo de abandonar a ideia quando, após tentá-la por um período razoável de tempo em seu Alvo Número Cem e ajustar os componentes de Atrair e Direcionar, ainda não obtiver os resultados que esperava alcançar.

A propaganda de rádio não soou nada parecido com o que havíamos escrito. Soava como "coisa de rádio". Que diabos!

Se você leu *Fix This Next* [Corrija isso em seguida, em tradução livre], deve se lembrar de Anthony Sicari, proprietário da New York State Solar Farm, e da história sobre como ele alavanca de forma única a dívida para administrar o fluxo de caixa.* Quando o encontrei em nosso projeto Edison Collective,** ele mencionou que queria mudar seus anúncios de rádio, fazer algo diferente. Anthony gastou cerca de US$70 mil por ano naquele meio de comunicação específico durante cinco anos. Após implementar o *lucro primeiro*, ele não conseguiu justificar a despesa. Queria tentar o rádio novamente, porque *poderia* funcionar e *poderia* trazer um ROI sólido, mas, por razões que ele não entendia, não funcionava da maneira como desejava. Parecia como uma boa oportunidade para um experimento, não acha?

Quando entrevistei Anthony para este livro, ele me disse: "Eu fiz anúncios de rádio porque pensava que rádio era apenas o que os empresários fazem, mas, no final das contas, não conseguíamos rastreá-los. Não conseguíamos *ver* se funcionava."

Juntos, criamos um conceito diferente e um plano de ação.

1. **Diferenciar:** Deixar para lá as promoções pré-gravadas com música brega que ninguém ouve e gravar um anúncio que soe como Anthony deixando uma mensagem de voz na secretária eletrônica de alguém. Nesse anúncio, ele explicaria o que de fato o irrita sobre as informações deturpadas da indústria de energia solar, e que ele está comprometido em resolver isso.

---

* Atualizando essa história, Anthony alavancou a dívida de forma tão inteligente, que erradicou todas as dívidas de sua empresa. Agora ele raramente contrai empréstimos, e o faz somente quando consegue transformar um empréstimo em um grande ganho. Na maioria das vezes, apenas toma emprestado de sua própria reserva de dinheiro quando faz uma grande compra.

** Se você está interessado em se juntar ao nosso projeto, acesse mikemichalowicz.com/masterminds [conteúdo em inglês].

2. **Atrair:** A gravação não seria um meteorologista tradicional lendo um roteiro com uma voz de "melhor colocar suas galochas hoje". Seria o próprio Anthony, sendo natural e real. A aposta seria a de que os ouvintes do rádio seriam mais atraídos pela sinceridade do que pela propaganda exagerada.

3. **Direcionar:** Em vez de enviar pessoas para seu atual site, Anthony criaria outro site com apenas uma página para esse anúncio e Direcionaria os ouvintes a visitá-lo.* Esse site específico para o anúncio era a chave para rastrear a eficácia da propaganda.

Anthony parecia animado para começar, mas, transcorridas poucas semanas, eu ainda não tinha notícias dele. Então enviei uma mensagem e disse que adoraria ouvir como terminara seu anúncio de rádio e perguntei se poderia me enviar. Ele enviou. Eu suspirei.

Era a mesma propaganda antiga com a mesma música brega antiga. De maneira nenhuma ele ganharia o momento da piscada do marketing com aquele anúncio. Tenho que admitir, eu estava temporariamente derrotado. Posso incitar clientes, colegas e plateias a tentar algo diferente com seu marketing, mas a maioria deles não o faz. Para ser sincero, fico de coração apertado, porque tenho certeza de que faria toda a diferença para eles. Eu quero que eles *queiram* assumir "riscos".

Anthony poderia fazê-lo. Eu tinha certeza disso. Apenas tinha que tentar de novo, para que *ele* tentasse de novo.

"Meu caro, não foi isso que a gente planejou", disse a ele. "Você precisa de algo que mostre que é você, Anthony, o amigo e vizinho que está apenas tentando ajudar."

---

* Você pode ver o plano completo de Anthony, roteiros de rádio e imagens de seu site em gogetdifferent.com [conteúdo em inglês].

Anthony suspirou. "Eu sei. Estava superanimado depois que deixei a sessão de ideias. Pensei: 'Definitivamente, quero implementar isso'. Escrevi o roteiro baseado no que falamos, mas quando tentei gravá-lo, não consegui. Não soava natural. Então, depois de muitas tentativas, desisti. Simplesmente não estava acontecendo."

"Ouça, vamos fazer outro", eu disse a ele. "Tudo bem fazermos do jeito que falamos originalmente?"

Ele aceitou.

Com alguns pequenos ajustes no roteiro para fazê-lo soar da maneira que ele realmente falaria na vida real, Anthony se trancou em um armário, colocou seu celular em uma orelha e um microfone na boca e gravou a mensagem de voz — cerca de cem vezes. O tom era muito diferente de todos os outros anúncios que gravou, então, fora de sua zona de conforto, ele se esforçou para acertar.

Não é fascinante que tenha levado mais de cem gravações para se parecer menos como um anúncio e mais como ele mesmo? Enfatize isso para você não se esquecer do esforço necessário para desprogramar aquele meteorologista brega de galochas escondido dentro de você. Isso é o que acontece com os empresários ao longo do tempo. Aprendemos como soar, parecer e nos comportar como outros empresários, então é difícil apenas sermos nós mesmos.

Quando Anthony apresentou o anúncio à estação de rádio, eles insistiram em fazer algumas mudanças. "Eles me chamaram e disseram: 'Por favor, podemos consertar isso para você de graça?' Queriam que se parecesse com um anúncio normal. Eu lhes disse não. Isso é o que vamos fazer. Estamos fazendo um teste aqui. Está legal."

O pessoal da rádio também tentou fazer Anthony mudar o site que ele elaborou para o teste. Eles se perguntavam qual a razão de dirigir o tráfego para um site que só tinha um vídeo e um número de celular e nenhuma forma de geração de leads. A ideia de marketing dele estava tão fora do padrão a que estavam acostumados, que se ofereceram para "consertá-la" de graça. Para ver o quanto se sentiam desconfortáveis com o diferente.

Mesmo depois que Anthony lhes disse para não mudarem o anúncio, ainda acrescentaram um toque de correio de voz e fizeram algumas outras mudanças para que soasse mais "refinado" — exatamente o oposto das ideias de marketing diferentes que criamos. Anthony declinou dessa versão nova e melhorada.

"Então disseram: 'Você não quer nenhuma música de fundo, não quer que o segmentemos e não quer efeitos sonoros?' E eu lhes disse: 'Apenas não mexam nele'."

O anúncio foi ao ar em uma segunda-feira, mas o lançamento completo não estava planejado até sexta-feira, então ele foi veiculado apenas algumas vezes. Mesmo assim, Anthony recebeu uma resposta de imediato. Em um dia, ele tinha dois leads novos. Depois começaram a chegar mais. Foi quando me mandou uma mensagem: "Está funcionando!" — com um GIF apropriado.

"Eu estava chocado", disse Anthony.

Eu, nem tanto. Eu sei que "Ser Diferente" funciona. Você apenas tem que experimentar.

Quando perguntei a Anthony como isso poderia mudar seu marketing no futuro, ele disse: "Sempre me senti confiante no lado do marketing dos negócios, mas antes nunca havia me esforçado tanto para pensar a respeito. Perguntei: 'Isso é diferente?', 'Isso atrairá meu cliente ideal?' e 'Como posso fazer com que as pessoas tomem essa ação específica?' E aprendi que o marketing tem que ser diferente, mas também tenho que ser *eu*. Não quero fingir nada. Quero reflitir minha personalidade."

Agora Anthony observa todos os aspectos de seu marketing, desde redes sociais até o engajamento da comunidade. Ele está fazendo aquelas perguntas-chave, a essência da Estrutura do DAD Marketing.

Se você ainda não descobriu isso, o maior desafio que terá não é criar ideias; é executar ideias. O guru do marketing e autor Seth Godin chama esse estado mental de "a queda", o que acontece depois que você tem uma ideia e fica animado em experimentá-la. Você sente uma queda no entusiasmo e começa a duvidar de si mesmo. Minha intenção é a de que os Experimentos Seja Diferente o ajudem a sair da queda muito rapidamente, porque eles não são grandes iniciativas de marketing que precisam de meses de planejamento antes da execução. Quando você faz um experimento, testa rápido e também falha ou descobre algo com potencial rapidamente. Experimente rápido, mas não apresse os resultados. Como o experimento de Ted, a natureza do marketing leva mais tempo para que o prospecto atenda ao Direcionar. Comece o próximo Experimento Seja Diferente agora! E, se ainda precisar de um empurrão, eis algumas dicas para ajudá-lo a seguir em frente:

- Faça o experimento junto com outras pessoas. Por temermos a reação de nosso setor, criamos um novo grupo de "Fazedores Diferentes", que combaterão isso *e* servirão como prestação de contas. Kasey Compton, da Mindsight PLLC, tem um grupo de oito profissionais de saúde mental que apoiam uns aos outros na tentativa de coisas novas. A maioria deles quer aumentar seu fluxo de leads. Eles puseram em prática algumas ideias de marketing diferentes. A Cymbria lançou a campanha "COVID SUCKS [Covid é um saco, em tradução livre]". Heather começou a fazer sessões de saúde mental com seu cachorro no TikTok. Kasey tentou grafite reverso.

E você já conhece uma história de sucesso desse grupo: a do experimento do vídeo de *90 dias para casar* de Ernestina Perez, que compartilhei no Capítulo 4.

- Aja rapidamente. Quanto mais tempo você se der para pensar sobre sua ideia, menos provável será que a faça. Eu preferiria que você tivesse uma experiência fracassada e meio malsucedida a uma potencialmente bem-sucedida que nunca acontece. Não estou dizendo para pegar atalhos no Experimento Seja Diferente, pois isso aumentará muito o risco de fracasso e minará sua confiança. Estou simplesmente dizendo que uma ideia malfeita ainda é uma ideia, e se você está esperando que a ideia perfeita se apresente, estamos agora experimentando o maior custo de todos: o tempo perdido. O fazer supera a perfeição sempre.
- Comece com o menor e mais fácil elemento de sua ideia diferente e construa a partir daí. Lembre-se dos conselhos de Justin Wise sobre como dividir cada etapa para que possa fazer a primeira etapa hoje.
- Volte o medo contra ele mesmo. Em vez de ficar preso aos "e se" negativos, preocupando-se com o que pode acontecer se tentar fazer isso, pergunte-se: "Qual é o custo de *não* fazer isso?"
- E se quiser ter certeza de que está fazendo certo o "Seja Diferente", pode conferir nossos serviços em differentcompany.co [conteúdo em inglês].

Ao falar para um grupo de jovens empreendedores na Y Combinator's Startup School, em Palo Alto, Mark Zuckerberg, fundador do Facebook, disse: "Em um mundo que muda muito rapidamente, a única estratégia fadada a falhar é não correr riscos." O marketing tem tudo a ver com falhar rapidamente e de maneira pequena o bastante para encontrar rapidamente o que funciona. Espere dez falhas para cada um dos sucessos no marketing superdirecionado. Espere cem ou mil falhas para cada um dos sucessos em um marketing de mais alto volume e baixo custo. Não hesite, tente: um outdoor pode ter 500 mil falhas para apenas um acerto e ainda assim valer muito a pena. Você só não saberá qual será o bem-sucedido até experimentar. Por isso, apresse-se e faça; não se aperfeiçoe. Você descobrirá muito rapidamente se sua abordagem de ganhos diferente funcionou, porque você seguirá em frente, meu amigo. Eu acredito em você.

Sua Vez

Faça. E para o bem de tudo o que é sagrado, não espere até que as condições sejam perfeitas. Não existe essa coisa de perfeito. Antes que o dia termine, planeje seu primeiro Experimento Seja Diferente, dê o primeiro passo de sua lista e continue. Se tem uma equipe ou um assistente, passe a lista para eles e faça com que *eles* a implementem. E se você disser que hoje já é tarde demais, você está me enganando (e a si mesmo), porque está lendo isto neste momento. Faça a próxima etapa agora!

Se ainda estiver paralisado ou simplesmente continuar a ler sem fazer o trabalho, eu lhe darei quatro ideias agora, e você precisa realizar uma. Qualquer uma delas leva menos de cinco minutos para ser feita. Todas provavelmente são diferentes do que você normalmente faz. Todas desenvolverão seu músculo do Fazedor Diferente. Está pronto?

1. Encontre uma folha de papel em branco. Com um marcador, escreva uma carta para um prospecto do Alvo Número Cem que diga: "Imagino que você não me conheça, mas estava pensando em você hoje. Estou muito impressionado com o que realizou em sua empresa. Desejo-lhe sucesso contínuo." No final da carta, coloque seu nome e número do celular. Observe também que seu texto deve ser verdadeiramente sobre ele. Se ele não tem uma empresa, não escreva "o

que realizou em sua empresa". Inclua algo que seja relevante para ele e autêntico para você.

2. Faça um vídeo com você dizendo as mesmas coisas que na opção um. Pode usar o smartphone ou algum programa online. Envie o vídeo por e-mail para o prospecto, com o assunto escrito: "Fiz um vídeo personalizado para você (juro)."

3. Com o prospecto do Alvo Número Cem identificado, encontre algo do gosto pessoal dele ou com o qual tenha afinidade. Uma biografia online ou uma página de mídia social geralmente tem tudo de que precisa. Então dê a ele um presente que esteja conectado com seus gostos, com um bilhete dizendo: "Vi que você é fã de [o campo de interesse dele]. Sei o quanto isto é inesperado, mas não poderia deixar de lhe enviar. Curta!" No final do bilhete, coloque seu nome e número do celular. Se você estivesse me prospectando, poderia descobrir rapidamente que gosto do time de futebol americano Virgínia Tech, bandanas de cabelo dos anos 1980 e fazer trilhas com meu cachorro. Então, um bilhete com "Vi que você é um fã de fazer trilhas com seu cachorro" e um presente sendo uma coleira do Virgínia Tech (ou do Def Leppard) ganharia minha atenção.

4. Pegue o telefone e ligue. Simplesmente, diga isto na mensagem de voz: "Oi, eu sou [seu nome]. Admiro sua empresa e o que você faz. Para ser sincero, você seria um cliente dos sonhos para mim. Quero contactá-lo e que você saiba que, se estiver disposto a isso, farei de tudo para lhe proporcionar um nível de [experiência/serviço/produto] que nunca teve antes. Minha empresa é [nome de sua empresa]. Meu número de celular é [número do celular]. Por favor, ligue ou me envie uma mensagem de texto para que possamos conversar. Muito obrigado." Se você está muito aterrorizado

com esse marketing diferente, basta observar que em 99,9% do tempo você receberá mensagens de voz. No outro 0,1% do tempo, você alcança o sucesso.

Pronto. Você pode fazer seu próprio Experimento Seja Diferente agora. Ou pode escolher uma das quatro ideias que compartilhei antes. Não importa qual, você tem que fazer uma agora.

Lembre-se de fazer o download da Ficha de Experimento Seja Diferente em gogetdifferent.com [conteúdo em inglês]. Rebeldes podem usar uma folha em branco. Siga os passos descritos anteriormente. Enxague-se. Repita.

Minha Vez

Não tenho certeza quanto a se você está tão eufórico como eu estou por esse momento. A hora da verdade. Fiz isso com minha estante de livros. Eis o que registrei. Pode adivinhar meu veredito?

INTENÇÕES	RESULTADOS
DATA INICIAL: _____	DATA FINAL: _____
Nº PRETENDIDO DE PROSPECTOS: _____	Nº ATUAL DE PROSPECTOS: _____
RETORNO PRETENDIDO: _____	RETORNO ATUAL: _____
INVESTIMENTO PRETENDIDO: _____	INVESTIMENTO ATUAL: _____
OBSERVAÇÕES:	

PASSO 4: AVALIAÇÃO

VEREDITO {
- EXPANDIR E RASTREAR — Usar como estratégia contínua
- RETESTAR — Testar nova amostra
- MELHORAR — Corrijir e tentar de novo
- ABANDONAR — Começar novo experimento

PASSO 4: AVALIAÇÃO — O quarto e final estágio de um Experimento Seja Diferente, no qual as intenções de marketing são definidas e comparadas com os resultados atuais e é feita uma determinação de como proceder.

INTENÇÕES

Data Inicial: 29 de março de 2020

Número Pretendido de Prospectos: 2 mil (250 por semana)

Retorno Pretendido: Venda de 400 livros novos

Investimento Pretendido: Anterior de US$1.750 pela estante/suporte de livros

Anotações no Verso da Ficha: Originalmente estimei US$1.200 pela estante. O melhor preço pelo espaço custaria US$1.725. Os suportes de livros custaram cerca de US$25.

RESULTADOS

Data Final: 24 de maio de 2020

Número Atual de Prospectos: 4 mil (500 por semana)

Retorno Atual: 5/6 livros documentados (mais?)

Investimento Atual: Anterior de US$2.200 (também precisou de luzes)

Observações:

As atuais apresentações via vídeo dispararam por causa da pandemia da covid. A conversão foi menor do que o esperado, mas à medida que refinei a pergunta, ela aumentou. Mudou o modo de comprar o livro, e você está me apoiando. Registre as conversas em vídeo para ver o que as pessoas estão dizendo. Mencione a árvore durante a apresentação para reiterar o que eles já veem.

Veredito: MELHORAR Corrigir e Retestar. O

ajuste é simplesmente que o pedido precisa ter uma justificativa pessoal, não apenas que isso beneficiará o prospecto.

∿∿∿∿∿∿∿∿∿∿

Adivinhou o veredito? É raro conseguir acertar na primeira vez. De fato, esse experimento foi muito melhor do que a maioria para mim; tive mais sucesso inicial do que o habitual. Ôba! E com pequenos ajustes, consegui que 23% de um público ao vivo comprasse meus livros na hora — com permissão do apresentador — por causa da árvore. Essa é agora uma prática padrão de marketing para mim, até que outros a dupliquem e diluam. Mas tudo bem, já tenho outros testes em andamento e acho que tenho algo que venderá muito mais livros.

Capítulo oito

~~~~~~~~~~~~~~~~~~

COMO SABER QUE ESTÁ FUNCIONANDO

"Confie em carteiras, não em palavras."

À medida que eu desenvolvia a Olmec Systems, tinha uma enormidade de "grandes ideias" que ninguém queria. As pessoas me diziam que gostavam de meu novo produto. Meus amigos mais próximos diziam que adoraram minha nova abordagem. Quando perguntava às pessoas sobre um novo trabalho em desenvolvimento, elas diziam: "Eu compraria isso em um piscar de olhos." Mas na hora de soltar a grana, davam para trás. As pessoas não estavam comprando, e minha frustração estava no limite. Eu tive uma grande ideia. Eles disseram que queriam, ora bolas! Que diabos eu fiz de errado?

Perguntei a Frank Minutolo, meu mentor de negócios, o que eu deveria fazer. Foi quando ele compartilhou aquelas seis palavras de sabedoria, que carreguei comigo desde então. Confie em carteiras, não em palavras. Ainda busco orientação e feedback; ainda ouço as pessoas. Agora, no entanto, sei que sou muito preconceituoso em relação aos meus próprios brainstorms. E, veja só, a maioria das pessoas é assim.

Quando alguém lhe diz o que pensa que você quer ouvir, não está fazendo isso para mexer com você; acha que faz um bem, encorajando-o, mas não se iluda. "Eu compraria isso num piscar de olhos" não significa que essa pessoa, de fato, comprará seu produto. O que, de fato, significa é: "Quero que você goste de mim." Mais do que isso, as pessoas querem evitar conflitos. Elas não querem discutir com você ou ferir seus sentimentos. Assim, prospectos, amigos, clientes e até mesmo colegas acabarão lhe dizendo que algo é uma "boa ideia" quando realmente, de verdade, não é. E dirão "Eu compraria isso" mesmo quando elas, com certeza, não o fariam.

Portanto, faço testes sobre minhas ideias para avaliar o *verdadeiro* interesse, se a demanda é uma demanda *real*, para determinar se a disposição das pessoas de pagar por algo é *real*. Quando fica evidente que uma nova ideia de produto não é viável ou uma nova abordagem de marketing não funciona, corto a isca e economizo um monte de dor no coração e recursos desperdiçados.

Eu sempre me lembro de seguir o conselho de Frank? Claro que não! Algumas vezes, meu entusiasmo desenfreado pela minha ideia "brilhante" passa por cima da razão e, esquecendo de confiar nas carteiras, em vez disso, engulo as palavras anzol, isca e fracasso. No que diz respeito às linguagens do amor,* sou um cara de "palavras de afirmação", então, se alguém tem um comentário favorável sobre um de meus conceitos malucos, tenho uma forte tendência de ir com

---

* Se você não está familiarizado com o livro *As 5 linguagens do amor*, de Gary Chapman, eu recomendo lê-lo imediatamente. Ele o ajudará em todas as formas de comunicação, incluindo com os entes queridos, colegas e prospectos!

aquilo até o fim. Eu desenvolvo, faço e gasto, sabendo que essa próxima coisa será a coisa mais excitante. Mas a realidade é que eu *não* sei. Palavras são levianas. Somente quando consigo que as pessoas soltem seu dinheiro realmente sei se tenho algo desejável.

Você ouve o que quer ouvir e aquilo em que acredita, porque sua galera lhe disse isso. Quando você confia nas palavras, em vez de nas carteiras, gasta recursos em uma ideia, produto ou serviço que muito poucas pessoas — se é que alguém — realmente irão querer. Para prevenir isso, avalie as ações reais.

Neste capítulo, você aprenderá como rastrear seu experimento de marketing para ver se pode lançá-lo logo, se precisa de melhoria ou se deveria se livrar dele completamente porque foi uma falha épica.

Os Estranhos Amam Suas Coisas?

Sinto a necessidade de qualificar a estratégia "carteiras sobre palavras": amigos comprarem suas coisas não conta. Eles querem apoiá-lo. Querem ver você ter sucesso. Mais do que isso, eles realmente querem ser seus amigos, e isso significa que não farão nada que fira seus sentimentos. Dessa forma, abrem suas carteiras bajuladoras enquanto dizem o que você quer ouvir e fazem o investimento necessário para manter a harmonia e a amizade, não porque querem a porcaria que você vende.

Meu amigo Jayden é conhecido por suas almôndegas artesanais do tamanho de hambúrgueres. Ele as leva para todas as festas nas quais o serviço é "à americana" e em cada festa que organiza. Um dia, ele contou a um grupo de nós: "Ei, estou pensando em vender as almôndegas Jayden's Big Boy. Todos as adoram quando as cozinho em casa, então vou fazê-las para supermercados."

Claro, disseram todos: "É uma ótima ideia!" E os elogios enganosos e perigosos "se eu fosse dono de um supermercado, com toda a certeza compraria suas almôndegas" transbordaram. Acreditar naquele coro de aprovação, apoiado pelo toque do hipotético "se eu fosse...", foi o primeiro erro de Jayden.

Amparado pela confirmação deles, alugou uma cozinha industrial, comprou suprimentos e ingredientes. Depois de US$5 mil, ele tinha duzentas almôndegas cujo sabor não era lá essas coisas. Acontece que cozinhar umas poucas almôndegas em casa não se compara a cozinhar grandes volumes em uma cozinha industrial. Então Jayden mudou a receita. Investiu na melhoria do processo, e quando estava finalmente satisfeito de ter feito uma almôndega boa e pronta para o supermercado, voltou ao nosso grupo para um teste de sabor. Quando perguntou o que achávamos delas, todos nos juntamos em comentários positivos. "Como feitos em casa", "Adorei!" e "Bom para você, Jayden".

Então Jayden perguntou aos amigos se eles comprariam as almôndegas. Novamente, recebeu somente feedbacks positivos. "Claro!", "Óbvio que sim!" e "Sem dúvida!".

Conforme as quantidades mudavam, a receita continuava a mudar. Jayden gastou outros US$5 mil em mais testes e em protótipos de embalagens. Então levou de volta ao nosso grupo. Dessa vez, nos pediu para comprar as almôndegas. Todos gastaram US$16 em dois pacotes. Jayden ficou emocionado. Ele havia ganhado mais dinheiro em vendas em trinta minutos do que em um dia de trabalho. Ele estava dando tudo de si.

Seus amigos amaram suas almôndegas. Todos seus amigos compraram as almôndegas dele.

Era óbvio que o negócio de almôndegas seria um grande sucesso.

Aí entra em cena a voz profunda do narrador de filmes: "Ele estava errado. Muito errado."

Você é um empresário experiente, pode ver o que está por vir, certo?

Jayden deixou seu emprego e arrendou uma cozinha industrial. Investiu no equipamento de que precisava: panelas grandes, misturadores ainda maiores. Alugou dois refrigeradores enormes e instalou uma fileira de fogões. Passou pelas inspeções, ajustou as embalagens a vácuo e trabalhou noite e dia para levar suas almôndegas para o mercado.

Dois meses e US$75 mil depois, estava pronto para o lançamento. O primeiro lote de almôndegas saiu da fábrica — 2.400 almôndegas enormes, embaladas em caixas de 20 unidades. Ele se aventurou a ir a supermercados e restaurantes à procura de compradores, mas — voz de narrador de filmes de novo — ninguém as queria. Ele teve reunião atrás de reunião, mas, mesmo depois que as pessoas experimentaram as almôndegas, elas sempre recusavam.

Desesperado, ele nos procurou, seus amigos, e disse: "Fiz pacotes extras. Quem quer comprar?" Dessa vez, ele ouviu uma série de comentários diferentes. "Ainda tenho algumas", "Desculpe, cara, mas estou cansado de almôndegas no momento" e "Quero esperar até as festas de fim de ano".

Decidido, Jayden insistiu mais. Foi atrás de mais lojas, mais restaurantes. Mesmo assim, ninguém queria suas almôndegas. Ele conseguiu que nosso supermercado local levasse alguns pacotes em consignação, mas eles venderam apenas três unidades em quatro semanas.

Noventa dias após ter perguntado pela primeira vez aos amigos se eles gostavam de sua ideia do negócio de almôndegas, suas economias de vida se foram, e Jayden teve que aceitar que estava acabado. Seu sonho de ser empresário havia falhado porque ele apostou no feedback de seus amigos. Sua "prova" não era prova nenhuma.

A propósito, fui um dos poucos dissidentes. Quero dizer, quem compra um pacote de doze almôndegas do tamanho de um hambúrguer? Quando cozinho para minha família de cinco, talvez precisemos de oito almôndegas se planejamos ter sobras. Mas doze? Quem neste planeta quer comprar um pacote enorme de almôndegas, por mais gostosas que sejam?

Jayden não passou do estágio direcionar (o segundo *D* em DAD). Ele pediu muito, cedo demais. Vender duas almôndegas Big Boy, talvez três... mas doze? Não. Na verdade, fiz uma rápida pesquisa na web perguntando: "Quanto custa um pacote com doze almôndegas?" E a busca no Google voltou com "Que porcaria é essa? Quem compra isso?" Então a internet inteira caiu.

Por favor, não se baseie em comentários simpáticos das pessoas que o amam. Quando eles comprarem de você, considere isso uma doação, não uma prova de genuíno amor por seu produto. Quando as pessoas que conhece dizem que seu marketing é ótimo, elas não conseguem ver além de sua própria tendência de amá-lo, ou de não querer ofendê-lo, ou ambos. A verdade vem de estranhos, sempre. Se você conseguir pessoas que não o conhecem e não se importam com como você se sente ao agir do jeito que deseja, então, e só então, você sabe que tem algo. Faça com que estranhos comprem. Isso é uma prova.

Confirme que sua ideia de marketing funciona pedindo dinheiro antecipadamente aos prospectos-alvo (ou seja, estranhos). Consiga um depósito ou mesmo o valor total. Se as pessoas não estiverem dispostas a gastar, as ações delas demonstram que não veem valor em sua oferta. Claro, é sempre bom obter feedback sobre suas ideias das pessoas em quem confia, mas somente se elas estiverem dispostas a compartilhar verdades duras, em vez de mentiras confortáveis. Ora, se as pessoas em quem confia estão compartilhando mentiras confortáveis, adivinhe: você não pode confiar nelas.

Mesmo se seu marketing tem a ver com as pessoas se movendo através de etapas até a venda final, você pode testar as pessoas tendo uma "moeda" de troca. Se estiver dando um PDF gratuito, não o envie assim sem mais nem menos. Peça a estranhos que lhe deem algo em troca — um e-mail, um número de telefone, um dólar. Você obtém a verdade por meio da moeda de troca com estranhos. Perguntar a amigos envolve todo um outro nível de consideração e confusão: o vínculo da sua amizade, o trato social; com muita frequência se diz o que você quer ouvir no lugar daquilo que precisa ouvir.

Teste Agora

Na segunda-feira, 13 de janeiro, Austin Karp teve uma ideia de marketing.

Na terça, 14 de janeiro, a ideia de Austin estava de pé e em execução.

Em seu primeiro dia como estagiário do Savannah Bananas, Austin levantou a mão na reunião semanal de brainstorm e disse: "E se, quando chamarmos os clientes para agradecer-lhes por comprarem um ingresso, agradecermos com um rap?"

Desde que começaram sua franquia, os Savannah Bananas têm chamado os clientes para agradecer pela compra dos ingressos. Sim, eles ligam para todas as pessoas. Isso é o "Seja Diferente" aplicado ao serviço ao consumidor.

Jesse, que ainda faz muitas das ligações ele mesmo, disse: "Ideia interessante. Prossiga."

Ele não disse: "Vamos discuti-la." Ele não disse: "Sim, mas..."

Ele não disse "Ok, quem quer fazer isso?", seguido por absoluto silêncio.

Jesse fez um teste de DAD rápido em sua cabeça.

Uma ligação ou uma mensagem de voz em rap? Teste de diferenciar aprovado. As pessoas pensariam que esse é o mais novo golpe de fraude online? Provavelmente, não.

Receber uma mensagem dizendo "Somos o Savannah Bananas; obrigado por comprar os ingressos. Temos um pequeno rap para você..." era envolvente, divertido e apenas estranho o suficiente para manter a curiosidade fluindo. Teste de atrair possivelmente aprovado.

O objetivo era entusiasmar as pessoas para ir a um jogo. Era improvável que uma música de rap fizesse com que as pessoas se arrependessem de sua compra; em vez disso, provavelmente deixaria as pessoas entusiasmadas pela diversão que experimentariam no estádio. Ação provável do cliente: assistir ao jogo. Teste de direcionar aprovado.

Jesse sabe que o segredo para o marketing "Seja Diferente" é perguntar "O DAD aprova?", todas as vezes e fazê-lo rapidamente para que possa descobrir se vale ou não a pena seu tempo. Não fique atolado. Faça testes rapidamente. Os dados apontarão para a eficácia. O DAD é novo para você, então pode inicialmente levar alguns minutos para analisar e chegar à decisão de ir ou não ir. Jesse entende isso em segundos, e com prática, você também o fará. Assim, a decisão de prosseguir com um teste de "rap de agradecimento" aconteceu em dez segundos após a ideia ter sido levantada.

"Mas... eu não canto", respondeu Austin. "E sou muito estranho em fazer rap. Tipo, estranho *mesmo*."

Jesse abriu um largo sorriso. "Melhor ainda. Você agora é Austin, o Rapper Estranho."

Nas reuniões de brainstorm do Savannah Bananas, o objetivo é colocar as ideias em ação dentro de 24 horas. Vinte e quatro horas, meu amigo. Isso é desde o conceito até a implementação ativa, com uma noite de sono (ou cinco Red Bulls). Jesse sabe que a ação supera a contemplação, e a prova está nos esforços de marketing e promoção — vendas de bilhetes e mercadorias. Ele quer que as ideias sejam colocadas em prática no dia seguinte, para que possa descobrir dos *clientes reais* se ela funciona. Depois ele coleta os dados e, se o teste funcionar, então vai com tudo. Se for um fracasso, não é nada de mais. Assim ele sabe que descobriu algo que não funciona e vai atrás de outras ideias, outros testes.

"O problema da ideação tradicional e do brainstorming criativo", Jesse explicou, "é que ela morre ali. Ninguém é designado a liderá-la. Ninguém age. Ela apenas entra no armário com as inúmeras outras 'grandes' ideias há muito esquecidas. Uma ideia só é grande uma vez que é executada".

De acordo com Jesse, os Savannah Bananas têm uma regra: "A pessoa que cria uma ideia a possui. A menos que alguém argumente o porquê de que deveria tê-la, a ideia fica com o criador para o lançamento inicial." Mas embora ele possa liderar o projeto, este não depende apenas dele; toda a equipe precisa fazer diferente. O objetivo de Jesse é o de que *todos* contribuam e desenvolvam o músculo do "Seja Diferente".

Austin fez sua primeira ligação com rap de agradecimento na manhã seguinte àquela da ideia. Alguns ouviram e riram, outros mandaram raps como mensagens para amigos, e um fã até mandou um rap de volta. A questão é que houve engajamento. Nada mais que isso. Mas qual fã do Savannah Bananas que se preze, grande amante de todas as coisas bobas, não gostaria de ouvir um estagiário estranho fazendo rap de maneira estranha?

Jesse me contou que eles agora têm todo o pessoal dos ingressos fazendo raps de agradecimento nessa próxima temporada. O marketing diferente de Austin conseguiu passar da Planilha de Experimento Seja Diferente, agora marcado no Expandir e Rastrear. Em outras palavras, o rap estranho agora é parte do plano de marketing dos Bananas. Como eles sempre ligaram pessoalmente para todos que compram um bilhete, o custo estimado é menos de dez segundos de tempo adicional em cada ligação telefônica. O retorno, embora extremamente difícil de medir em vendas ou compras de quiosques, é baseado nos muitos posts de redes sociais sobre o rap. Têm inspirado mais fãs a falar com seus amigos sobre os Bananas. E apesar da situação causada pela covid-19, os ingressos para os Bananas ficam esgotados em todas as temporadas.

Você provavelmente ouviu o ditado "Bobeou, dançou". Vamos modernizá-lo — *nós* bobeamos e dançamos. Porque dançamos. Dançamos em um vasto mar de mesmice. Dançamos no purgatório onde boas ideias e boas intenções vão para morrer. Dançamos na pobreza empresarial. Então, não bobeie em agir e lançar seu próximo Experimento Seja Diferente. Desafie a si mesmo — ou sua equipe — a se mexer dentro de 24 horas. Ou, se precisa de um pouco mais de tempo para angariar recursos, ou fazer algo, ou seja lá o que for, leve uma semana, mas não mais que isso. Teste agora. Teste rápido.

Pesquisei para este livro durante dez anos, e o feedback é claro. Jeff Walker, Jesse Cole, Ernestina Perez, Anthony Sicari, Kasey Anton, Gabriel Piña e cada pessoa que prova ser um gênio do marketing faz consistentemente uma coisa: eles testam a ideia muito rápido para que possam ter a confirmação rápida de que funcionou. Eles sabem que o risco está no *não* fazer, na hipótese e confiança em conselhos e opiniões sobre resultados reais. Então eles não brincam em serviço. Organizam um teste e o fazem. Você também deve fazer.

O Método OMEN para Marketing

Esse método para rastrear o sucesso do Experimento Seja Diferente soa sombrio — Ok, soa *ominous* [ameaçador] — mas, na verdade, é somente um acrônimo. Eu apresentei o Método OMEN pela primeira vez em meu livro *Fix This Next*, e ele o ajuda a determinar qual mudança vital realmente elevará o patamar de sua empresa.

O OMEN se divide assim:

> **Objetivo.** Qual o resultado pretendido? Por exemplo, você quer clientes mais qualificados? Quer novos assinantes para sua mala direta ou canal de mídia social? Quer pessoas para promoverem seu produto/serviço para você? Lembre-se de que o ganho de seu marketing é o resultado principal que busca. Algumas vezes, porém, o ganho requer alguns passos, e você deseja direcionar seus prospectos a tomarem uma ação específica, não uma sequência de ações. O objetivo do seu experimento é o primeiro passo rumo ao ganho.
>
> **Medições.** O que define um resultado de sucesso? Por exemplo, você precisa de dez novos clientes por semana que gastarão ao menos US$500 por transação? Quer cinquenta novos assinantes? Quer mil pessoas promovendo suas coisas?
>
> **Estudo de Frequência.** Com que frequência você medirá o progresso? A maioria dos empresários é ótima em estabelecer o objetivo e as medições em relação a eles, mas depois "o definem e o esquecem". Eles identificam um objetivo e então continuam com seu dia a dia, só percebendo meses depois que estão fora do rumo. "Ah, sim, o que será que aconteceu com aquele projeto?" Isso é como dizer que seu objetivo é perder 5kg, então o ano-novo acontece, e você descobre que, na verdade, *ganhou* 2,5kg. Faça de seu progresso um evento programado. Programe-o para acompanhá-lo.

Nutrição. Como você reavaliará suas configurações? Quando verificar o progresso, o que poderia fazer para melhorar os resultados? O objetivo e as medições que definiu foram os corretos? Conforme o tempo avança e você avalia seu progresso, vê elementos que podem ser mudados, ajustados, ampliados ou abandonados? Faça essas alterações e continue.

Robin Robins é uma das comerciantes mais impressionantes que já conheci. Até o nome dela é um golpe de marketing genial. É fácil de lembrar e desperta curiosidade. Mandou bem, Robin. Mandou bem.

Para Robin, a mudança em seu marketing foi tão simples quanto adicionar uma daquelas placas de identificação comercial que você vê nas mesas das pessoas em uma mesa virtual. Ela criou um programa de marketing que chama de Shock & Awe [Choque e Pavor, em tradução livre]. Ao desenvolver o processo, ela montou um experimento com uma página da web personalizada para cada prospecto-alvo. Primeiro, eles recebiam uma correspondência convidando-os a visitar a página da web criada apenas para eles. Quando visitavam o site, havia uma mesa virtual completa, com telefone, tablet, cartões de visita — todas as coisas padrão que você veria na mesa de um escritório físico de alguém.

O resultado: neca. As pessoas iam até a página, mas não se convertiam na pesquisa de prospectos que ela visava, mas Robin é conhecida como A Ruiva Implacável, graças a seu cabelo ruivo e por nunca desistir. Ela fez o web designer adicionar uma placa com o nome do potencial cliente na tela em letras grandes e em negrito, e bem no topo. Foi o máximo em personalização. É assim que você nutre seu marketing "Seja Diferente". E foi assim que Robin melhorou as conversões das páginas em mais de 200%.

Lembre-se: só porque você lança seu Experimento Seja Diferente não significa que ele é perfeito. Observe as ações das pessoas, compare-as com seu objetivo e suas medições e as nutra de acordo.

Em *Fix This Next*, explico que, assim como os humanos têm uma hierarquia de necessidades, o mesmo acontece com empresas. Antes de podermos pensar em nos sentir realizados, precisamos primeiro ter certeza de poder realmente respirar, que não estamos morrendo de fome, que estamos seguros. Para os negócios, esse primeiro nível básico são as vendas. Sem receita, não temos nada. E as vendas começam com o marketing. Em outras palavras, o marketing importa. E muito. Por favor, e esse é um enorme por favor, defina suas métricas para se concentrar no marketing que impulsiona vendas.

Estrategista de persuasão, e um dos mais autênticos e diferentes homens de marketing que conheço, Bushra Azhar disse: "Seu negócio funciona com vendas. Não com likes. Não com fãs. Não com seguidores. Nem com endereços de e-mail. Nada disso — somente vendas. Então, comercialize todos os dias. Comercialize com orgulho. Comercialize com integridade. Comercialize com entusiasmo. Fique melhor nisso. Faça toneladas de ofertas. Acompanhe. Chame a atenção das pessoas. Lembre-as do que elas estão perdendo e o faça como se seu negócio dependesse disso. Porque depende."

Sua empresa depende das vendas. Suas vendas dependem de seu marketing; então, vamos garantir que seu Experimento Seja Diferente atenda a essa necessidade vital.

Crie uma Chave para Seu Marketing

Os profissionais de marketing que direcionam usam uma técnica que todos nós devemos usar: a chave. Para cada campanha de marketing, eles inserem uma ação única e rastreável, em vez da mesma ação para todas as campanhas. Assim, por exemplo, digamos que você queira que as pessoas comprem seu produto que ajuda a parar de fumar cigarro eletrônico. Para fazer isso, você envia duas malas diretas diferentes. A primeira é uma foto de um bebê fumando um cigarro com uma mensagem que diz: "Cigarro eletrônico é ainda pior. Acesse parecomcigarroeletronicorapido.com." A segunda é uma foto de uma mulher idosa e cheia de rugas fumando cigarro eletrônico, com uma imagem que diz: "Sarah tem 22 anos! Acesse nuncamaisfumecigarroeletronico.com."

Note que cada anúncio direciona as pessoas para acessarem um site para maiores informações, mas os anúncios têm chaves diferentes — as diferentes URLs. Um anúncio vai para parecomcigarroeletronico.com, e o outro vai para nuncamaisfumecigarroeletronico.com. Ao rastrear os cliques para cada site, você pode descobrir qual anúncio funciona melhor. Isso é o uso de uma chave onde cada campanha de marketing pode ser medida de forma distinta, pois está ligada a um Direcionar específico, mesmo — risque isso, *especialmente* — quando o prospecto não está ciente da chave.

Lembra-se do anúncio de rádio de meu amigo Anthony Sicari? Ele criou uma chave para aquele anúncio de rádio enviando pessoas para o site solaranthony.com. Como é o único anúncio que envia pessoas para lá, ele pode medir os resultados desse anúncio. Simples!

Você precisa saber o que funciona e o que não funciona, então, sempre que possível, adicione uma chave ao seu marketing, para que possa rastrear facilmente os resultados que ele impulsiona. Você pode criar chaves com sites e telefones distintos, com diferentes extensões, endereços de correspondência com "conjuntos" de números diferentes, cupons com códigos exclusivos — e muito mais.

Mesmo que sua diretiva seja pedir às pessoas que apareçam em algum lugar pessoalmente, você pode mudar o local da reunião com base no anúncio para ver qual funcionou. Por exemplo, digamos que você queira que um monte de gente vá ao parque local para um evento. Você tem três experiências diferentes de marketing que quer experimentar, e para cada uma delas, cria uma chave para pontos de encontro distintos no parque — a entrada, o coreto, a lagoa. Em seguida, monitora quantas pessoas aparecem em cada local. Agora você sabe qual anúncio funcionou melhor para atrair as pessoas para o evento.

Caso nunca tenha usado uma chave antes, saiba que alguém tem usado em você. Já ouviu algum comercial de rádio ou podcast no qual o anúncio termina com "diga a eles que Joe o enviou para conseguir 10% de desconto"? Joe é uma chave. O site do anúncio específico de Anthony Sicari é a chave.

Já viu o mesmo anúncio aparecer em todos os sites que visitou? Nesse caso, a chave é chamada de cookie. Ela foi colocada em seu computador quando você olhou para aquele carro novo ou qualquer outra coisa. Agora os anunciantes sabem qual site atraiu seu interesse e usam esse cookie para continuar colocando anúncios diante de seus olhos. Uma chave é usada para saber qual marketing despertou o interesse do prospecto, para que se possa usar os dados para comercializar melhor para outros prospectos e melhorar as chances de conversão em vendas. Quanto mais você souber sobre seus prospectos, mais fácil será vender para eles. E quanto mais souber de onde vieram, mais fácil será aprender mais sobre eles e alavancar sua vantagem de marketing. A chave é a chave.

∿∿∿∿∿∿∿∿

O primeiro Experimento Seja Diferente de Jason Iversom falhou. Como proprietário da Iverson's Barber Shop em Sacramento, ele — e tantos outros do ramo de *grooming* [cuidados com a aparência] masculino — enfrentou uma enorme queda nos negócios durante os lockdowns da covid-19. Mesmo depois que as restrições foram suspensas e ele foi autorizado a reabrir, os negócios caíram 30%. As pessoas agora trabalhavam em casa, e, assim, parar na barbearia ao voltar do trabalho não era comum. Outras pessoas aprenderam a cortar o próprio cabelo para que pudessem ficar em casa, ou pediram a um membro da família que o fizesse por elas. Mal conseguindo cobrir as despesas básicas, Jason precisava de vinte a trinta novos clientes a cada semana para voltar ao normal.

Ele tentou um Experimento Seja Diferente baseado em atingir um público-alvo que ninguém parecia atender — as pessoas que correm na Spartan Race [série de corridas com obstáculos organizada por uma franqueadora de mesmo nome]. Você já as viu? Elas são duronas, a inveja de cada corredor de marcha atlética. Jason observou que os Spartans iam à sua barbearia para fazer um corte moicano na sexta-feira antes da corrida de sábado e depois eles *retornavam* à barbearia no domingo para apará-lo para trabalhar na segunda. Então Jason fez uma parceria com donos de academias e ofereceu um atrativo — um desconto aqui (na loja do Jason) e um desconto lá (da academia). Ninguém respondeu. Ele tentou elaborar um corte especial "fora do menu", chamado "Spartan Spike", e convidou os parceiros proprietários de academias a compartilhar isso como uma oferta exclusiva, dando aos membros da academia um senso de prioridade, importância e especialidade que eles somente conseguem por fazer parte da academia. Mais uma vez, ninguém respondeu. Se não fosse a pandemia, eu o teria aconselhado a continuar ajustando o experimento, pois já havia provas de que as pessoas queriam os cortes de cabelo. A incerteza sobre se as Spartan Races aconteceriam ou não era um obstáculo que ele não podia superar.

É aqui que muitas pessoas desistiriam e voltariam à mediocridade do marketing. Não Jason, no entanto. Ele voltou à estaca zero. Decidiu tentar um público diferente — pessoas que queriam cortar o cabelo e estavam muito preocupadas em contrair o covid-19 e transmitir para os entes queridos. Jason sabia tudo sobre medo. Ele cuidava de sua mãe, que tinha um sério risco de complicações caso contraísse o vírus. Como resultado, implementou protocolos de segurança adicionais em sua barbearia, além daqueles exigidos por lei. Jason criou um vídeo explicando esses protocolos, a limpeza hospitalar e desinfecção de sprays e produtos que ele usava, e que a saúde de seus clientes e de sua equipe era sua maior prioridade. Ele não promoveu apenas cortes limpos; promoveu cortes limpos *mesmo*.

Dessa vez, funcionou. Em poucos dias, ele teve três novas consultas sobre agendamentos. E notou que seus clientes conversavam uns com os outros sobre as precauções contra a covid-19 que a Iverson's Barber Shop tomou. Isso significava que o mesmo diálogo provavelmente acontecia também entre amigos.

Falhas acontecem. É a ordem natural do marketing — e elas são a chave de sua grandeza. Porque um fracasso significa que você tentou. Não tentar significa que você morre antes mesmo de começar. Ao mesmo tempo, ganhos menores são a regra, até que, por fim, crescem e se tornam grandes ganhos.

Jason não tinha pessoas em fila indiana, cumprindo o distanciamento social, tentando entrar na barbearia. Sua nova iniciativa resultou em três novas pessoas em igual número de dias. Mesmo sua nova ideia de marketing não fazendo um gol de placa, o fato é que a bola entrou. Isso é um veredito de MELHORIA — corrigir e testar de novo. Ele encontrou algo com potencial, apenas não era uma panaceia.

Pense sobre levantar pesos para ganhar músculos. Você não fica todo sarado da noite para o dia. Precisa construí-los com o tempo, com resiliência. Você fica mais forte ao enfrentar a dor, não ao evitá-la. Você ganha onde há dor.

Eu sei que cresço quando enfrento críticas e a dor do fracasso. Não obstante, tenho que me superar quase sempre. Não é como se eu acordasse, batesse no peito e gritasse "Eu sou o melhor" antes de partir para assumir dezoito riscos naquele dia. Quero dizer que, se fizesse *algo* assim, provavelmente não teria um único amigo. Não, meu diálogo interior é provavelmente muito próximo ao seu quando se trata de assumir riscos: (1) eu tenho uma ideia, (2) acho que é melhor do que pão fatiado, (3) imagino o tempo e esforço necessários para fazer isso, (4) deixo a preocupação crescer ao me perguntar o que as outras pessoas pensarão e (5) uso isso como uma desculpa para não fazer, justificando que será muito difícil ou "uma perda de tempo", e então (6) a abandono ou a trato de um modo meia-boca e (7) me valho da minha falta de esforço para fazer diferente para provar que o diferente não funciona.

Para superar esse processo de pensamento negativo, inspiro-me nas pessoas e empresas que amo. Fato: a banda com o melhor cabelo é a Def Leppard. Brigo com você por causa disso. *Porém,* uns 90% de suas músicas são uma porcaria. Eles têm mais de cem músicas que você nunca ouve, e isso é uma coisa boa até mesmo para um fã um pouco obcecado pelo Leppard como eu. É um tempo que não se pode ter de volta. Ainda assim, acredito que eles são a banda com o melhor cabelo de todos os tempos, apesar do fato de terem produzido a música "Unbelievable" [Inacreditável], que é, bem, inacreditavelmente ruim. Algumas de suas "músicas" de marketing também serão inacreditáveis — falhas inacreditáveis. A maioria delas nunca será ouvida por mais de algumas pessoas que, por acaso, sintonizaram. Algumas podem até ser tão ruins que não conseguem nenhum tipo de veiculação (tração), mas tudo bem. É a natureza da criação. A chave é continuar a produzir, continuar a tentar, continuar a correr riscos, porque, enquanto alguns de seus experimentos são fracassos épicos, outros serão sucessos épicos. Enormes. Estou falando do sucesso nível "Rock of Ages". Você apenas precisa botar para fora o que tem, rastreá-lo e mantê-lo em funcionamento mesmo que o sucesso pareça "Unbelievable". Já falei o quanto esta música é uma droga?

Sua Vez

Hora de fazer mais três experimentos rápidos. Sim, eu disse três:

1. Preencha uma planilha do Experimento Seja Diferente para o próximo produto que vê. Literalmente, qualquer coisa que observar a seguir. Se está em uma mesa, pode ser um drive USB ou um abridor de cartas, ou aquele estranho alisador de barba Xikezan que ainda está na minha mesa. Se está em seu carro, pode ser seu carro mesmo ou o telefone celular, ou aquele copo de café frio. Se estiver em uma corrida de obstáculos, pode ser, bem, vamos ver — cortes de cabelo moicanos.

2. Esse primeiro foi simplesmente para passar pela experiência de preencher a planilha de novo. Este agora é para você mesmo comercializar, novamente. Escolha o produto ou serviço de pior desempenho em seu ramo. Aquele que simplesmente não vende. Ou que não vende bem. Faça um Experimento Seja Diferente com ele. Preencha a planilha, faça o teste (de verdade) e dê um veredito, mas o veredito pode acontecer apenas após ter feito o experimento completamente. Nada pela metade.

3. Conduza o terceiro experimento sobre aquele produto que consegue mais negócios pelo boca a boca. Se não encontrar nenhum, de qual você fala mais? (Esse é seu boca a boca).

Conduza um Experimento Seja Diferente para essa coisa. Se ela obtiver muito boca a boca, é provável que seja sua melhor oferta, ou ao menos aquilo pelo qual você é mais conhecido entre os clientes existentes. O marketing pelo qual você já é conhecido tem um efeito de amplificação. Agora você tem tanto o bolo (o marketing ativo "Seja Diferente") quanto o glacê (boca a boca).

Capítulo nove

∼∼∼∼∼∼∼∼∼∼∼

A VANTAGEM DA DESVANTAGEM

Eis aqui algo que aprendi sobre esquilos: eles são muito ruins em se lembrar de seus esconderijos. Você talvez já os tenha visto carregando nozes. Você pode até mesmo ficar sentado em um parque tempo suficiente para assisti-los enterrar sua comida no chão. Acontece que eles são exatamente como eu tentando encontrar as chaves do carro. Ou pior, tentando encontrar meu *carro* em um estacionamento de shopping center. É só dar um passo fora dali e tenho um branco total. Os esquilos também.

Estudos mostram que eles se esquecem de onde esconderam 74% das nozes que enterraram. (Quem é o louco que rastreia coisas como essas? E quais outros segredos para o funcionamento do universo eles guardam para si?) O fato de os esquilos não terem a menor ideia de onde deixam *a maior parte* de sua comida faz com que toda aquela acumulação frenética de comida pré-inverno pareça inútil, certo? Não é verdade, dizem os pesquisadores. Na verdade, eles são os "heróis inadvertidos da restauração da floresta".[1] Sua fraqueza é realmente boa para as árvores. Toda noz perdida pode se tornar uma frondosa nogueira. Se acho que os esquilos talvez precisem de um coach para ajudar a "encontrar suas nozes" e ajudá-los a aumentar suas médias? Não. Eles provavelmente sabem que são péssimos em encontrar seu esconderijo e se conformaram com isso — daí toda a acumulação. Honestamente, a fraqueza deles é, na verdade, um ponto forte.

Os esquilos se alimentam adequadamente e prosperam como uma comunidade — e no plantio de árvores. As árvores servem ao planeta, o planeta se beneficia do ar mais limpo, da redução do dióxido de carbono e de outras coisas boas. E esses esquilos? Eles criam um habitat para suas futuras gerações; eles precisam de árvores para fazer ninhos e forragem. Por mais que me custe dizer, porque eles adoram passar correndo na frente do meu carro quando menos espero, fazendo com que eu deixe marcas da freada no chão, os esquilos são os benfeitores do bosque.

Percebo que provei meu ponto de vista com uma história, mas, por favor, me satisfaça com outra que realmente me convença. A Universidade da Califórnia em Davis sabe o poder das árvores. Seu *campus* tem várias delas — oliveiras, para ser exato. As árvores, maravilhosamente lindas, tornavam a caminhada a pé mais agradável, até que algo incômodo se apresentou. No entanto, o problema não tinha nada a ver com esquilos. As calçadas ficavam escorregadias depois que as azeitonas caíam das árvores. Calçadas gordurosas que ameaçavam provocar um bocado de acidentes; com isso, por anos a fio, os jardineiros se apressavam para colher as azeitonas a cada estação.

Em 2005, o diretor do *campus*, Sal Genito, teve uma ideia. Genito pensou: "Quando a vida lhe der azeitonas, por que não fazer azeite?" Em vez de cortar as árvores e se livrar do "problema", ele propôs transformar o problema em uma oportunidade. Reuniu uma equipe e começaram a colher azeitonas para fazer azeite de oliva! A primeira colheita de azeite de oliva se foi em um dia. Agora a UC Davis é conhecida por seu famoso azeite. Minha parte favorita? A Universidade vende mais de 125 galões de azeite por ano, gerando receita suficiente para que a colheita e o envaze sejam autofinanciados, e ainda economiza outros US$60 mil por ano que pagava anteriormente pela limpeza e por encargos devido a acidentes.

Algumas vezes, nos impedimos de nos dedicar totalmente ao nosso marketing porque pensamos ter algum tipo de desvantagem, que de alguma forma não estamos à altura de nossa concorrência. Vemos a desvantagem como algo que precisa ser encoberto ou, como no caso da UC Davis, limpo. A questão é que aquilo que *pensamos* ser uma desvantagem com muita frequência é, de fato, uma vantagem. Na verdade, pode ser a mesma coisa que nos diferencia da concorrência, a inspiração para algum excelente marketing fora da caixa.

Você consideraria uma troca de óleo que custa US$25 mil um impedimento para comprar o carro que exige isso? Eu consideraria.

A troca de óleo do Bugatti Veyron leva mais de 24h para ser completada e custa mais de US$25 mil, mas, ainda assim, o carro é vendido. Alguns fóruns online informam que você pode conseguir fazer a troca de óleo por US$20 mil, se tiver um cupom ou jurar que nunca admitirá um dia ter um Kia. É essa singularidade da opulência que torna o marketing magnético. Você pode nunca aspirar ter um Bugatti, mas a marca pode agora ter parte de seu espaço cerebral porque a Bugatti destaca a "fraqueza" de sua troca de óleo.

Esse serviço de lubrificação que poderia ser considerado como "trapaça", "ridículo" ou "uma piada" foi reposicionado para o prospecto ideal da marca vê-lo como "prestigioso", "necessário para a vida mais elegante" e "um privilégio para a elite". Em vez de impedimento, é um "chamado às armas" para os podres de ricos que podem se dar ao luxo de gastar isso a cada 5.000km. Você precisa renovar seu acesso ao clube da opulência a cada troca de óleo. Pelo preço de apenas um serviço de lubrificação de um Bugatti, você poderia comprar, nos EUA, um Toyota Corolla novinho em folha. Você não encontrará nenhuma notícia sobre a troca de óleo de US$40 que gasta em seu Honda. Mas existe uma porção de novas histórias — e um burburinho enorme — sobre a *elite* do Bugatti.

Um simples reenquadramento de sua desvantagem pode ajudá-lo a encontrar a coragem de fazer seus próprios Experimentos Seja Diferente. *E* as coisas que não deseja que ninguém saiba, as coisas que acha que precisam ser corrigidas, escondidas ou subestimadas, podem ser um ponto de partida para fazer um brainstorm de novas ideias de marketing diferentes. Então vire a narrativa. Você não é um esquilo desmemoriado. Você é um super-herói da arborização.

A Magia dos Erros

"Durante cinco anos, escondi um segredinho infame", meu amigo Matt Shoup me contou. "Jurei nunca compartilhar esse segredo com ninguém. Jamais. Essas informações colocadas em mãos erradas ou percebidas de maneira errada poderiam ter destruído completamente minha empresa."

Então, um dia, ele o revelou.

Matt tem uma empresa de pinturas de casas, a M&E Painting. Ele compartilhou sua história comigo.

"Eu estava no meu orçamento final do dia, pronto para fechar negócio", começou Matt. "O cliente teve uma experiência ruim com o último pintor. Chegava tarde, fazia uma bagunça, e seu trabalho era horrível."

Então Matt mostrou ao cliente seu folheto de marketing e virou logo para a página de depoimentos. "Tínhamos um índice quase perfeito de 98,6% de satisfação do cliente e atendido mais de 4 mil pessoas em nossos primeiros 8 anos de atividade."

A brilhante amostra de marketing deveria ter selado o acordo, mas no momento em que Matt entregava ao cliente a caneta para assinar o contrato, o cliente o interrompeu. "Ele era o tipo de cara que não fazia rodeios. Disse: 'Matt, esse brilhante folheto de marketing não vale nada. Por acaso pensou por um segundo em alguma vez colocar uma referência ruim nele? Onde está a página com os clientes chateados? Se você quer fazer negócio comigo, sugiro que comece a me contar um desses casos'."

Bem, você precisa saber que Matt é um cara superconfiante. Ele não tem medo de ter conversas difíceis e não tem absolutamente medo de buscar a venda. Está preparado para responder a qualquer pergunta que possa vir. Exceto esse cliente, que pediu para compartilhar uma história ruim. Uma história muito ruim. E Matt tinha uma — mas que era um segredo. Um segredo muito, *muito* ruim.

Então Matt contou ao cliente outra coisa. "Compartilhei uma história fraquinha sobre uma vez que usei a cor errada em uma casa. Ele chamou de conversa fiada. Então lhe contei como usamos a cor *certa* na casa *errada*. Oops!"

O cliente de Matt ainda não estava satisfeito. Claro, esses erros foram bem ruins, mas não muito diferentes dos erros da concorrência. O cliente pressionou para ouvir uma história de um erro que mais ninguém comete e como Matt e sua equipe lidaram com isso. Admito que essa não era sua reunião de vendas típica, e outras mentes menos confiantes poderiam ter se esquivado, mas Matt não gosta de perder. Nunca. Então cavou fundo em sua maior merda.

Foi quando Matt desabafou: "Bem, já que estamos nisso, vou lhe contar sobre a vez que pintei um bebê."

Sim. A equipe de Matt pintou um bebê. Segredinho sujo revelado.

Veja só. Cinco anos antes, Matt havia recebido uma ligação de um de seus funcionários do local em que trabalhava.

"Raul disse: 'Mateo, Mateo, Mateo, você precisa vir aqui muito rápido, cara. Estávamos pintando a porta, o cliente estava lá, o bebê estava lá, e as coisas estão ruins. Quero dizer, a senhora, a tinta, o bebê, boom!'"

A primeira coisa que Matt fez foi perguntar se o bebê estava bem e se os clientes estavam bem. Felizmente, ninguém havia se ferido. Então, pegou seu carro e se dirigiu para lá.

"Estávamos pintando guarnições e portas para um casal em Windsor", Matt explicou. "Havia uma porta que dava para o fundo da garagem, e Raul se preparava para pulverizá-la de preto. Ele carregou o pulverizador de tinta, ficou a cerca de um metro da porta e puxou o gatilho. O que ele não sabia era que a proprietária da casa estava logo atrás dele segurando sua bebê de nove meses de idade. A outra coisa que ele não sabia era que a ponta da pistola de pulverização estava obstruída. Assim que puxou o gatilho, boom! Ela explodiu e espirrou tinta por todos os lados!"

Tudo estava coberto por tinta preta: as paredes da casa, o chão de concreto, os móveis do pátio, o deck, a cerca, todos os equipamentos e ferramentas, e a mãe. E o bebê. Não vamos nos esquecer do bebê.

"Nós limpamos, pagamos para substituir tudo o que não pôde ser salvo e oferecemos um jantar para a família", disse Matt. A família os perdoou, mas Matt fez sua equipe jurar segredo e escondeu a história em seu cofre mental. Ele não podia deixar que soubessem que eles tinham *pintado um bebê*. Quem faria negócios com eles se descobrissem? Digo, que empresa alguma vez pintou acidentalmente um bebê? Alguma vez?

Agora Matt se viu compartilhando tudo isso com seu prospecto, aquele que queria saber sobre as coisas realmente ruins. Ele acabou assinando o contrato porque Matt lhe havia contado o pior erro que sua empresa havia cometido e, mais importante, *como lidaram com isso*. Ao mostrar como a M&E Painting fez tudo certo com a família em Windsor, Colorado, seu novo cliente entendeu que, se também cometessem um erro em seu serviço, a M&E o corrigiria. O segredo de Matt foi revelado e não foi o fim do mundo. Ele não morreu. Na verdade, conquistou um novo cliente.

Olhando para seu folheto tão brilhante, feliz e "fomos incríveis naquela noite", Matt teve uma ideia. E se ele não deixasse de fora as coisas ruins? E se tivesse sido sincero sobre a história do bebê pintado?

"Sempre me mantive atento para garantir que o segredo estivesse trancado a sete chaves, aterrorizado que pudesse ser revelado", contou-me Matt. "Então percebi que nenhuma empresa é perfeita, e eu deveria parar de tentar fazer da nossa a exceção. Os clientes estão procurando nossas falhas potenciais e o que poderia eventualmente dar errado se trabalhassem conosco. Por que não lhes mostrar o que poderia dar errado e como lidaríamos com isso?"

Matt foi fundo. Mudou seus folhetos, sua propaganda, tudo isso para incluir a "história do bebê pintado". A resposta que ele recebeu dos anunciantes profissionais não foi boa, para dizer o mínimo.

"A primeira vez que compartilhei abertamente nosso novo método de marketing com um fornecedor de publicidade, com quem trabalhávamos, ele disse: 'Essa é a coisa mais estúpida, mais ridícula e prejudicial à carreira que você poderia fazer, Matt. Isso é suicídio da empresa, e eu não quero ter nada a ver com isso. Você está completamente maluco.' Eu sabia que a história do bebê pintado irritaria algumas pessoas. Era muito contra o padrão — ninguém teria a coragem de tentar. Mesmo assim, não esperava que meus parceiros de marketing tivessem uma resposta negativa tão forte."

Essa não foi a primeira vez que Matt tentou algo que ninguém mais faria. Era um risco enorme, mas ele foi em frente e implementou sua ideia "maluca". Você sabe o que aconteceu? Coisas boas, foi isso que aconteceu. Seu marketing passou no teste do piscar. Suas vendas, seus índices de fechamento, sua rentabilidade e o falatório sobre a empresa explodiram. Sua ideia era tão diferente, tão estranha, que chamou a atenção das pessoas além daquelas que seu folheto e publicidade padrão jamais chamaram. E, porque contou como coração a história do bebê pintado, por ela refletir autenticamente os valores de sua empresa, atraiu seus clientes ideais, que estavam prontos para seguir sua diretriz e chamá-lo para uma cotação. O movimento sempre tão popular da "transparência nos negócios", de que se ouve falar hoje, foi iniciado há anos por algum cara que fez um bebê ficar opaco.

Então, pergunte-se: o que você estragou? O que você não pode fazer? O que custa caro demais? O que você faz que pode dificultar involuntariamente a vida de seu cliente? Qualquer uma dessas coisas pode ser a vantagem de sua desvantagem.

Entre outros aspectos da natureza humana, o premiado psicólogo norte-americano Elliot Aronson estudou os efeitos do "erro bobo" sobre a simpatia. Ele foi o primeiro a descrever o *pratfall effect* [efeito de queda], que provou que as pessoas têm uma tendência a gostar mais de uma pessoa depois que ela comete um erro de pouca importância. No marketing, isso é, às vezes, chamado de *blemishing effect* [efeito de manchas]. De qualquer forma que quiser chamá-lo, funciona.

Gostamos mais dos atores depois de vermos seus erros de gravação. Estamos mais aptos a confiar em um político que admite que estava errado. Somos mais atraídos pelos desfavorecidos que tropeçaram e caíram, mas deram a volta por cima e terminaram a corrida. Não sou nenhum cientista — embora minha churrasqueira possa discordar —, mas meu palpite é o de que as pessoas que cometem erros são mais atraentes simplesmente porque são pessoas que inspiram mais empatia. Elas parecem exatamente como nós — imperfeitas, falíveis e que não conseguem chutar direito uma bola de futebol (certo, essa última somente eu).

"Somos todos humanos e todos cometemos erros às vezes", Matt me disse. "Agora acredito que uma empresa realmente brilha e mostra sua fibra moral quando as coisas não correm conforme o planejado. Dentro da minha empresa de pintura, vestimos a camisa, assumimos prestar contas e nos responsabilizamos por nossos erros e imperfeições ao fazermos nossos excelentes projetos e avaliações fantásticas. Todos têm uma história de um 'bebê pintado', mas nem todos se apropriam dessa história e a usam como um exemplo de como se aproximar e servir aos seus clientes e à sua comunidade. É por isso que é uma vantagem."

Compartilhe o que o concorrente tem medo de compartilhar: a verdade.

O Dom da Estranheza

Michalowicz. Esse é um sobrenome dos mais bizarros. Outras palavras com muitas sílabas incluem "rejubilação", "caraminholas" e "dismenorreia". Não tenho ideia do que significam essas palavras (sim, elas são palavras reais). Meu último nome cai nessa mesma categoria. A maioria das pessoas o pronuncia errado, o que aparentemente me inclui, porque uma vez fui corrigido por um senhor ucraniano que disse que não é "Mi-cow-low-wits", mas "Me-ha-low-vitch." E soletrar, bem, esqueça. Todos têm dificuldade, incluindo alguns parentes (estou falando com você, primo Peter Mycallowicks). Lembre-se: sua fraqueza é sua força.

Sem surpresa, assumi o controle. Fiz piada do meu nome antes que qualquer um o fizesse, não porque me chateia quando as pessoas me chamam de "Michalo-shits" [trocadilho com *shit*, "bosta" em português], porque sei que é diferente e é notado. Barreiras se quebram quando você aceita sua "fraqueza", e neste caso, faz este sujeito autor indigesto parecer mais acessível. "Ele não é nenhum Stephen King, mas é o maior 'My-cow-shits' [Minha bosta de vaca] que eu conheço", minha esposa sussurrou em meu ouvido quando assinei o contrato deste livro.

Sou estranho de várias maneiras. Todos somos. Graças a Deus, na verdade. Por que lutar contra? De fato, ser *mais* você é provavelmente sua maior vantagem de marketing.

No ensino fundamental, quando eu era "magro demais", meus colegas de classe zombavam de mim. Quando os leitores me deixaram em má situação por causa de minha obsessão em vestir coletes nas palestras, escrevi uma história sobre como eu poderia vesti-los até o fim dos tempos. Então minha equipe fez camisas "Live your vest life!" [Viva sua vida de colete!] e "Do your very vest!" [Faça seu próprio colete!]* para vestir e dar aos leitores. Eu costumava administrar minha empresa em um escritório vazio de uma fábrica de biscoitos — sobre os fornos, por incrível que pareça. Isso é muito estranho, e algumas pessoas não admitiriam isso — especialmente para um autor de livros sobre negócios. "Que diabos está fazendo aí, Mike? Por que não aluga um chalé por um mês e escreve enquanto contempla o [lago] Walden Pond [referência ao famoso escritor Thoreau, que morou na região] à distância? Ou, sei lá, apenas usa um escritório normal?" Mas não encobri meus rastros. Garanti que todos soubessem. Eu estava lá, escrevendo *The Pumpkin Plan*, o suor escorria por meu rosto. Não somente por causa da pressão, mas porque meu escritório não tinha ar-condicionado ou janelas e alcançava 36°C nos dias quentes. Eu o chamava de meu escritório "da morte por cookies recheados de chocolate".

O estranho não é ruim. O estranho é humanizador.

O estranho é um tópico de discussão.

O estranho ganha o marketing dos milissegundos.

O estranho é *diferente*, e acredito que estabelecemos firmemente o fato de que o diferente é melhor.

Você tem uma esquisitice também. O estranho é um dom. Aceite-o. Compartilhe-o. Comercialize-o.

---

* Trocadilho entre as palavras "*vest*" (colete) e "*best*" (melhor), remetendo a "Viva sua melhor vida!" e "Faça o seu melhor!", que são frases tipicamente usadas nos EUA (N. E.).

A Segunda Melhor Vantagem

Com mais de 36 mil franquias em mais de 120 países, o McDonald's dá um pé na bunda do Burger King. Com 15 mil franquias em 84 países, o Burger King não pode alegar ser nada além do segundo melhor — pelo menos em termos de alcance. Em vez de tentar alterar essa classificação, o Burger King a usou como vantagem em uma campanha genial de 2018, a "Whopper Detour".

Em um comunicado à imprensa, o Burger King disse que estava "transformando mais de 14 mil McDonald's em restaurantes do Burger King". Eis como isso foi feito. A empresa ofereceu Whoppers [o hambúrguer da marca] a US$0,01 por um tempo limitado. Para pagar só isso, os clientes teriam que instalar o aplicativo do Burger King e então ficar a 200 metros de um McDonald's. Isso desbloqueava a promoção, permitindo aos clientes fazerem seus pedidos e depois serem "desviados" do McDonald's para o Burger King mais próximo.

Humm — acho que estou adorando isso. Estou apaixonado pelo Burger King, ou por quem quer que tenha tido essa ideia maluca de grudar nos grandões. E amo como isso alavanca a força do maior concorrente, assim como Davi usou o tamanho maior de Golias em seu benefício. O tamanho de Golias fez dele um adversário mais lento, permitindo a Davi que atirasse as pedras em seu rosto. Davi podia atingi-lo com uma pedra e correr para um novo local para jogar a próxima pedra. Dessa forma, a "força" de Golias fez dele o alvo perfeito.

O Burger King usou o número absoluto de locais do McDonald's em sua vantagem. Aqueles outdoors de BILHÕES SERVIDOS nos restaurantes do McDonald's? O Burger King os mudou, no marketing deles, para BILHÕES DESVIADOS. A campanha de nove dias produziu resultados notáveis:[2] o aplicativo do Burger King foi baixado mais de 1,5 milhão de vezes, e a empresa teve um aumento de

300% no faturamento do aplicativo móvel. Isso também deu muita atenção ao Burger King. O *New York Times*, o *USA Today*, o *Business Insider* e as principais redes de TV, tais como CNN e MSNBC, cobriram seus experimentos de marketing diferentes. O Burger King também teve um aumento de 818% em menções no Twitter.

Se você for o segundo melhor ou, melhor ainda, o segundo melhor da lista em seu ramo, considere como pode usar essa colocação em seu benefício. Em vez de esconder, como planeja destacá-lo? Como pode aproveitar a força de sua concorrência para fazer *você* mais forte?

A Oportunidade da Falta

Se você está apenas começando nos negócios, talvez não queira que as pessoas saibam o que você não tem. Tal como os demais de seu setor de atividade, é normal querer se destacar como uma empresa legítima, e com tudo que tem direito. Então compramos todas as coisas que as outras pessoas parecem ter, mais uma vez tentando se encaixar. Fiz isso por um tempo, até descobrir que era tudo besteira. Pensei que precisava ter o equipamento e as coisas caras para mostrar a capacidade técnica da minha empresa quando os prospectos viessem visitar os escritórios de minha primeira empresa de informática. Coisas sofisticadas amontoadas, adicionando zero valor aos meus serviços; nunca consegui impressionar os prospectos. Uma árvore de Natal com US$20 de luzes piscando nos gabinetes dos servidores teria sido um marketing mais impressionante e mais eficaz do que os US$20 mil que eu tinha acumulado em cartões de crédito que não impressionavam ninguém.*

---

* Se você e eu nos encontrarmos em algum momento, pergunte-me sobre as luzes de Natal piscando nos gabinetes dos servidores. Compartilharei como isso foi feito para alguns dos melhores e mais diferentes marketing que já fiz. O resultado? Essa empresa foi adquirida por uma empresa da Fortune 500.

Não ter o dinheiro para pagar por algo que todos os outros têm pode, na verdade, ser a maior oportunidade para diferenciar. Quando Jesse e Emily Cole assumiram o controle do que se tornaria o Savannah Bananas, o histórico Grayson Stadium tinha um placar eletrônico, e esse placar foi atingido por um raio. Não havia como ser consertado, e eles não tinham fundos para substituí-lo. Assim, ficaram com o velho placar manual. Você sabe, aquele que requer uma pessoa sentada atrás dele durante o jogo e que vai mudando manualmente as plaquetas de metal. Agora o placar operado manualmente se tornou uma ferramenta de marketing. Ela aumenta a vibração do público durante o jogo. A imprensa escreveu artigos inteiros apenas sobre o placar dos tempos antigos. Em vez de ser um estádio que não tem um placar eletrônico, o Grayson Stadium é agora um dos poucos no país que *ainda tem* um placar manual. Além disso, Jesse logo descobriu que a maioria das pessoas não estava nem mesmo prestando atenção ao placar, então, por que se preocupar em substituí-lo por coisas usuais (ignoráveis) caríssimas?

O que está economizando para comprar para sua empresa? O que você *acha* que seus clientes esperam que tenha e pelo qual não pode pagar? Essa coisa que você não tem pode ser, na verdade, um recurso, não uma falha.

∿∿∿∿∿∿∿∿∿∿

Dolly Parton é indiscutivelmente uma das maiores compositoras norte-americanas. Ela escreveu dezenas de sucessos, tem mais prêmios do que posso contar e até mesmo tem seu próprio parque temático. Quero dizer, quantas celebridades têm seu próprio parque temático? Ela é um gênio musical, um ícone e uma excelente empresária. E, ainda assim, quando você pensa na Dolly, provavelmente também pensa na aparência dela. Cabelo loiro, comprido. Roupas "cafonas" (palavra dela, não minha) e muita maquiagem. Ela também é conhecida por sua, hum, digamos, "figura".

Barbara Walters uma vez lhe perguntou numa entrevista: "Por que você se veste dessa maneira?"

Dolly respondeu: "Para chocar. Para ser diferente."

No início de sua carreira, os engravatados queriam que Dolly mudasse seu visual. Eles a incitaram a diminuir o tom, mudar a cor do cabelo, se parecer mais com seus contemporâneos. Ela sabia que era um péssimo conselho. Por que desejaria se parecer com todos os outros? Ela não apenas ignorou os conselhos deles, como realçou ainda mais seu estilo: seu primeiro single zombou do que algumas percebiam como uma desvantagem. Lançado em 1966, "Dumb Blonde" afirmou sua pujança e transformou o estereótipo sobre loiras que não as deixava em paz. Foi um movimento superinteligente, porque ela perseverou e repudiou as dificuldades impostas pelas pessoas que a forçavam a mudar. Foi o primeiro passo para diferenciar a si mesma, e, ao fazê-lo, encontrou seus fãs.

Zombarão do meu cabelo: eu os deixarei ainda mais alto.

Caçoarão de meus seios: vou colocá-los na frente e no centro.

Farão chacota de como me visto: ousarei ainda mais.

Em uma entrevista para a *USA Today*, ela disse certa vez: "O que há de mágico em mim é que pareço artificial, mas sou totalmente real."

Dolly sabe das coisas. Ela tem um contingente de fãs dos mais dedicados e diversificados do mundo — talvez o maior. Também tem um dos maiores e positivos Q Scores[3] do mundo. Propriedade de Marketing Evaluations, Inc., o Q Score monitora a consciência pública e o apelo de uma celebridade. Em essência, rastreia as primeiras duas letras na Estrutura do DAD Marketing — Diferenciar e Atrair. Se uma celebridade tem um Q Score alto, é altamente considerada, e a consequência está no alto valor que cobra para promover produtos e serviços.

Você também pode atrair uma base de clientes dedicados e diversificados.

Não esconda quem você é, o que você não tem ou os erros que cometeu. Ice a bandeira de sua esquisitice.

Sua Vez

Minha citação favorita, muitas vezes atribuída ao autor Oscar Wilde, está pendurada em meu escritório. Ele disse: "Seja você mesmo, todos os outros já foram escolhidos." Bingo! É isso. Aquela coisa que você quer esconder, aquela que faz as pessoas se envergonharem, esse é o esqueleto no armário. Aquela coisa pode ser a liberação de seu marketing.

1. Se você faz marketing para sua própria empresa, pergunte-se como pode colocar sua fraqueza, sua esquisitice, a diferença que "eu não vou esconder mais" à frente e no centro.

2. Se você trabalha no departamento de marketing, sua hora é esta. Qual é a história estranha que está nos anais da história da empresa? Qual é a esquisitice que todos do escritório amam, mas evitam mostrar para continuar com o profissionalismo? Qual a maior coisa com a qual sua concorrência implica? Eis aí sua oportunidade. Seja o ousado cara de marketing que traz isso para a frente e para o centro.

Capítulo dez

~~~~~~~~~~~~~~~~

REIMAGINE SEU NEGÓCIO

A vida é boa nas planícies de Dakota do Sul, especialmente quando você descobriu como ter renda suficiente para sustentar o estilo de vida que imagina. Com duas lojas físicas e uma torrefação de café, Jacob Limmer fez seu restaurante Cottonwood Coffee passar de uma atividade secundária para um negócio que qualquer um se orgulharia de ter.

Talvez você tenha lido a história de Jacob em *Fix This Next*. Naquele livro, eu lhe dou um sistema simples para descobrir em qual aspecto de sua empresa deve se concentrar em primeiro lugar, a fim de desenvolvê-la consistente e permanentemente. Ao seguir esse sistema, Jacob descobriu que sua empresa não gerava o suficiente para suportar o que ele chamava de estilo de vida de "conforto do Meio-Oeste". Após treze anos no negócio, tentando vender cada vez mais, isso foi chocante para ele. Assim, ele voltou ao básico — vendas lucrativas, não mais vendas. Ao fazer essa mudança, Jacob logo teve renda mais que suficiente para sustentar tudo de que precisava e que queria. Mais uma vez, a vida era boa na planície de Dakota do Sul.

Então, na primavera de 2020, as vendas dele sumiram. Como foi o caso de tantas lojas, quando a covid-19 forçou muitos norte-americanos a ficar em casa, Jacob teve que fechar temporariamente as duas cafeterias. Nessas circunstâncias, ele tinha duas opções: esperar e desejar dias melhores ou estar à altura da ocasião e *criar* dias melhores.

Jacob escolheu a opção dois.

Semanas em uma pandemia significavam que simplesmente mudar o marketing não seria o bastante para manter as vendas fluindo. Assim, ele fez uma pesquisa com seus clientes. Enviou e-mails que diziam, e estou parafraseando aqui: "Como você está se sentindo? De que você precisa? Ainda estamos funcionando, mas percebemos que é preciso atendê-lo de uma nova maneira. O que podemos fazer por você agora?"

Com essa pesquisa, Jacob aprendeu que seus clientes estavam preocupados com a saúde e que queriam algo que elevasse seu astral. Seus clientes também notaram que sentiam falta do ritual de ir tomar uma deliciosa bebida no Cottonwood Coffee.

Passados 22 dias do fechamento de suas duas lojas, Jacob havia criado um novo produto, um café gelado com reforço imunológico infuso de vitamina D3 de alta qualidade; ele o adicionou aos produtos da loja online e informou a novidade a seus clientes. As vendas cresceram, permitindo ao Cottonwood Coffee resistir às paralisações causadas pela covid-19 por tempo suficiente para reabrir suas lojas. E, embora sua receita tenha caído durante o ano, o Cottonwood Coffee teve seu ano mais rentável de todos os tempos. Esse, porém, não é o fim da história. Durante esses primeiros meses da pandemia, Jacob aprendeu algo que não poderia lhe ter ocorrido antes: como reimaginar seu negócio.

Em uma ligação que fiz para saber como estavam as coisas, Jacob me contou: "Eu me sinto mais no controle do que jamais antes. Sei que agora não tenho que sacrificar minha vida para sustentar meu negócio; nunca mais. Posso me adaptar ao que vier a acontecer e ao que eu venha a precisar, reimaginando-o."

Pode chegar o dia em que, não importa o quanto seu marketing é diferente, não importa quantas vezes você percorre o ciclo experimenta/melhora/experimenta e não importa o quão sarado seu músculo do marketing tenha se tornado, você não conseguirá obter vendas o suficiente. Isso acontece com todos nós. Coisa de maré. Gostos mudam. Interrupções acontecem. Imitadores surgem.

Como empresários, temos que enfrentar essas realidades e aceitar o fato de que algumas vezes nenhuma quantidade de marketing — não importa quão brilhante seja — é suficiente. Quando isso acontece, temos duas opções: podemos esperar por dias melhores ou podemos estar à altura da ocasião e *criar* dias melhores. Isso requer reimaginar nossos negócios — nossas ofertas, como as comercializamos, até quem deve ser nossa base de clientes. Temos que estar dispostos a mudar o *método* de fazer negócios.

Você, meu amigo, está agora mais equipado para lidar com esses desvios comerciais porque praticou ser diferente. Você está ficando cada vez mais confortável em colorir fora das linhas. Tornou-se mais confiante ao se destacar. Você conseguiu.

Jacob Limmer criou um novo produto para resistir a uma forte tempestade. Ele fez isso ao procurar o pessoal que lhe interessava para descobrir de que eles precisavam, e então testou o feedback deles com suas carteiras. Essa é uma abordagem óbvia e superfácil de implementar. Neste capítulo, você aprenderá estratégias mais simples, mas poderosas, as quais pode usar para diferenciar *o que* você oferece, não apenas *como* oferece, a fim de que também tenha condições de reimaginar, e talvez até reinventar, seu negócio.

Dê Um Passo para Trás

Em 2020, conversei com vários empresários que, como Jacob, tiveram que descobrir uma maneira de continuar em atividade. Felizmente, muitos de meus leitores de *Lucro primeiro* tinham depositado meses de despesas operacionais e, portanto, tinham tempo — um *cash runway*: trata-se de uma reserva de caixa que lhes permitia manter as portas abertas e seu pessoal empregado de forma lucrativa. Mesmo assim, eles precisavam de receita, e para muitos deles, isso significava repensar tudo.

Como não poderia deixar de ser, também consultei muitos proprietários de restaurantes naquele ano difícil. Para ajudá-los a reimaginar seus negócios, compartilhei com eles meu "Método 1 Passo Atrás".

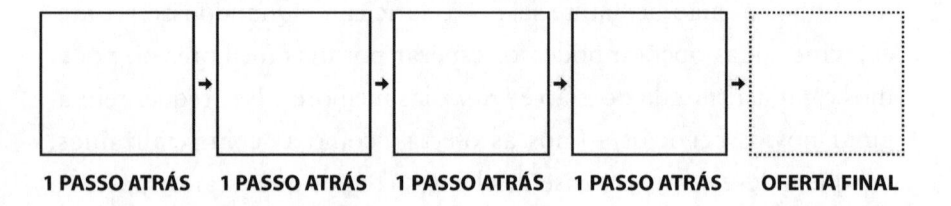

| 1 PASSO ATRÁS | 1 PASSO ATRÁS | 1 PASSO ATRÁS | 1 PASSO ATRÁS | OFERTA FINAL |

Método 1 Passo Atrás

Funciona assim:

1. Observe o histórico da sua oferta, a principal coisa que faz. Para a maioria dos restaurantes, é alimentar as pessoas da localidade. Escreva seu objetivo na caixa OFERTA FINAL. Para esse exemplo, poderia ser "colocar boa comida na mesa", ou algo assim.

2. Em seguida, registre o último passo que você dá imediatamente antes de entregar a OFERTA FINAL. Essa é fácil para restaurantes: antes que um garçom coloque a comida

na mesa de jantar, eles a levam para fora da cozinha. Isso é um passo atrás. Coloque "levar a comida para a mesa" na caixa 1 PASSO ATRÁS imediatamente à esquerda da OFERTA FINAL.

3. Agora considere como você poderia mudar sua oferta com base nessa etapa. Isso é o que muitos restaurantes fizeram em 2020 — levar comida para uma mesa tornou-se levar comida para fora do restaurante na forma de viagem e entrega em domicílio. Muitos deles não foram preparados adequadamente para isso, mas agora com certeza estão! E essa simples mudança poupou muitos negócios tradicionais de afundarem, incluindo lojas de varejo e até mesmo bares. Quem sabia que "margaritas para viagem" seriam tão boas? Todos. Esses foram eles.

4. É aqui que fica interessante. Dê *mais* um passo atrás. O que acontece antes desse passo anterior? Para restaurantes, é preparar a refeição na cozinha. Coloque isso na próxima caixa 1 PASSO ATRÁS. Depois considere como isso pode se tornar uma oferta nova, tal como preparar uma refeição na cozinha de casa. Eu treinei Mariana Oviedo, uma empresária em Ensenada, no México, a fazer exatamente isso através de aulas virtuais de culinária. Essas aulas permitiram que seus clientes se sentissem conectados com outros membros de sua comunidade e comer a comida que amavam. Para isso, Maria cobrou US$150, que incluíam a entrega em domicílio de todos os ingredientes de que os alunos precisavam para a aula. Antes dos lockdowns, uma reserva típica rendia cerca de US$50. Ela agora tem condições de obter três vezes essa quantia, simplesmente ao dar um passo atrás e, então, outro. Qual é o *seu* próximo passo atrás? Coloque isso na caixa.

5. Continue voltando passo a passo até ter identificado todas as etapas significativas que levam à sua oferta histórica. Para restaurantes, o passo antes de preparar a comida na cozinha é pegar o pedido. Na minha comunidade aqui em Nova Jersey, um restaurante mudou a forma como oferecia retirada e entrega em casa. Ele eliminou a etapa tradicional de "atender o pedido", que exigia esperar de trinta a sessenta minutos para sua refeição. Em vez disso, fez uma parceria com um food truck na área para entregar as refeições, um bairro por vez. O restaurante carregou o food truck com sessenta refeições preparadas e o estacionou em uma espécie de beco sem saída — tipo um caminhão de sorvete. Genial, certo?

Tendo zerado a única etapa que deseja diferenciar, brinque com a ideia de fazer variações dela. Aí, então, execute um teste beta. Se funcionar, amplifique-o. Como já sabe, a chave para fazer diferente com sucesso é continuar fazendo isso. Faça um brainstorm, pense bem, tente e tente de novo. E, como sempre, ouça as carteiras, não as palavras.

Venda a História

Uma maneira segura de descobrir se a oferta ganhará tração é vendê-la antes de criá-la. Venda a história, não a coisa — ainda. Se as pessoas quiserem comprar seu produto/serviço apenas no conceito, isso significa que você tem uma ideia que vale a pena desenvolver. Isso é um indicativo de que acreditam nela e podem imaginá-la funcionando para elas. Caso ninguém a compre, aí está sua resposta. Nesse ponto, ou você melhora a oferta, ou a abandona e tenta algo novo.

Funciona assim:

1. Compartilhe detalhes sobre a ideia com sua comunidade. Pode ser por e-mail, em redes sociais ou mesmo pessoalmente. Não se trata de uma oferta oficial ou lançamento. O mais chocante: a integridade ganha aqui. Diga a eles que tem uma ideia e conte quais são os componentes-chave que pretende incluir.

2. Vacine-os contra os inevitáveis solavancos e hematomas. Seja sincero sobre o fato de que tem uma ideia nova que quer tentar e, por ser nova, pode cometer erros, e que ela com certeza precisará de melhorias.

3. Então pergunte à sua comunidade se eles querem sua ideia. Eles acham que ela é útil? Precisam dela? Lembre-se: queremos focar as carteiras, não as palavras. Então, peça um depósito. A parte do direcionar aqui deve ser baseada em um preço com desconto, e você deve lembrar às pessoas que esse é um conceito beta, por isso, o potencial para ajustes e edições, e por esse motivo o desconto.

4. Envie o pedido dentro de 24 horas após ter pensado nisso. Essa é uma lição do nosso amigo Jesse Cole. Tenha a ideia, coloque os pontos básicos, determine o preço final, dê desconto para as pessoas dispostas a obter o produto cedo e ainda incompleto e faça com que se comprometam oferecendo dinheiro.

5. Se você *não* conseguir respostas positivas suficientes (depósitos), procure feedback sobre o que precisa mudar e, então, tente de novo. Ou deixe de lado e siga para a próxima ideia.

6. Envolva seus clientes beta na melhoria de seu negócio. Peça o feedback deles e faça mudanças rapidamente enquanto entrega a primeira versão dessa próxima oferta. Satisfaça-os

para que sua ideia instável, "não totalmente pronta para o mercado", evolua para uma oferta sólida e eficaz.

7. Depois de terminar sua versão beta, lance-a pelo preço cheio. A beleza disso é que, uma vez tendo-a (por fim) entregado aos seus clientes beta enquanto levava em conta e agia ativamente em seus feedbacks, eles irão ao delírio com isso. Agora você terá sua coleção de depoimentos para ajudá-lo a vender essa coisa nova.

Já vi empresários demais elaborarem suas ideias, construí-las e testá-las antes de abordarem seus clientes ideais para ver se eles as querem mesmo. Dois resultados muito frustrantes vêm dessa abordagem. Primeiro, eles podem ter criado algo que poucas pessoas realmente querem ou de que precisam. Segundo, o desenvolvimento e a implementação demoram muito tempo, e a oportunidade pode passar. No final, isso é desperdício de tempo e dinheiro. Quando criamos ofertas em uma bolha, desligadas de nossas comunidades, confiamos em um conjunto de dados de um (nós mesmos) e podemos acabar desenvolvendo uma oferta que o mercado não quer. Mas quando você vende a história, sabe, com certeza, que as pessoas comprarão sua ideia *e* que essa confirmação o forçará a agir para fazer isso acontecer.

Pergunte "Quem Mais se Beneficia?"

A Ruiva Implacável não deixaria a covid-19 vencer. Em março de 2020, a apenas 36 dias de seu acampamento anual de Vendas e Marketing de TI, Robin Robins teve que cancelar o evento ao vivo e migrar para o virtual. Hoje em dia, isso pode soar como um desafio viável, ainda que difícil. Na realidade, foi um empreendimento *enorme*. Todos nós agora já estamos acostumados a eventos virtuais, mas naquele março, parecia quase impensável. Digo isso por experiência própria. Também tive um evento em março que precisou migrar para o virtual em menos de três semanas — o AuthorUpLive —, e não tínhamos a menor ideia de como conseguir sem reembolsar a maioria das inscrições até então feitas. Aquilo exigia mudanças tecnológicas imediatas e aprendizado minuto a minuto para os apresentadores. E para os convidados?

Poucas pessoas tinham confiança em eventos virtuais, especialmente um que se tratava tanto de networking presencial quanto de aprendizagem. Para completar, a maioria das pessoas não tinha experiência em Zoom, incluindo, aparentemente, o apresentador da CNN Jeffrey Toobin, que foi pego, hum, brincando com seu *tubo em* uma sessão de Zoom no trabalho. Se você não sabe sobre o que estou falando, não faça uma busca na internet... você ficará cego.

Robin, a Ruiva Implacável, não seria dissuadida. E ela não seguiu o *status quo*. Quando todos os outros — inclusive eu — mudaram os eventos para o Zoom, ela contratou uma equipe de produção de TV, construiu um palco físico para apresentações ao vivo de palestrantes e adicionou telas com feeds ao vivo para mostrar a todas as pessoas sintonizando de suas casas. Embora os reembolsos tenham somado mais de US$650 mil nos primeiros 30 dias (atribuídos principalmente a patrocinadores em pânico), Robin mais do que compensou isso, aumentando sua lista de inscrições de 1.500 para quase 5 mil! Em 6 semanas! Onde todos os outros — novamente, incluindo eu — apenas tentaram se agarrar a seus participantes, Robin aumentou enormemente essa lista, encontrou novos patrocinadores e realizou seu evento mais rentável de todos os tempos.

A reputação de Robin para eventos de nível mundial rapidamente evoluiu para uma reputação para eventos virtuais de nível mundial. Quando a entrevistei para este livro, já nos aproximando do final de 2020, Robin me contou que ela havia ultrapassado US$20 milhões em receita naquele ano. Ela também lançou a Big Red Media, uma facilitadora de eventos virtuais e serviços de marketing que faturou US$4 milhões em seu primeiro ano.

Ela disse: "Quando as coisas mudam, isso coloca todos de volta à oportunidade da 'vantagem de ser o primeiro a mudar'. Você não pode perder tempo para ver o que todos os outros fazem."

Uma das técnicas que ela usa é perguntar: "Quem mais se beneficia quando faço uma venda?" Para um evento em que a venda é um participante comprar um ingresso, os outros beneficiários incluem a empresa de processamento do ingresso, a plataforma do evento virtual e a equipe de produção. Quando os eventos presenciais retornarem, ela pode adicionar serviço de alimentação, hotéis, transporte e mais. Robin vê, em todas essas pessoas e empresas que se beneficiam, oportunidades para alianças de fornecedores, *joint ventures*, parcerias e patrocínios. Quais desses fornecedores também querem atender aos clientes de Robin? Quais desses fornecedores têm contatos próprios que poderiam se beneficiar das habilidades de Robin? Em uma reunião de profissionais de TI, quem mais quer ter acesso a profissionais de TI?

Em decorrência de haver perguntado "Quem mais se beneficia?", Robin juntou forças com a Datto, uma empresa de backup de dados que queria acesso aos participantes dela e pagou uma boa soma por isso. Ela então perguntou: "De que *outra* forma podem se beneficiar?" Acontece que eles tinham uma lista de prospectos enorme, mas não sabiam como aproveitá-la. Robin então criou e dirigiu uma conferência virtual para a Datto. Ela agora tem uma divisão de sua empresa que gerencia conferências virtuais para outras empresas.

Para reimaginar ou mesmo reinventar seu negócio, pergunte-se: "Quem mais se beneficia?" Continue perguntando até encontrar novas oportunidades.

Faça Algo que *Não* Escale

Um de meus livros favoritos é *Never Lose a Customer Again* [Nunca mais perca um cliente, em tradução livre], de Joey Coleman. Leitura obrigatória. Permita-me ser ousado e sugerir que ele e este livro fazem uma combinação perfeita. O "Seja Diferente" o ajudará a conseguir clientes, e o livro de Joey o ajudará a mantê-los.

Convidei Joey para uma reunião de colegas autores; foi quando ele compartilhou um de seus melhores métodos para ser diferente. Seu conselho me inspirou a criar a experiência de aprendizagem imersiva para esse livro — immersewithmike.com [conteúdo em inglês]. E foi esta joia de declaração que realmente me surpreendeu:

"Faça com que não escale porque ninguém mais o fará."

Quando ele disse isso, pensei: "Meu Deus, isso é brilhantismo puro!" Certamente, esse é o segredo para reimaginar sua oferta, porque a maioria das pessoas quer escalar e evitar fazer coisas que não possam ser facilmente replicadas. Criar algo que não escala coloca demanda demais sobre esse algo, e por fim, ele entrará em colapso.

Foi um momento "dãã, por que não pensei nisso?" para mim, que passei a investigar isso. Comecei a pensar sobre como me envolvi com os leitores. Muitos autores não se envolvem com seus leitores cara a cara porque não podem escalar isso. Eu entendo — eles não podem ter uma conexão pessoal com todos que consomem seus livros. Não é possível, e mesmo que fosse, seria muito exaustivo.

Antes de Joey ter compartilhado comigo sua estratégia de não escalabilidade, eu já havia respondido pessoalmente aos e-mails dos leitores. É importante para mim me conectar com eles — e com *você*. O problema era que eu não conseguia acompanhar a demanda. Escolhi que tinha que desistir. Todos os autores têm que passar as coisas para suas equipes mais cedo ou mais tarde, certo? Exceto que, no fundo, eu realmente não queira perder essa conexão com você.

Então, após essa reunião de autores, voltei a me comprometer com o leitor e me desafiei a encontrar uma maneira de fazer com que funcionasse. Desenvolvi sistemas e implementei um *time blocking* [divisão do dia em blocos de tempo destinados a uma atividade específica] para poder responder a todos os e-mails que recebo. A resposta tem sido incrível. Como lido com isso é meu "molho secreto", mas digito cada palavra e gravo cada vídeo. Sou eu, e "não" é escalável. Ou será que é?

Tente essa técnica. Debata-a por uma hora ou mais. Pergunte-se: "E se?" E se você não estivesse preocupado com escalabilidade? E se a inabilidade para escalar algo fosse apenas um mito do ramo e você pudesse, na verdade, crescer? O que ofereceria? Ou como apresentaria sua oferta de maneira diferente? E se você simplesmente fizesse o que não pode ser escalado em seu ramo e preenchesse a lacuna com esforço bruto? Esse pode ser seu molho secreto.

∿∿∿∿∿∿∿∿∿∿

John Ruhlin vendeu mais facas do que qualquer outro vendedor da história da Cutco, e o fez mudando o *método* pelo qual as vendia. A Cutco vendia facas principalmente por meio da venda direta, o bom e velho método porta a porta. Quando Ruhlin era um estagiário, teve uma ideia. E se ele conseguisse que os donos de empresa comprassem grandes quantidades de facas para presentear seus clientes?

Sua primeira venda dessa natureza foi para o pai de sua namorada, um advogado, que comprou canivetes de bolso como brindes para seus clientes. Esse foi apenas o começo. Ele continuou a vender, e chegou a mais de US$4 milhões em facas da Cutco.

John é um amigo. Ele também é autor de *Giftology: The Art and Science of Using Gifts to Cut through the Noise, Increase Referrals, and Strengthen Retention* [A ciência do presentear: A arte e ciência de usar presentes para conseguir chamar a atenção, aumentar as referências e fortalecer a retenção, em tradução livre]. Sua abordagem diferente para vender não somente funcionou para a Cutco, mas também se tornou o trabalho da vida de John.

A chave para ter sucesso no marketing e nas vendas é se perguntar continuamente: "E se eu tentasse de um jeito diferente? E se eu tentasse uma abordagem de venda diferente? E se eu pegasse emprestado um sistema de entrega de produtos ou serviços de um setor de atividade completamente diferente? E se eu rejeitasse a sabedoria convencional, pusesse de lado os padrões do ramo e tentasse algo completamente fora da caixa?" Quando você reimagina as coisas importantes — o que vende e como o vende —, pode simplesmente descobrir sua verdadeira vocação.

Sua Vez

1. Pergunte-se quem mais se beneficia com o produto ou serviço que fornece. Além de seus clientes, há vendedores, fornecedores, empreiteiros e outros na cadeia alimentar. Documente todas as outras pessoas que participam da criação ou entrega do que você faz. Eles são os beneficiários. Agora pergunte-se: "De que outra forma eles podem ser parceiros?"

2. Crie uma lista de todas as coisas em seu ramo de atuação que "não possam ser escaladas". Pergunte a si mesmo o que seu ramo não faz porque as pessoas dizem que não pode ser feito. Então, escolha uma e a faça de verdade. Se você fez a imersão do livro que coloquei na dedicatória, compartilhe

sua história de como usou o "Seja Diferente" para sua empresa. Isso é um ganho mútuo. Estou sempre procurando por novas histórias e estratégias (que me sirvam, obrigado), e isso pode se transformar em uma menção em um blog ou podcast, ou inclusão em um de meus futuros livros (que, espero, seja um ganho para você). Se você não fez a imersão, ainda pode! Apenas acesse immersewithmike.com [conteúdo em inglês].

Encerramento

CRESÇA, MAS NÃO AMADUREÇA

Amadureça. A esta altura, você me conhece bem o suficiente para descobrir que não sou fã dessa frase. Tenho 50 anos agora (eu sei, eu sei, não pareço ter um dia além de 49 e meio), e me disseram isso mais vezes do que posso contar — e tão recentemente quanto na semana passada. Talvez porque eu seja um pateta. Talvez porque eu não tenha medo de tentar coisas diferentes. Talvez porque eu tenha o entusiasmo de uma criança pelas coisas que amo.

Não sou nenhum Peter Pan. Gosto de ser um adulto casado e pai de três.

Porém, e quanto aos negócios? Eles são uma história diferente. Definitivamente, não quero que minhas empresas amadureçam, porque é um código para "se adequar ao resto do mundo".

À medida que nos tornamos adultos, começamos a agir cada vez mais em conformidade com a sociedade ao redor. Assumimos menos riscos. Queremos nos encaixar. "Amadureça" se torna o código para "entre na linha, valentão. Fique no seu quadrado. Conforme-se".

Faça. O que. É. Esperado.

Não, obrigado.

São os empresários que não amadurecem que se destacam. Os líderes que não se encaixam. As crianças que não colorem dentro das linhas ou apenas fazem suas próprias linhas novas. Aqueles garotos que não se vestem como você deve se vestir. Os garotos que têm pontos de vista únicos.

De acordo com a News Medical, Steve Jobs tinha koumpounophobia, o medo de botões. No mínimo, tinha uma forte aversão a botões. Jobs sempre usava uma gola rulê. Sem botões. E suas calças jeans? Com certeza, não eram de botões. Em vez de forçar a si mesmo para ceder aos botões, ele os rejeitou. E essa rejeição foi sustentada pelos produtos que desenvolveu.

Quando a Apple lançou o iPhone, revolucionou a indústria de telefones. O operador dominante no mercado naquela época era o BlackBerry. Se você tivesse um telefone celular, é provável que fosse o "CrackBerry". Os telefones concorrentes tentaram encaixar mais botões, porque era o padrão da indústria, como definido pela BlackBerry. As empresas colocavam teclados inteiros atrás das telas para que você pudesse deslizar para cima com o polegar e começar a escrever, mas Steve Jobs permaneceu fiel a si mesmo. Sem botões. Quando o iPhone foi lançado em 9 de janeiro de 2007, a Apple foi a primeira grande empresa a reinventar o design para ser sem botões. Ele misturou tecnologia com arte. Dez anos depois, no quarto trimestre de 2016, o BlackBerry caiu para 0% de participação do mercado. Espete um garfo na BlackBerry, eles acabaram. A Apple se tornou o operador dominante.

O diferente ganha quando reinventa o negócio e o marketing. A coisa maravilhosa é que o diferente não requer que *você* seja diferente. O diferente requer que você seja você, pleno de si mesmo. Todos nós somos diferentes, mas somente as pessoas que abraçam plenamente quem são e expressam isso são notadas. Não amadureça, imploro a você.

Não estou dizendo para ser infantil, a menos que seja isso que você realmente seja. Estou dizendo: abrace essa criança interior. Incline-se para quem sempre foi e ainda é.

Quero que meus negócios cresçam, não que amadureçam. Se eu deixar meus negócios cumprirem tudo que é "esperado", perderemos a capacidade de nos destacar no mercado. E, por sua vez, perderemos a capacidade de expandir e aumentar as receitas. Eis aí a grande ironia: lutamos para que nossos negócios sejam como qualquer outro negócio legítimo e acabamos atrofiando nosso próprio crescimento tentando fazê-lo.

Não você, entretanto. Você sabe o que está acontecendo. Agora entende por que fazer diferente é a chave essencial para ser notado. E sabe que o *seu* diferente pode ser extremamente simples, um pequeno ajuste no "procedimento operacional padrão". E agora você tem uma estrutura comprovada para avaliar e fazer experimentos com suas ideias de marketing diferentes. Agora, em um instante, pode olhar para qualquer marketing — o seu, o de sua concorrência, o de alguém tentando comercializar para você — e saber se tem a possibilidade de funcionar ou não. Se falhar no teste DAD, ele não funciona. É simples assim.

Para que o marketing funcione, como sempre foi e sempre será, ele deve Diferenciar, Atrair e Direcionar explicitamente. Faça isso e você ganha. Não faça e você é somente mais ruído de fundo.

Você já começou a trabalhar seu músculo do marketing. Pode ter entrado neste livro com medo do marketing ou, no mínimo, uma sensação de que apenas não tinha o que era preciso para ter ideias fora da caixa. Agora sabe que isso é bobagem. Seus músculos do marketing ficam mais fortes a cada Experimento Seja Diferente. E enquanto tenta novas abordagens e lança as ideias que funcionaram, sua confiança crescerá junto com sua empresa. Você ficará muito menos preocupado com *o que* outras pessoas pensam e muito mais preocupado com *como* as pessoas certas pensam — e o que as faz perceber, desejar e agir.

Você será mais capaz de calcular o risco e correr riscos que talvez não tenha corrido no passado. Terá aquela arrogância que somente vem de saber que tomou o controle do crescimento de seus negócios. Você pode aumentar ou diminuir os indicadores, à vontade. O fluxo de leads depende inteiramente de você.

Quando as pessoas dizem a mim e a você para "amadurecer", algumas vezes o motivo por trás disso é nos levar a aceitar uma realidade que não se alinha aos nossos valores. Por que iríamos querer fazer isso? Estou em uma missão para erradicar a pobreza empresarial. Você também está em uma missão. Não podemos aceitar nada como o *"status quo."* Isso pode aborrecer algumas pessoas, mas temos que ser fiéis ao que somos.

E às vezes, somente às vezes, quando as pessoas nos dizem para "amadurecer", é porque *elas* têm medo. Podem ter percebido que perderam a conexão com o verdadeiro "eu" delas mesmas. Ou podem ter uma sensação de que vivem a vida com medo de se expressar. Essas pessoas querem que você "amadureça" para que aja em conformidade com elas. Querem que você pare de ser notado para que elas não se sintam mal por não serem notadas por si mesmas.

O marketing não acontece apenas nos negócios. Acontece com organizações sem fins lucrativos, na política e no âmbito escolar. E algumas missões de "marketing" diferentes levam muito tempo, mas isso não significa que não valham a pena. Em um jogo na temporada de futebol americano de 2016, o time do San Francisco 49er de Colin Kaepernick se ajoelhou durante o hino nacional, em vez de ficar de pé com a mão no coração, a postura tradicional. *Isso* foi diferente. Eles adotaram a ideia de um veterano de guerra que havia explicado ser uma tradição militar se ajoelhar na cova de um soldado morto em combate. Há simetria aí, como é comum em ligas esportivas juvenis que jogadores se ajoelhem quando um de seus companheiros de equipe se machuca em campo. Kaepernick argumentou que isso seria diferente o suficiente para chamar a atenção da nação para uma questão importante que sentiu estar sendo negligenciada, e honrou os homens e mulheres "mortos em combate" pela brutalidade policial. Seu objetivo de "marketing" era a conscientização. Seu método de "não amadurecer" era uma resistência sóbria e muito "adulta" à conformidade.

Só que não rolou como ele esperava. Ele foi vilipendiado por muitos fãs, donos de times da NFL, políticos. A NFL proibiu ajoelhar-se durante o hino nacional, e em 2017, os 49ers dispensaram Kaepernick do time. Foi apenas em 2020, depois da morte de George Floyd, que a NFL se retratou de suas declarações anteriores. O comissário da liga, Roger Goodell, disse: "Nós, a NFL, admitimos que estávamos errados por não ouvir os jogadores da NFL anteriormente e incentivamos todos a falar e protestar pacificamente." Alguns podem argumentar que, por Kaepernick não ter sido designado para um time desde 2016, não valeu a pena, que os esforços dele não funcionaram. Eu argumentaria que funcionaram, *sim*. Sua estratégia diferente acabou mostrando o poder do protesto pacífico. Foi diferente do que todos os outros fizeram, então foi notado. O diferente sempre vence. Se você sabe que está certo, insista nisso. Incansavelmente.

Não se entregue ao mar da mesmice. Não se renda à atração da tendência, às melhores práticas, aos padrões do ramo de atuação ou à justificativa de "todo mundo faz isso". Você sabe que a chave para o marketing é ganhar a piscada, e o diferente o levará aonde precisa ir.

Não desista de sua missão. Não se venda. Não desista do crescimento que quer ver em seu negócio. Não desista de seus sonhos. Use o marketing Seja Diferente para ajudá-lo a chegar lá.

Quando meu filho Jake se candidatou à minha amada *alma mater*, Virginia Tech, ficou na lista de espera. Isso é como dar uma licença a alguém, em vez de despedi-lo — mas antes mesmo de começar a trabalhar. Jake não aceitou essa decisão. Ele sabia que havia um mar de candidatos e decidiu fazer algo diferente para chamar a atenção do departamento de admissões. Jake fez um cartaz enorme que mostrava todas as razões pelas quais ele deveria ser aceito e enviou pelo correio para à Virginia Tech.

Pouco tempo depois, ele recebeu um telefonema do reitor de admissões. "Em meus 25 anos nesse trabalho, nunca recebi um cartaz como esse. Nós não podemos prometer nada, mas precisamos reavaliar nossas considerações." *Nós precisamos reavaliar nossas considerações.* O diferente funcionou. O diferente sempre ganha.*

Se você acredita em si mesmo e em seu negócio, insista. Se acredita que você é a melhor solução, se sabe que você é a melhor solução, tem que insistir. Tem que se destacar. Você tem a responsabilidade de ser notado. Esse é o primeiro e necessário passo para ser útil.

Quando estive em Berlin, abri um biscoito da sorte, e a mensagem que havia ali dizia: "Be bold, be *italic,* but never regular" [literalmente: "Seja negrito, itálico, mas nunca regular"].** Guardo-o comi-

---

* Jake finalmente escolheu ir para a Rutgers. O "marketing" de Jake o colocou no controle. Ele escolheu a universidade que adora. Jake ganhou. A Rutgers ganhou. E eu sinto que a VT perdeu. Sinto muito, Tech.

** Jogo de palavras em que se utiliza os estilos "negrito (bold), itálico e regular" e a outra acepção de "bold" (ousado) para causar impacto. O sentido final é "Seja diferente", que vai ao encontro do tema do livro (N. E).

go como um lembrete para continuar praticando ser diferente, para continuar trabalhando aquele músculo do marketing, para continuar tentando dominar o marketing dos milissegundos. Todos nós precisamos do lembrete, porque a atração para se encaixar é forte e tem o fascínio de ser mais fácil. Ser diferente é enfatizar em negrito (e em *itálico*) nossas próprias idiossincrasias, o meu e o seu eu autêntico. É por isso que é sempre melhor, e é por isso que sempre ganha.

Se eu pudesse inserir minhas próprias mensagens em biscoitos da sorte ao redor do mundo, se eu pudesse garantir que eles cairiam em seu prato depois do jantar, estaria escrito: "Deixe seu negócio crescer, não amadurecer." Pegue o que aprendeu neste livro e sonhe um sonho maior. Agora que você sabe como ser notado pelas pessoas certas, o céu é o limite.

O que você poderia fazer se soubesse com certeza que poderia obter todos os leads de que precisava quando precisasse? E se você pudesse superar as expectativas razoáveis, simplesmente patinar bem em cima delas, rumo à estratosfera de possibilidades? O que faria então? O que criaria? O que inovaria? Como serviria?

Você não está mais na base da montanha tentando descobrir o melhor caminho para chegar ao topo. Ao ler este livro e tentar seus próprios experimentos, seja diferente. Ao se comprometer em ser *autenticamente* diferente, você já está lá. Está no cume, e o panorama é diferente aqui em cima. Você pode ver por quilômetros. Qual o horizonte para o seu negócio?

Qualquer que seja, sei que você entendeu. Você é diferente, e eu também. E muito.

Então, que tal? Está pronto para ser diferente?

Agora é sua vez.

Apêndice I

O Processo do Marketing Seja Diferente guia você através dos experimentos, das modificações de variáveis e, finalmente, no lançamento de um experimento bem-sucedido em um plano de marketing.

[Obs.: Na tabela Processo do Marketing Seja Diferente, TBD é uma sigla em inglês que significa "a ser determinado".]

PROCESSO DO MARKETING SD

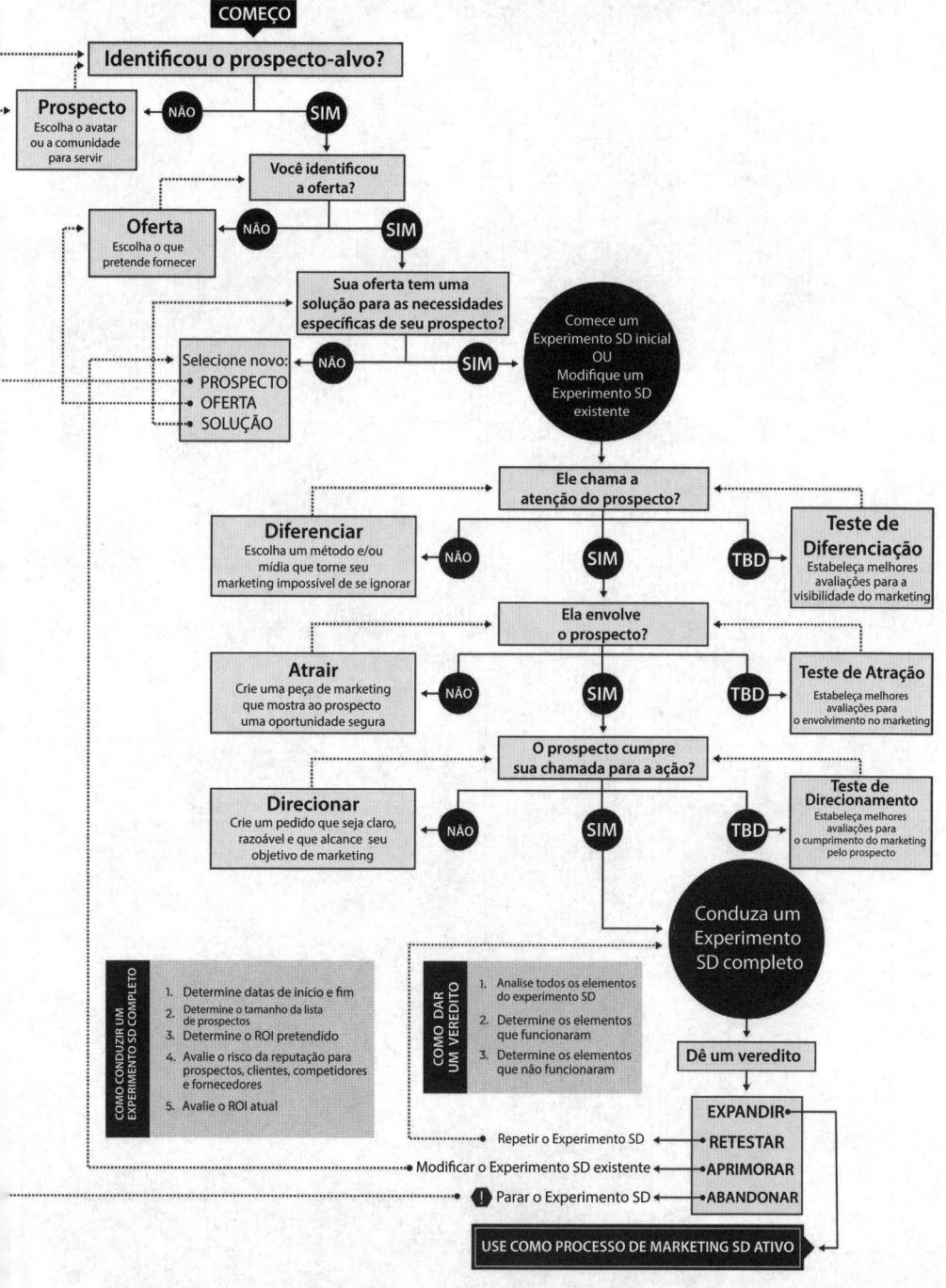

COMEÇO

Identificou o prospecto-alvo?
- NÃO → **Prospecto**: Escolha o avatar ou a comunidade para servir
- SIM ↓

Você identificou a oferta?
- NÃO → **Oferta**: Escolha o que pretende fornecer
- SIM ↓

Sua oferta tem uma solução para as necessidades específicas de seu prospecto?
- NÃO → **Selecione novo:**
  - PROSPECTO
  - OFERTA
  - SOLUÇÃO
- SIM → **Comece um Experimento SD inicial OU Modifique um Experimento SD existente**

Ele chama a atenção do prospecto?
- NÃO → **Diferenciar**: Escolha um método e/ou mídia que torne seu marketing impossível de se ignorar
- SIM ↓
- TBD → **Teste de Diferenciação**: Estabeleça melhores avaliações para a visibilidade do marketing

Ela envolve o prospecto?
- NÃO → **Atrair**: Crie uma peça de marketing que mostra ao prospecto uma oportunidade segura
- SIM ↓
- TBD → **Teste de Atração**: Estabeleça melhores avaliações para o envolvimento no marketing

O prospecto cumpre sua chamada para a ação?
- NÃO → **Direcionar**: Crie um pedido que seja claro, razoável e que alcance seu objetivo de marketing
- SIM ↓
- TBD → **Teste de Direcionamento**: Estabeleça melhores avaliações para o cumprimento do marketing pelo prospecto

Conduza um Experimento SD completo

COMO CONDUZIR UM EXPERIMENTO SD COMPLETO
1. Determine datas de início e fim
2. Determine o tamanho da lista de prospectos
3. Determine o ROI pretendido
4. Avalie o risco da reputação para prospectos, clientes, competidores e fornecedores
5. Avalie o ROI atual

COMO DAR UM VEREDITO
1. Analise todos os elementos do experimento SD
2. Determine os elementos que funcionaram
3. Determine os elementos que não funcionaram

Dê um veredito
- EXPANDIR
- RETESTAR
- APRIMORAR
- ABANDONAR

- Repetir o Experimento SD
- Modificar o Experimento SD existente
- Parar o Experimento SD

USE COMO PROCESSO DE MARKETING SD ATIVO

O Processo do Marketing Seja Diferente

Apêndice II

A Estrutura Expandida do DAD Marketing mostra os estágios do marketing dos milissegundos. Você primeiro deve diferenciar para conseguir a atenção do prospecto. Esse momento dura cerca de um décimo de segundo, mais rápido do que o tempo que você leva para piscar. Então, deve atrair o prospecto para mantê-lo envolvido. Você deve mostrar ao prospecto que a oportunidade proporcionada ao prestar atenção supera a de abandonar seu marketing. Você somente manterá um prospecto envolvido enquanto ele obtiver valor e ver uma oportunidade. No estágio final, você direciona o prospecto a agir. Para ser compelido, ele tem que ver que essa oportunidade de se comprometer com seu pedido supera o risco.

	DIFERENCIAR	**ATRAIR**	**DIRECIONAR**
OBJETIVO DE MARKETING	Atenção do prospecto	Envolvimento do prospecto	Adesão do prospecto
VELOCIDADE DE DECISÃO	1/10 de segundo	Acumular incrementos em 1/4 de segundo	1/4 de segundo
PONTOS DE FALHA	Reconhece ameaça = Evitar Reconhece irrelevância = Ignorar	Nova ameaça = Evitar Nova irrelevância = Ignorar	Pedido irracional = Evitar
PONTOS DE SUCESSO	Oportunidade reconhecida = Envolvimento do prospecto ou Desconhecida e inesperada = Envolvimento do prospecto	Nova oportunidade = Consideração do prospecto	Pedido razoável = Adesão do prospecto

A Estrutura Expandida do DAD Marketing

Apêndice III

A Planilha de Experimento Seja Diferente. Execute todos os experimentos de marketing usando essa ferramenta e então dê um veredito. Quando você identificou um experimento de marketing Expanda e Rastreie, descobriu algo para lançar em seu plano de marketing.

PLANILHA DE EXPERIMENTO SD

NOME _____
DATA _____ TESTE Nº _____

PASSO 1: OBJETIVO

QUEM
Quem é o prospecto ideal?

O QUÊ
Que oferta o serve melhor?

GANHO
Qual o resultado que você quer?

PASSO 2: INVESTIMENTO

LTV DO CLIENTE: _____
Ciclo de vida típico (faturamento) de um cliente.

TAXAS DE PROBABILIDADE DE FECHAMENTO: _____ **DE CADA** _____
Sua taxa de fechamento esperada de prospectos engajados. Por ex.: 1 de cada 5.

INVESTIMENTO POR PROSPECTO: _____
A quantia em dinheiro que quer arriscar para conseguir um prospecto.

ANOTAÇÕES:

PASSO 3: EXPERIMENTO

MÍDIA: _____
Qual plataforma de marketing usará? Por ex.: site, e-mail, mala direta, cartaz etc.

IDEIA:

ISSO OBEDECE À ESTRUTURA DAD?

- ☐ **DIFERENCIAR**
  É impossível ignorar?
- ☐ **ATRAIR**
  É uma oportunidade segura?
- ☐ **DIRECIONAR**
  É um pedido específico e razoável?

PASSO 4: AVALIAÇÃO

INTENÇÕES

DATA INICIAL: _____

Nº DE PROSPECTOS PRETENDIDOS: _____

RETORNO PRETENDIDO: _____

INVESTIMENTO PRETENDIDO: _____

RESULTADOS

DATA FINAL: _____

Nº ATUAL DE PROSPECTOS: _____

RETORNO ATUAL: _____

INVESTIMENTO ATUAL: _____

OBSERVAÇÕES :

VEREDITO {
| **EXPANDIR E RASTREAR** | **RETESTAR** | **APRIMORAR** | **ABANDONAR** |
| Usar como estratégia contínua | Testar nova amostra | Consertar e repetir | Começar novo experimento |

A Planilha do Experimento Seja Diferente

Apêndice IV

Esta ferramenta o ajuda a refinar o que faz você (ou sua organização) para ser diferente aos olhos de seus clientes e contatos.

ENCONTRE SEU DIFERENTE

NOME _____
DATA _____

PASSO 1: ENCONTRE-OS

RELACIONAMENTOS/CONTATOS:

0-1 ANO	1-10 ANOS	+10 ANOS
1.	5.	9.
2.	6.	10.
3.	7.	11.
4.	8.	12.

INSTRUÇÃO: Identifique doze pessoas que conheçam bem você (ou sua empresa). Quatro delas devem ser relacionamentos novos de menos de um ano. As próximas quatro devem ser pessoas que o conhecem (ou sua empresa) por mais de um ano e menos de dez. E o último grupo de quatro pessoas são pessoas que conhecem você (ou sua empresa) há dez anos ou mais. Você não precisa estar em comunicação ou relacionamento ativos com esses indivíduos, mas precisa ter uma maneira de contactá-los.

PASSO 2: PEÇA A ELES

ENVIE A ELES ESTA MENSAGEM:

Meu coach de negócios me deu uma tarefa que preciso completar imediatamente. Exigiu que eu escolhesse alguém que me conheça bem, então eu adoraria sua ajuda! Preciso saber qual você sente ser meu "Fator Diferença": algo que eu faça melhor e/ou de maneira diferente de qualquer outra pessoa. Sua resposta não precisa ser longa. Uma frase servirá. Usarei suas percepções para melhorar o posicionamento do nosso negócio. Muito obrigado!

❑1 ❑2 ❑3 ❑4 ❑5 ❑6 ❑7 ❑8 ❑9 ❑10 ❑11 ❑12

INSTRUÇÃO: Envie essa mensagem para cada um dos doze contatos que listou. Se você está tentando identificar a singularidade de sua empresa, em vez da sua própria, mude o texto para: "Exigiu que eu escolhesse alguém que conheça bem minha empresa..." e "Preciso saber o que você vê como sendo o fator de diferença da nossa empresa".

PASSO 3: CLASSIFIQUE-O

CLASSIFIQUE O FEEDBACK:

1	2	3

INSTRUÇÃO: Você precisa de minimamente dez respostas para este exercício ser eficaz. Localize contatos adicionais se não alcançou esse limite. Revise as respostas que recebeu dos contatos. Identifique as três observações mais comuns feitas sobre seu Fator de Diferença. Escreva-as nas caixas acima, uma obervação por caixa.

PASSO 4: REFINE-O

SEU FATOR DE DIFERENÇA:

1. _____
   _____ Adjetivo 1: _____

2. _____
   _____ Adjetivo 2: _____

3. _____
   _____ Adjetivo 3: _____

INSTRUÇÃO: Com os três principais Fatores de Diferença identificados no Passo 3, escreva os três maiores temas que vê nessas respostas. Dê a cada tema uma frase curta e um adjetivo que melhor exemplifique o tema. Em suas próprias palavras, escreva como esses temas podem torná-lo diferente no modo como você se comunica com os prospectos.

Encontre Seu Diferente

Nota do Autor

Obrigado por ler *Seja diferente*. Meu maior desejo é que esse livro o ajude a alcançar os resultados de negócios (e de vida) que você vislumbra. É uma honra ser parte da sua jornada de marketing.

Gostaria de lhe pedir um favor.

Estaria disposto a postar um comentário sincero sobre o *Seja diferente*?

Pergunto isso porque os comentários são a forma mais eficaz para os empresários, líderes e profissionais descobrirem o livro e determinarem se ele será valioso para eles.

Uma crítica sua, mesmo uma única frase ou duas, proporcionará justamente isso.

Para fazê-lo, simplesmente vá ao site (ou ao site da loja) onde comprou o livro e envie seu comentário.

De novo: busco apenas seu sincero feedback.

Obrigado por considerar isso. E obrigado por ser parte da *minha* jornada de marketing.

Mike

AGRADECIMENTOS

Quando me propus a escrever meu primeiro livro, pensei que seria como moldar uma escultura a partir de um pedaço de barro, mas, pensando melhor, é mais como formar peças de joias finas a partir de blocos de mármore (que são do tamanho de uma casa). Precisão e perfeição são necessárias em todo o processo, e insistir na insistência é tudo.

Enquanto eu criava *Seja diferente*, derrubei pedaços de mármore no chão, e então AJ Harper os transformou em coroas e anéis. Eu realmente sinto que este livro é o melhor de nossa parceria de quatorze anos. Senti isso também em nosso trabalho anterior, *Fix This Next*. E me senti assim sobre *Clockwork* antes dele e em *Lucro primeiro* antes deste. Cada livro é melhor que o anterior, em minha opinião. Essa é minha definição de uma parceria extraordinária. Obrigado por sua arte e por seus esforços extraordinários, AJ. E obrigado, ainda mais, por sua amizade extraordinária.

Durante quinze anos, e contando, tenho trabalhado com outra artista mestre, Liz Dobrinska. A capa deste livro resulta do trabalho de Liz. Os gráficos dentro do livro, os sites que o acompanham e cada gráfico que você vê e com o qual interage são trabalho de Liz. Quero lhe agradecer, Liz, por escolher trabalhar comigo todo santo dia. Ligarei para você em cerca de quinze minutos.

Obrigado a Noah Schwartzberg, meu editor. Não consigo dizer coisas boas o suficiente sobre trabalhar com você. Somente posso presumir que sou "diferente" de alguns autores, mas você mais do que suportou meus testes e minha validação de, bem, de tudo, viu valor no processo. Dúzias de capas testadas e validadas. Inúmeros títulos, subtítulos e exemplares de leitores sagazes, todos testados e validados. Com tantos dados aliados a infinitas ideias de AJ e minhas, você garantiu que este livro serviria aos empreendedores da melhor maneira possível. E nunca, nem por um segundo, deixei de ter voz. Obrigado por juntar tudo.

Quero agradecer a Justin Wise, meu parceiro em The Different Company,* a organização de serviços por trás deste livro. Sua contribuição tem sido e continua sendo excelente. Você não apenas deu feedback sobre o livro, foi um inovador do próprio sistema. Obrigado por ensinar Ser Diferente aos empreendedores anos antes do lançamento deste livro. Essa porcaria funciona, e você provou isso!

Nos bastidores, há uma equipe inteira que trabalha incansavelmente para simplificar a jornada empreendedora. Obrigado, Kelsey Ayres, nossa presidente, por liderar nossa missão para erradicar a pobreza empresarial. Obrigado, Amy Cartelli, por fazer qualquer coisa que precisava ser feita para nos fazer avançar. Obrigado, Jenna Lorenz, por ser a voz de nossa marca. Obrigado, Jeremy Smith, por manter o mundo digital consciente de tudo o que acontece, todos os dias. Obrigado, Erin Chazotte, por garantir que estou onde preciso estar exatamente quando preciso estar. Obrigado, Adayla Michalowicz. Aquela menina com o cofrinho é agora uma mulher adulta em busca de um diploma de mestre — e administra a comunicação com os leitores e faz aquisições aleatórias no Instagram. E obrigado ao nosso novato, Cordé Reed, por servir nossa comunidade com especialistas para que eles, por sua vez, possam servir aos empreendedores.

Também quero agradecer ao Armando Perez Jr., da Hoosier Security e CCTV Dynamics. Sua história é poderosa e encontrará lugar

---

* Se você quiser ter certeza de que fará *Seja Diferente* direito, eu o encorajo a usar nossos serviços de coach e treinamento em differentcompany.co [conteúdo em inglês]. Note que é um ponto CO, não um ponto COM. Pontos COM também são, você sabe, comuns.

em um de meus livros, eu juro. Obrigado por me deixar entrevistá-lo repetidas vezes. Veja, você meio que está neste livro. Eu lhe disse.

Obrigado a você. Seu trabalho serve à economia global. Seu sucesso é o sucesso do mundo.

P.S.: Obrigado ao meu agente. Stephen King ficaria impressionado.

NOTAS

Capítulo um: Sua Responsabilidade com o Mercado

1. H. R. Schiffman. *Sensation and Perception: An Integrated Approach*. Nova York: John Wiley and Sons, Inc., 2001.

Capítulo três: O Alvo Número Cem

1. Piroska Bisits-Bullen. "How to Choose a Sample Size (for the Statistically Challenged)", Tools4Dev, acessado em 2 de novembro de 2019, <http://www.tools4dev.org/resources/how-to-choose-a-sample-size/>.

Capítulo quatro: Diferencie-se para Chamar a Atenção

1. Maury Brown. "A Deep Dive into the MLB's Financial Losses for the 2020 Season", *Forbes*, 18 de maio de 2020, <https://www.forbes.com/sites/maurybrown/2020/05/18/a-deep-dive-into-mlbs-financial-losses-for-the-2020-season/?sh=444d20da7f6c>.

Capítulo cinco: Atraia para o Engajamento

1. Therese Fessenden. "The Authority Principle", *Nielsen Norman Group*, 4 de fevereiro de 2018, <https://www.nngroup.com/articles/authority-principle/>.

2. CJ Ng. "Customers Don't Buy from People They Like, They Buy from Those They Trust", Ezinearticles.com, acessado em 23 de janeiro de 2021, <https://ezinearticles.com/?Customers-Dont-Buy-From-People-They-Like,-They-Buy-From-Those-They-Trust>.

3. Tom Stafford. "How Liars Create the 'Illusion of Truth'", BBC, 26 de outubro de 2016, <https://www.bbc.com/future/article/20161026-how-liars-create-the-illusion-of-truth>.

4. Elisa Rogers. "The Psychology of Status Purchases: Why We Buy", Thrive Global, 6 de maio de 2019, <https://thriveglobal.com/stories/the-psychology-of-status-purchases-why-we-buy/>.

5. Zach St. George. "Curiosity Depends on What You Already Know", *Nautilus*, 25 de fevereiro de 2016, <https://nautil.us/issue/33/attraction/curiosity-depends-on-what-you-already-know>.

6. Dianne Grande. "The Neuroscience of Feeling Safe and Connected", *Psychology Today*, 24 de setembro de 2018, <https://www.psychologytoday.com/us/blog/in-it-together/201809/the-neuroscience-feeling-safe-and-connected>.

7. Sheryl Nance-Nash, "Watch Out for 'Comfort Buying' during Pandemic", *Newsday*, atualizado em 10 de maio de 2020, <https://www.newsday.com/business/coronavirus/comfort-buying-pandemic-1.44477117>.

8. Joshua Becker. "Understanding the Diderot Effect (and How to Overcome It)", *Becoming Minimalist*, acessado em 23 de janeiro de 2021, <https://www.becomingminimalist.com/diderot/>.

9. Karyn Hall. "Create a Sense of Belonging", *Psychology Today*, 24 de março de 2014, <https://www.psychologytoday.com/us/blog/pieces-mind/201403/create-sense-belonging>.

10. Mahtab Alam Quddusi. "The Importance of Good Health in Our Life — How Can We Achieve Good Health and Well Being?", *The Scientific World*, 27 de dezembro de 2019, <https://www.scientificworldinfo.com/2019/12/importance-of-good-health-in-our-life.html>.

11. Cole Schafer. "The Psychology of Selling", *Honey Copy*, 1º de julho de 2018, <https:/ www.honeycopy.com/ copywritingblog/ thepsychology-of-selling>.

12. Divya Pahwa. "Why Are We Attracted to Beautiful Things?", *Be Yourself*, 11 de agosto de 2013, <https://byrslf.co/why-are-we-attracted-to-beautiful-things-b65f0e76074a>.

13. "The Need for Recognition, Cornerstone of Self-Esteem", *Exploring Your Mind*, 18 de janeiro de 2016, <https://exploringyourmind.com/need-recognition-cornerstone-self-esteem/>.

14. Robert Stephens. "Robert Stephens Founded the Geek Squad and Took It from Bootstrapped Inception to Over $1 Billion in (Estimated) Revenues (Just Watch This Interview. Trust Me. It's Good.)", entrevista por Clay Collins, *The Marketing Show*, Leadpages (transcrição), 10 de julho de 2012, <https://www.leadpages.com/blog/robert-ste phens-geek-squad-best-buy/>.

Capítulo seis: Direcione para Resultados

1. W. Michael Lynn. "MegaTips 2: Twenty Tested Techniques to Increase Your Tips", *Cornell Hospitality Tools* 2, n. 1 (março de 2011), <https://static.secure.website/wscfus/5261551/uploads/CHRmega tips2.pdf>.

Capítulo nove: A Vantagem da Desvantagem

1. Anne Raver. "Now It Can Be Told: All about Squirrels and Nuts", *New York Times,* 11 de dezembro de 1994, <https://www.nytimes.com/1994/12/11/nyregion/cuttingsnow-it-can-be-toldallabout-squirrels-and-nuts.html>.

2. Abril McCloud. "Detour of the Year: How Burger King Swerved Its Way to 6MM Loyal App Users", *mParticle*, 22 de janeiro de 2020, <https://www.mparticle.com/customers/burger-king-whopper-detour>.

3. Louise Grimmer e Martin Grimmer. "Dolly Parton Is a 'Great Unifier' in a Divided America. Here's Why", *The Conversation*, via ABC News, 24 de novembro de 2019, <https://www.abc.net.au/news/20191125/howmarketersmeasuredollypartonsmagic/11733972>.

ÍNDICE

Símbolos

1 PASSO ATRÁS 235

A

abordagem de marketing 32, 39, 51
acidente, o 43
agir 40
alinhamento 125
alívio 127
Alvo Número Cem 79, 131, 183
amadurecimento 245
análise paquera/asco 54
anúncios de rádio 184
anzol, isca e fracasso 153, 196
aparência 228
aprendizagem imersiva 241
atenção 78
  plena 28
atrair 33, 122, 165, 185, 202
autenticidade 10, 106
autoridade 123
avatar 56, 174

B

beleza 127
benefícios 86
bloqueio 84
boca a boca 15, 26, 111

brainstorming 82, 89, 112, 203

C

caçadores-coletores 28
cartazes 150
carteiras, não palavras 196, 237
cash runway 234
Cavalo e o Elefante, o 157
chamada à ação 35, 148, 151, 154, 163
ciência do você 51
clientes
  em potencial 6
  ideais 57
clonagem 55
coaching 42
conforto 125
controle do crescimento do seu negócio 40
Copiar e Duplicar 95
covid-19 78, 87, 204, 210
crescer, não amadurecer 247
criar um nicho 26
crise de dinheiro 7

D

DAD Marketing 31, 122, 148, 177
dados demográficos 56
decisão de compra 35
desafio da motivação conflitante, o

157
desvantagem, vantagem da 218
diferenciar 32, 94, 177, 202
  oportunidade para 228
diferente 28, 77, 150, 225, 247
  fazer 26, 32, 168
direcionar 33, 141, 200, 237
diretiva 34, 148, 156
drive-through, janela de 95

E

effect
  blemishing 223
  pratfall 222
Electronic Arts, empresa 151–152
emoção 157
em segundo plano 170
engenharia reversa 163
erros
  a magia dos 218
  bobos 222
escalabilidade 241–242
estima 127
estranheza, o dom da 224
estranhos, a verdade vem de 200
estratégias para diferenciar 233
Estrutura do DAD Marketing 62, 132,
    164, 229
evitar conflitos 196
expansão 126
experiência 86
experimentos 247
Experimento Seja Diferente 109, 171,
    180, 204, 218, 248

F

faça com que não escale 241
falhas de Direcionar 156
Fazedor Diferente 41, 94
fazer a diferença 79
fluxo de leads 27
foco 28
fonte confiável 124

formação reticular 29–31
fraqueza 224

G

ganhar a atenção 78
ganho 175, 205
ganja 1, 5
Geek Squad 140
George Floyd 135
geração de leads tradicional 71
Grande Depressão 148
gratificação instantânea 157
grooming 210

H

habituação 29
hierarquia de necessidades 207
histórico 234

I

ideia genial 78
ideias diferentes 167
identidade 156
improvisação 101
indicador comportamental 59
inesperado, o 77
Influenciadores de Atração 123, 127,
    141, 155
infomarqueteiro 2–4
Investimento em Marketing por Prospecto 176
"íssimo", o 90

J

Jeff Walker 10
joint ventures 240

L

leads 7, 26, 70, 187
lifetime value (LTV) 66–67
linguagem 156
  do amor 196

lógica 157
LTV do Cliente 176

M

mala direta 11, 27, 37–38
  campanhas de 131
mar de mesmice 204
marketing 1, 59, 187, 247
  chave para o 208, 243
  DAD 61, 62
  de alto rendimento 27
  diferente 172
  estratégias de 172
  experimentos de 44, 197, 227
  ideia de 177, 200, 218
  investimento em
    por prospecto 67
  jogada de 138
  meios de 80
  padrinho do 1
  plataformas de 177
  que impulsiona vendas 207
  técnica de
    superlativa 90
  teste de 52
  web 59
Mark Zuckerberg 189
marqueteiro 29
medo 19, 40
mesmice 40
Método OMEN (acrônimo) 205
mídia 177
  diferente 79
millennials 157
Mina de Ideias 82–84, 96, 108
Mistura, a técnica 95
moeda de troca 201
momento certo, o 135
motivadores 158
mudança
  de mentalidade 22
  de rótulo 98

N

nêmesis 20, 85
neuromarketing 146

O

objetos inspiradores 84
OMEN (acrônimo), veja Método OMEN
oportunidade 228
opostos e brechas 99
ordinário e obscuro 87

P

palavras
  de afirmação 196
  são levianas 197
panfleto enfeitado 38
paradoxo da escolha 163
parâmetros 58, 68
parceria 236
pensamentos
  chocantes 84
  criativos 86
pertencimento 126
Planilha do Experimento Seja Diferente 63, 172, 213
plano de atenção 78
plataformas 56
pobreza empresarial 5
pontos de encontro 56, 58
posições de relacionamento, as três 158
probabilidades 67
Product Launch Formula 10
profissão, escolha 96
prospectos 6, 26, 39, 52, 78, 120
público-alvo 52, 86, 108

Q

Quem
  mais se beneficia? 238

O Quê e Ganho 53, 163

R

recomendações 27
regra de ouro 84
reimaginar seu negócio 232
remoção de bloqueio 84
repetição 124
repórter, pensando como um 100
resultados 86
Retorno Sobre o Investimento (ROI) 82, 179
ruído de fundo 15, 29, 100

S

Savannah Bananas 201-203
segurança 125
  e curiosidade 131
senso de identidade 156
ser diferente 12, 187
significado social 124
"sim, e"/"sim, mas" 102
simpatia 222
Sistema de Coaching Seja Diferente 65

T

taxa
  de fracasso 167
  de Probabilidade de Fechamento 67, 176
taxas de conversão 67
tendências 59
transmissões ao vivo 143

U

um
  momento especial 94
  passo para trás 234

V

vantagem 215, 226, 240
  da desvantagem 222
vendendo uma história 236
verbos 159
  de apelo 159
  de comando 159
  inclusivos 159
veredito 180, 213
versão beta 238
viés de confirmação 125
visão
  distorcida 48
  periférica 28

Y

Yanik Silver 1-3

Z

zona de conforto 19, 115

Projetos corporativos e edições personalizadas
dentro da sua estratégia de negócio. Já pensou nisso?

Coordenação de Eventos
Viviane Paiva
viviane@altabooks.com.br

Assistente Comercial
Fillipe Amorim
vendas.corporativas@altabooks.com.br

A Alta Books tem criado experiências incríveis no meio corporativo. Com a crescente implementação da educação corporativa nas empresas, o livro entra como uma importante fonte de conhecimento. Com atendimento personalizado, conseguimos identificar as principais necessidades, e criar uma seleção de livros que podem ser utilizados de diversas maneiras, como por exemplo, para fortalecer relacionamento com suas equipes/ seus clientes. Você já utilizou o livro para alguma ação estratégica na sua empresa?

Entre em contato com nosso time para entender melhor as possibilidades de personalização e incentivo ao desenvolvimento pessoal e profissional.

PUBLIQUE SEU LIVRO

Publique seu livro com a Alta Books. Para mais informações envie um e-mail para: autoria@altabooks.com.br

/altabooks   /alta-books   /altabooks   /altabooks

CONHEÇA OUTROS LIVROS DA **ALTA BOOKS**

Todas as imagens são meramente ilustrativas.

- JORDAN B. PETERSON — ALÉM DA ORDEM
- MARTY CAGAN COM CHRIS JONES — EMPODERADO
- Perguntar Não Ofende — Trey Gowdy
- SENTIR & RESPONDER — JEFF GOTHELF E JOSH SEIDEN
- AGENTE DE MUDANÇA — JOHN BERARDI, PHD
- TOME UMA ATITUDE, PORR★! — NOOR HIBBERT
- SOBREVIVA A NOITE — RILEY SAGER
- O GRANDE CÍRCULO — MAGGIE SHIPSTEAD

ALTA LIFE EDITORA   ALTA NOVEL   ALTA CULT EDITORA

ALTA BOOKS EDITORA   alta club

Este livro foi impresso nas oficinas gráficas da Editora Vozes Ltda.,
Rua Frei Luís, 100 – Petrópolis, RJ.